Stefan von Senger und Etterlin
Wundersames Deutschland

Für Alexa, die das Glück hat,
in einem freien und geeinten
Deutschland und Europa
aufzuwachsen.

STEFAN VON SENGER UND ETTERLIN

WUNDERSAMES DEUTSCHLAND

Bibliographische Information der Deutschen Nationalbibliothek
Die Deutsche Nationalbibliothek verzeichnet diese Publikation in der Deutschen Nationalbibliographie; detaillierte bibliographische Angaben sind im Internet über http://dnb.ddb.de abrufbar.

Lektorat: Dr. Werner Bartels
Umschlaggestaltung: Patchworldverlag, unter Verwendung des Gemäldes von Goetz Valien „East meets West“ Öl auf Leinwand 210 x 200 cm, 2001.
Layout und Satz: Patchworldverlag, Berlin/Leipzig
Druck und buchbinderische Verarbeitung: Bercker Graphischer Betrieb GmbH & Co. KG, Kevelaer

Printed in Germany
ISBN 978-3-941021-04-4

www.patchworldverlag.info
www.wundersamesdeutschland.de

INHALT

VORWORT

Ein so großes und vielfältiges Land wie Deutschland in Gänze und Fülle beschreiben zu wollen, wäre ein unsinniges Unterfangen. Selbst große Gesellschaftsromane können das nur ansatzweise; soziologische Untersuchungen bleiben im Einzelfall oder in der Durchschnittsstatistik hängen. Es gibt zu viele gelebte Leben, zu viele Formen und Farben, zu viele Erscheinungen und Meinungen. Und doch kann man, wenn man an Deutschland denkt, das Allgemeine im Einzelnen finden, man kann Typisches sehen und ein bestimmtes Bild im Kopf oder Gefühl im Magen haben.

Gewöhnlich wird ein Land anhand seiner erdkundlichen Gegebenheiten beschrieben, anhand seiner politischen Verfaßtheit, seiner wirtschaftlichen Daten oder auch seines Bildungssystems. Tourismusführer beschreiben die Sehenswürdigkeiten und geben praktische Hinweise, wie man zum Beispiel eine Zugkarte kauft oder welche Nummer der Notruf hat, selbst ein wenig Landesgeschichte ist dabei und eine Beschreibung mancher Sitten und Gebräuche.

Das ist alles schon sehr schön und dem Landesunkundigen (wozu immer auch viele Inländer gehören) zum vertrauensvollen Studium unbedingt anzuempfehlen. Jedoch fehlt da etwas. Ein Land *fühlt* sich in einer bestimmten Art und Weise an, die in keiner dieser Erklärungsversuche ausreichend zur Geltung kommt. Zum Beispiel *riecht* ein Land oder eine Gegend immer auf eine bestimmte Art und Weise, die man viel weniger vergißt, als alle geschichtlichen Daten, die man als Studiosus in sich aufnimmt. Das Licht, die Farben spielen eine Rolle. Selbstverständlich ist das Essen einer der wichtigsten Unterscheidungsfaktoren, daran ändern auch McDonalds auf dem Roten Platz oder Kentucky Fried Chicken in der Verbotenen Stadt nichts. Ein Land *klingt* auf eine bestimmte Weise, wie es auch Städte tun. Und viel mehr als durch den Charakter seiner wichtigsten Sehenswürdigkeiten wirkt ein Land auf den Betrachter durch die Form seiner Bordsteine und Häusereingänge, die Gestaltung seiner Straßenmöbel und U-Bahnhöfe, den Schnitt der Uniformen seiner Polizisten und Busfahrer.

Das soll nicht heißen, daß ein Land die Summe seiner banalen Alltagsgegenstände und –sitten ist. Es soll nur heißen, daß diese die vielleicht wichtigsten Unterscheidungsmerkmale zu anderen Ländern sind, wenn man einmal von der Sprache und den „objektiven Daten" (Topographie, Klima, Verfassung usw.) absieht.

Deutschland aus ästhetischem Blickwinkel zu betrachten, also mit unseren fünf Sinnen (von denen ich mir nur den Geruchssinn weitgehend erspart habe), ergibt deshalb einmal ein anderes Bild unseres Landes. Das Bild, welches sich dabei zeigt, sagt erstaunlicherweise auch sehr viel über das sonst üblicherweise erfaßte, das „objektive" Deutschland, nämlich als Reflex darauf. Wie wir sprechen, wie wir feiern, was wir hören, mit welchen Waren wir uns umgeben und wie wir unsere Ansiedlungen gestalten, das ist in bedeutendem Maße abhängig von unserer Geschichte, unserem politischen System, dem wirtschaftlichen und technologischen Entwicklungsstand, dem Verhältnis der Geschlechter zueinander.

Natürlich stimmt es, daß eine rein oberflächliche Betrachtung, die „reine" Wahrnehmung, meist noch nicht sehr viel bringt. Bertolt Brecht hat einmal über die Fotografie als Wahrnehmungsmedium geschimpft, weil er meinte, man wisse im Grunde nichts von Besitzverhältnissen und dem Schicksal der Arbeiter, wenn man ein Lichtbild der Kruppwerke sehe.[1] Genauso ist es ja mit den Bildern allgemein, ob als Foto, Fernsehsendung oder Kinofilm. Die vermeintlich objektive Oberfläche dessen, was uns da vorgeführt wird, sagt noch sehr wenig über die Wirklichkeit, über Kausalzusammenhänge aus. Und wir wissen alle, wie sehr verfälscht Bilder sein können.

Wir müssen also lernen, Oberflächen zu lesen. Das kann man mit Aussicht auf sehr viel Unterhaltungswert vollkommen neutral tun, ohne weiteres zu wissen. Nur: Jede Oberfläche verrät auch ein wenig von dem, was dahinter steckt. Wie ein Gesicht, dessen Augen, dessen Mundwinkel einen Blick in Seele und Gemütszustand der Person erlauben. Insofern müssen wir lernen, es zu lesen, muß das Lesen von Oberflächen weitergehen: Wir können es am Ende nur, wenn wir uns mit der Geschichte der Personen oder Gegenstände, der Technologie oder dem Handwerk, den Künsten und Ressourcen hinter den Erscheinungen beschäftigen.

Erscheinungen selbst sind insofern nicht nur materielle Oberflächen oder „Zustände“ im Sinne von Momentaufnahmen. Erscheinungen sind vor allem unsere Handlungen, unsere Taten. Aus diesen erst ergibt sich die materielle Ausstattung unseres Landes. Wie in jedem Land der Erde, gibt es in Deutschland ganz bestimmte Formen des Zusammenlebens, Rituale des Alltags, die wir meist gar nicht als solche verstehen, weil sie uns von Kind auf in Fleisch und Blut übergegangen sind. Wie wir Weihnachten feiern, wie wir Hochzeiten begehen, welchen Stellenwert Geburtstage haben, welche Lieder und Gedichte Kindern lernen, welche Sprüche oder welches Gehabe sich Schüler von Generation zu Generation weitergeben und wie sich dies alles im Laufe der Zeit langsam, fast tektonisch, manchmal eruptiv verändert, das sind Erscheinungen des Alltags, die zugleich Handlungen entspringen und Materielles produzieren. Typischerweise sind genau solche Beziehungen zwischen Artefakten und Ritualen Gegenstände des Forschungsinteresses von Ethnologen. Gemeinhin nehmen Ethnologen nur sogenannte „Urvölker“ in den Blick, man kann das aber auch einmal mit uns Deutschen selbst tun. Deutschland zeigt sich dann tatsächlich als ein recht wundersames, für Außenstehende gewiß sogar exotisches Land. Ein Land mit vielen, nicht immer angenehmen, im Ganzen jedoch äußerst liebenswerten Eigenarten.

Wenn man die Dinge also zusammennimmt – Erscheinungen, Sitten, Geschichte und Gesellschaftssystem – dann ist eine ästhetisch-ethnographische Reise durch Deutschland immer auch ein Eindringen in seinen Werdegang, ein Beschreiben dessen, warum die Dinge so sind, wie sie sind. Warum viele von uns zum Beispiel langsam aber sicher wieder dazu kommen, deutsche „Hausmannskost" wirklich zu schätzen. Oder warum die deutsche Sprache von so vielen Anglizismen durchsetzt ist, dies aber der Schöpfungskraft des eigenen Idioms kaum einen Abbruch tut. Oder warum die moderne Architektur langsam wieder an die Eleganz und Stilsicherheit der ersten Moderne anschließt, unter wie auch immer gearteten neuartigen technologischen, energetischen und kommerziellen Bedingungen.

Einen Versuch ist es wert: Deutschland mit allen Sinnen zu erkunden, mit neugierigen Augen sich anschauen, wie es weithin aussieht, mit gespanntem Kriseln auf der Zunge die indigenen Kulinaria kosten, sich auf den Klang seiner Sprache und seiner Geräuschkulissen einlassen und sich im Rhythmus seiner Feiern treiben zu lassen.

Das Erscheinungsbild

Nie ist man so empfänglich für das Neue, als in dem Moment wenn man ein fremdes Land zum ersten Mal betritt. Mir ging es so in den Vereinigten Staaten. Die ersten Momente, als ich aus dem Flughafengebäude auf die Straße trat, bleiben unvergeßlich: Schwüle Hitze, langsam vorbeischwebende Straßenkreuzer, ein milchig-türkisfarbener Himmel, das Geräusch etwas zu hoch drehender Dieselmotoren von Bussen, die wie Kastenbrote mit wellblechartigen Alukarosserien aussahen. Alles schien sehr entspannt, mit einem eigenartigen Kitzel vermischt, der von der Energie der nahe gelegenen, nie schlafenden Großstadt herrührte.

Wie begegnet einem Deutschland, wenn man es zum ersten Mal betritt? Für einen Deutschen, der hier aufgewachsen ist, ist es schwer, sich das vorzustellen. Am ehesten fühlt man wie ein Ausländer vielleicht, wenn man von Aufenthalten im Ausland zurückkehrt. Da reichen manchmal wenige Wochen oder auch nur Tage der Abwesenheit; wenn man dann zurückkommt, weiß man sofort, daß man wieder in Deutschland ist. Was ist es, was man da sieht und spürt? Können erste Eindrücke täuschen?

Mitte der 1990er Jahre waren wir für ein paar Tage in einem Ostseebad im polnischen Westpommern. In der Ferienanlage war der sozialistische Mief noch originalgetreu erhalten, einschließlich Mittagessen in schübeweisem Zwanzigminutentakt und vor Hitze klopfender Heizung auf dem Zimmer (im Sommer!), die Straßen waren in erbarmungswürdigem Zustand, die Geschäfte sahen aus wie private Tauschbörsen, mit Auslagen auf Spitzendeckchen, und die Menschen auf den Straßen trugen Elastexhosen und Joggingblousons. Als wir wieder über die Grenze nach Mecklenburg-Vorpommern fuhren, zurück im vermeintlichen Armenhaus Deutschlands, starrten wir zunächst ungläubig auf die frisch geteerten Straßen, die vielen neuen Autos und die wohlgepflegte Landschaft und mußten unwillkürlich und vollkommen zeitgleich erleichtert auflachen. Es war uns nachgerade peinlich, solche Gedanken durfte man doch nicht haben, schon gar nicht gegenüber dem lieben Nachbarn Polen, für den es doch so viel mühsamer war, ohne schwerreichen Onkel aus dem Westen in das neue Zeitalter zu starten. Heute, 20 Jahre nach dem Mauerfall, sähe das ganz anders aus, frisch geteert sind die Straßen in Polen inzwischen auch. Und dennoch zeigt die kleine Episode ein wenig, wie man sich doch meistens fühlt, wenn man nach Deutschland zurückkehrt: Man ist erstaunt, wie wohl geordnet alles ist, wie ruhig und vernünftig alles abzugehen scheint. Wenig Spektakuläres, aber es funktioniert.

Wer also aus dem Ausland kommend nach Deutschland hineinfährt - und die meisten Menschen werden Deutschlands Grenzen mit dem Auto überqueren - dem schlagen vielfältige neue Eindrücke entgegen. Die Ortsschilder sind verkehrsgelb (statt blau oder weiß, wie in den meisten anderen Ländern), die Autobahnschilder blau (statt grün), auf Landstraßen stehen an den Straßenrändern alle 50 bis 60 Meter weiß-schwarze Begrenzungspfähle, von denen des Nachts Katzenaugen reflektieren. Und auf den Autobahnen kann man Gas geben - wenn man nicht gerade in einem Stau steht. Die Asphaltbänder sind in der Regel in einem ziemlich guten Zustand, die Kurven so lang ausgebaut, daß man mit mindestens 120 Sachen durchbrausen kann, eine Geschwindigkeit, die in den meisten Nachbarländern schon das Limit auch für schnurgerade Straßen ist.

Die Autos haben weiße Nummernschilder mit schwarzen Buchstaben, deren „fälschungserschwerende“ Typographie einen Spaßvogel in Schweden dazu verleitete, die ganze Schrift „Sauerkrauto“ zu nennen und daraus, leicht abgewandelt, einen neuen Font zu machen, der nun kommerziell verkauft wird.[2] Es gibt wohl kein anderes Land auf der Welt, in dem die Autokennzeichen als Reaktion auf Terrorismus gestaltet wurden. Daher entwickelte man diese Typographie. Sie wurde Ende der 1970er Jahre vom Bundesamt für Straßenwesen als Reaktion auf den Terror der „Roten-Armee-Fraktion“ in Auftrag gegeben und weist tatsächlich Merkmale auf, die sie den Sicherheitsbehörden empfehlen:

Kein Buchstabe und keine Ziffer leitet sich aus anderen ab, Veränderungen mit schwarzer Farbe und einem Pinsel sind deshalb kaum möglich. Außerdem sind sie hervorragend durch Maschinen lesbar. Bundesweit eingeführt wurde die FE-Schrift (FE steht für „fälschungserschwerend", eine wunderbare Bürokratenwortschöpfung!) allerdings erst im Jahr 2000, dann gleich mit dem blauen Europastreifen am linken Rand des Nummernschildes.

Aber diese Kleinigkeiten weiß der Fremde erst einmal nicht. Wenn er überhaupt einen Sinn für so etwas hat, staunt er vielleicht nur über die etwas ungestalte, aber durchaus charaktervolle Schrift der Autokennzeichen. Und noch etwas fällt ihm auf: Die ersten Buchstaben weisen immer auf den Ort oder die Region hin, aus dem der Autohalter kommt, also „M" für München, „AC" für Aachen, „CB" für Cottbus oder „OVP" für Ostvorpommern. Was der Fremde noch nicht weiß, aber vielleicht bald annehmen wird, ist das Spiel, was alle deutschen Kinder kennen (und das den Erwachsenen leider auch nie mehr aus dem Sinn geht), daß sie nämlich auf langweiligen Autofahrten versuchen an den Nummernschildern zu erraten, aus welchen Städten und Gegenden die ihnen entgegenkommenden Autos stammen (eine Art fahrendes Stadt-Land-Fluß Spiel oder Stadt-Name-Land Spiel, wie man im Osten sagt).

Hat man diese ersten Eindrücke erst einmal verkraftet, stellt man nach Grenzübertritt auf Deutschlands Straßen schon bald fest, daß irgendwie alles Fahrt aufnimmt, Landschaften, Autos, Menschen, alles ein bißchen zügiger, sauberer, geordneter ... Ein wenig hatte man gehofft, daß man durch ein freundliches Schild begrüßt wird, wie etwa „Willkommen in Deutschland", oder „Genießen Sie die freie Fahrt". Aber stattdessen steht da nur ein blaues Schild mit dem gelben Sternenkranz und mitten drin das „D", die nüchterne Staatsbezeichnung des mustergültigen Mitglieds der Europäischen Union. Da solche gesamtstaatlichen Gefühlsausbrüche, wie man sie sich eigentlich gewünscht hat, an den Grenzen nicht zu sehen sind, haben wenigstens die Bundesländer Schilder erfunden, die in mannigfacher Weise den gerade geltenden Landesspruch zum besten geben. „Willkommen im Land der Frühaufsteher", heißt es in Sachsen-Anhalt, oder „Wir können alles, außer Hochdeutsch" in Baden-Württemberg. Solche Formen der Selbstironie sind ja relativ neu in Deutschland, dem Ausländer entgehen sie wohl zumeist. Aber zumindest ist da der Versuch einer Begrüßung.

Wenn man sich dann über die Autobahnen und Bundesstraßen des Landes bewegt, fällt einem recht schnell auf, daß die Landschaften vor allem aus einem bestehen: Wald. Das gilt besonders für die Mittelgebirge, deren Hänge und Kuppen unweigerlich bewaldet sind, wenn nicht alte Burgen und Denkmäler oder Fernmeldetürme neueren Datums auf ihnen stehen. Merkwürdigerweise haben Deutsche ganz selten Dörfer und Städte hoch oben auf Klippen und Anhöhen errichtet, wie man es in Italien oder Spanien ganz selbstverständlich sieht. Vielleicht weil man auf ihnen in den harten Wintern des Nordens einfach zu viel Wind und Kälte hätte ertragen müssen. Das tun allerdings verläßlich seit gut 130, 140 Jahren die eben besagten vielfältigen Denkmäler, mit denen das damals gerade geeinte Deutsche Kaiserreich seinen nationalen Geltungsanspruch zum Ausdruck brachte. Dazu gehören das Hermannsdenkmal im Teutoburger Wald (1875 fertiggestellt, 53 Meter hoch), das Kyffhäuserdenkmal auf dem gleichnamigen Berg im Thüringischen (1896, 81 Meter hoch), das Rüdesheimer Niederwalddenkmal mit seiner 32 Tonnen schweren Germania-Statue (1883, 38 Meter hoch) und die Porta Westfalica bei Minden (1896, 88 Meter hoch), aber auch Kolossal-Statuen in Städten, wie das Völkerschlachtdenkmal in Leipzig (1913, 91 Meter hoch), die Siegessäule in Berlin (1873, 61 Meter hoch) oder das Bismarckdenkmal in Hamburg (1906, 36 Meter hoch). Ein leichter Schauer überkommt einem beim Anblick dieser Kolosse, insbesondere ihres Bildprogramms und ihrer Inschriften. Sehr fremd, sehr weit weg, und doch irgendwie beeindruckend, dieser naive Stolz, dieses überkommene Sendungsbewußtsein, diese zyklopenhafte Monumentalität. Touristische Attraktionen sind es allemal. Daß man im Gegenwartsdeutschland gerade angefangen hat, wieder Denkmäler zu errichten, diesmal für die zweite nationale Einigung (der von 1989/90), auch davon weiß der Gast aus dem Ausland vermutlich erst einmal nichts. Aber der erste bundesweite Wettbewerb dazu im Jahr 2009 erbrachte trotz Hunderter von Einsendungen ja zunächst kein Ergebnis. Soviel ist gewiß, was den Wandel der Einstellungen angeht: ehemals Regierende oder mythische Sagengestalten auf dem Sockel werden uns erspart bleiben.

Wenn man nicht gerade in bewaldeten oder verstädterten Gegenden herumfährt, und vor allem wenn man sich in nördlichen Regionen aufhält, gibt Deutschland seit einigen Jahren ein zusätzliches, ganz neues und eigenartiges Bild ab: In keinem anderen Land der Welt sind auf so engem Raum so viele Windräder zur Energieerzeugung aufgestellt worden wie hier, über 20.000 sind es mittlerweile, am meisten davon in Niedersachsen und in Brandenburg. Ganze Landschaften sind, wie Kritiker zu Recht sagen, „verspargelt“: Immer mehr der weißen, bis zu 100 und mehr Meter hohen Türme mit ihren langsam drehenden Rotorblättern prägen das Landschaftsbild, und sie beeinflussen es nicht nur optisch (wer länger hinguckt, wird ganz kirre im Kopf), sondern auch akustisch („schrapp, schrapp“). Um das immer höhere Aufkommen an Windenergie dorthin leiten zu können, wo der Strom gebraucht wird, werden in den nächsten Jahren auch tausende Kilometer häßlicher Überlandleitungen neu gebaut werden müssen. Wenn es denn gegen den Klimawandel hilft. Aber schöner wird das Land dadurch garantiert nicht.

Kommt man per Flugzeug in Deutschland an, bietet sich einem ein ganz anderes Bild: Das erste, was einem als andersartig auffällt, sind die Uniformen und die Gesichtsausdrücke der Zollbeamten und Bundespolizisten. Irgendwie besonders harmlos, und zwar beides: die Uniformen und die Gesichtsausdrücke. Der durchschnittliche Grenzbeamte sieht gelangweilt aus, denkt wahrscheinlich an seine nächste Kaffeepause und ist leicht übergewichtig. Die Uniformen sind weder häßlich noch schön, sie sind einfach da, ein notwendiges Utensil, um die Amtsgewalt des Trägers zu symbolisieren. Sie hängen meist schlapp um den Körper, ohne viel Straß oder Ausrüstung, die Blousons sehen aus wie Ballons. Eben irgendwie harmlos, also auch nicht sonderlich einschüchternd (was vielleicht gewollt ist). Wie anders treten da amerikanische Grenzbeamte auf, oder auch solche in Kanada, in Großbritannien, Singapur, ganz zu schweigen von Italien, wo die Carabinieri gut sitzende, dunkelblaue Uniformen tragen, deren Hosen rote Streifen aufweisen und wo weiße Handschuhe, weiße Tropenhelme und, je nach Anlaß und Rang, weiße Ledergürtel, silberne Säbel und Troddeln jedweder Art das volle Gepränge ausmachen. Selbst in den meisten Ländern der Dritten Welt sehen Polizeibeamte viel besser gekleidet aus als in Deutschland. Ihre Uniformen bestehen aus dicken Stoffen, sind perfekt gestärkt und geplättet, liegen eng an, weisen ehrfurchtgebietende Orden, Sterne, Tressen und sonstiges Schmuckwerk auf. Dem deutschen Beamten ist so etwas alles nicht mehr gegönnt. Und nun ist man sogar dabei, die seit gut 40 Jahren in Westdeutschland und seit 20 Jahren in Ostdeutschland eingeführte grüne Uniform mit beiger Hose abzuschaffen und durch blaue zu ersetzen, deren Träger man abwechselnd mit einem Eisenbahnschaffner oder einem Binnenschifffahrtskapitän verwechselt.

Der ausländische Fluggast bewegt sich nach der Grenzkontrolle dann vielleicht gleich zum Taxistand und entdeckt wieder eine deutsche Eigenart: Die Taxis sind (seit 1971) alle hellelfenbeinfarben. Warum? Weil die Farbe auch nachts gut erkennbar ist, weil Taxis, die lange in der Sonne stehen, nicht so stark aufheizen wie dunkelfarbige und weil diese Farbe so seltsam ist, daß kein Privatauto jemals einen solchen Anstrich hätte. Die Tatsache, daß alle Taxis die gleiche Farbe haben, ist angenehm, man kann sie gleich erkennen und hat Gewähr, daß diese Taxis „offiziell" sind und daß ihre Fahrer einen nicht betrügen werden. Vor 1971 waren Taxis in Westdeutschland alle schwarz, wie heute noch in London. Kürzlich haben Witzbolde in den Verwaltungen einiger Bundesländer durchgesetzt, daß Taxis nicht mehr die einheitliche Farbe haben müssen, jedem Taxiunternehmer wird die Farbe seines Gefährts freigestellt. Das ist schade. Es geht auf jeden Fall ein Stück

Orientierung verloren und auch Identität (nach dem Motto: „In Deutschland sind Taxis hellelfenbein").

Der Zugreisende schließlich erlebt die Einfahrt nach Deutschland wiederum auf andere Weise. Zugreisen in Deutschland, das ist fast immer purer Luxus. Da hat sich in den Jahren seit der rechtlichen Privatisierung der ehemaligen „Bundesbahn" und deren Verschmelzung mit der ehemaligen „Deutschen Reichsbahn" zur „Deutschen Bahn" in den frühen 1990er Jahren wirklich einiges getan: Die Hochgeschwindigkeitszüge fliegen wie weiße Pfeile durch die grünen Landschaften. Zumindest ihre neuesten Varianten sind inzwischen so elegant möbliert wie englische Herrenclubs. Dunkelblaue Ledersitze, warme Holzfurniere an den Wänden und anthrazitfarbene Teppiche. Alles sehr geschmackvoll, sauber und komfortabel. Wer einmal vergleichbare Züge in Italien oder England benutzt hat, weiß die deutschen wirklich zu schätzen - nur La Grande Nation ist uns da immer ein wenig voraus, mit ihren TGVs der dritten Generation („AGV") oder dem Thalys. Die sind unschlagbar futuristisch. Aber immerhin, auch in Deutschland: wenigstens gediegene Ästhetik, mit in der Regel wahnsinnig freundlichem und ganz unerwartet flexiblem Service. Man sitzt im falschen Zug? Da wird mal ein Auge zugedrückt und man muß nicht doppelt zahlen. Und dann die Bahnhöfe. Eisenbahnen und Bahnhöfe haben ja in ganz Europa eine Renaissance hinter sich, in Deutschland war man da besonders eifrig. Angesichts der sonst oft vorherrschenden Durchschnittlichkeit des „öffentlichen" Designs in Deutschland (siehe die Polizei), kann man den seit einigen Jahren obwaltenden Gestaltungswillen der Deutschen Bahn getrost als Sensation bezeichnen. Nirgendwo gibt es so elegante Bahnhofsschilder (weiße Schrift auf dunkelblauem Grund), nirgendwo so schick möblierte Fahrkartenschalter und VIP-Lounges. Kurzum: Hier sieht Deutschland schön aus, zumindest auf den wichtigen Strecken und an den größeren Bahnhöfen.

Zu den Dingen, wie den gelben Ortsschildern, den hellelfenbeinfarbenen Taxis, dem (leider aussterbenden) Grün der Polizeiautos und -uniformen oder auch den hier und da wehenden schwarz-rot-goldenen Fahnen kommen Farben und Formen von ehemals staatlichen, heute überwiegend privaten Unternehmen, die auf Grund ihrer (ehemaligen) Monopolstellung doch auch stilprägend waren und sind: Die Post ist immer noch ginstergelb, die Telefonhäuschen leider nicht mehr, sondern in peinlichem Rosa (die Telekom nennt es „magenta") und die Uniformen der ehemaligen „Staatslinie" Lufthansa sind traditionell nachtblau und melonengelb.

Befindet man sich erst einmal im Land und schaut auf Straßen, Häuser, Vorgärten, Dörfer, Städte und Landschaften, so werden die Eindrücke natürlich vielfältiger. Von einem dieser Eindrücke war ich einmal außerordentlich verblüfft. Wir hatten Besuch aus Italien, Bekannte, die zum ersten Mal nach Deutschland gefahren waren. Nachdem sie Bayern hinter sich gelassen hatten, kamen sie über die Zonengrenze und fuhren mit Tempo 100 auf den alten Betonautobahnen durch die DDR. Links und rechts der Fahrbahn an Waldrändern und auf Wiesen sahen sie ständig „Wachtürme", so daß sie reichlich erleichtert waren, als sie im Westteil Berlins ankamen. Das was sie als Wachtürme wahrgenommen hatten, waren in Wahrheit Hochsitze für Jäger! Aber aus solchen und anderen Wahrnehmungen setzt sich das Bild zusammen, das von einem Land im Kopf des Betrachters entstehen kann. Dazu gehört ganz sicher auch der Blick auf die vielen Schrebergärten entlang von Eisenbahnlinien oder an Stadträndern, die mancher Ausländer sicher schon als „Armensiedlungen", eine Art bessere Wellblechhüttensiedlung, wahrgenommen hat. Hochsitze, Schrebergärten, Fernsehtürme auf Mittelgebirgskuppen und gepflegte Vorgärten mit gardinenverhangenen Bungalows sind die eine Seite dieser Wahrnehmung; Burgen, Schlösser, Wälder, alte Städte und saubere Feldraine die andere.

Die Summe solcher Kleinigkeiten prägt das Erscheinungsbild auf eine erstaunlich elementare Weise. Sie macht letztlich aus, wie Deutschland aussieht, warum man sich nach Grenzübertritt plötzlich in Deutschland fühlt. Es sieht einfach alles so „deutsch" aus. Die gebaute Umwelt ist dafür genauso entscheidend wie die vom

Menschen geformte Landschaft. Hans Magnus Enzensberger schrieb kürzlich einmal, das Leben bestehe überwiegend aus „unscheinbaren Wiederholungen“, dem „Kochen, Waschen, Treppensteigen“, denn diese seien unentbehrlich.[3] Genauso lapidar und unspektakulär ist es mit der Aneinanderreihung von Dingen wie Telefonhäuschen, Blumenkübeln, Straßenschildern oder Gartenzäunen. In der Zusammenschau bestimmen sie meist mehr das Bild eines Landes, als die jeweilige Kleidungsmode, die herausragenden Museumsbauten oder großartige Naturschauplätze. Würde man zum Beispiel die in Amerika üblichen gelben Streifen auf den Straßen (einfacher Strich an den Rändern, unterbrochener Strich in der Straßenmitte, doppelter gelber Strich an Stadtstraßen, wo man nicht parken darf) auf Deutschland übertragen und hätten überdies unsere Autos die in den USA üblichen großen rechteckigen Nummernschilder mit ihrer charakteristischen Typographie und ihren in jedem Bundesstaat unterschiedlichen Sprüchen darauf, würde Deutschland ganz sicher schon viel amerikanischer aussehen. Dann noch die grünen Autobahnschilder, die gerastert gegossenen Betonbürgersteige und die Telefonleitungen auf überirdischen Masten und man würde sich schon fast in der Neuen Welt wähnen.

Man fragt sich, wer in Deutschland eigentlich für das öffentliche Erscheinungsbild verantwortlich ist und warum bestimmte Entscheidungen so und nicht anders getroffen werden. Dabei kann man sicher sein, daß in Deutschland die Gestalt von Zeichen im öffentlichen Raum nahezu ausschließlich nach praktisch-technischen Erwägungen entschieden wird. Siehe das Beispiel des Schriftbildes der Kfz-Kennzeichen oder der Farbe der Taxis. Ästhetik spielt so gut wie keine Rolle. Ich kenne nur eine einzige Ausnahme: Als die Elektrifizierung der Fernbahn auf dem großen Eisenbahnviadukt, der in Ost-West Richtung mitten durch Berlin geht (die „Stadtbahn“), in den 1990er Jahren erneuert wurde, hat das Denkmalsamt glücklicherweise durchgesetzt, daß die Strommasten im Innenstadtbereich (vom S-Bahnhof Savignyplatz bis zum Ostbahnhof) wieder im alten, reichsdeutschen Anthrazitgrau pulverbespritzt sein müssen, und nicht „bundesbahngrün", wie sonst überall in Deutschland. Sieht einfach besser, gediegener aus, das Anthrazitgrau, und paßt zur großstädtischen Eleganz der im Krieg stehengebliebenen Gründerzeitviertel entlang des Bahnviadukts oder auch der Neubauten in Mitte. Denkmalschutz für Bahnstrommasten - wer hätte sich das jemals vorstellen können.

Aber besteht das Weichbild Deutschlands wirklich nur aus einer Aneinanderreihung von Kleinigkeiten wie Straßenschildern, Telefonhäuschen und Bürgersteigpflasterungen? Woran erkennt man, daß man in Deutschland ist? Vielleicht müßte die Antwort so ausfallen, wie die berühmte Antwort eines stockkonservativen amerikanischen Verfassungsrichters, der in einem Prozeß, in dem es offenbar um Unzucht ging, auf die Frage, woran man denn Pornographie erkenne, sagte „I know it when I see it!". Demnach wäre die Antwort auf die Frage, wie Deutschland aussieht, die, daß es eben wie Deutschland aussieht. Ein solcher Zirkelschluß kann nicht befriedigen. Also bleibt die Frage: Wie sieht es denn nun aus, unser Land? Eigentlich gibt es drei Deutschlands, jedenfalls in ästhetischer Hinsicht.

Es gibt da zunächst das *alte* Deutschland. Das ist das Deutschland der alten Städte, der Burgen, Kirchen und Schlösser, es ist das Deutschland der famosen Villenviertel aus der Zeit von ungefähr 1880 bis 1930, von der Gründerzeit über den Jugendstil bis zum Neuklassizismus, Viertel, die es in fast jeder deutschen Stadt noch gibt und die vom einstigen Stolz, Wohlstand und Geschmack seiner Bewohner künden. Das alte Deutschland, das sind auch kleine, meist mittelalterliche Orte, die als Kulisse aus alten Landschaftsgemälden entstiegen sein könnten, wie Staufen, Dinkelsbühl, Rothenburg ob der Tauber, Wittstock, Quedlinburg oder Meißen; es sind größere Städte, deren alte historische Zentren Krieg und Abrißwut nahezu unzerstört überdauert haben und in ihrer Pracht und Würde jedem Amerikaner gleich ein „oh so quaint" über die Lippen bringen: Bamberg, Freiburg, Görlitz, Stralsund, Lüneburg, Münster, Baden-Baden, Weimar oder Meißen. Es ist das Deutschland der Schlösser und Gärten, der

Feldsteinscheunen, der Weingüter und Dorfkirchen. Und es sind die Landschaften, wie man sie in touristischen Prospekten gerne abbildet und die einfach hinreißend romantisch sind. Oft sind dies Flußlandschaften, wie das weinumstandene und burgenbewehrte Rheintal zwischen Bingen und Bonn, die sanft mäandernde und von über hundert Jahre alten Schaufelraddampfern durchpflügte Elbe in der Sächsischen Schweiz oder der canyonartige Zusammenfluß von Donau und Altmühl beim fränkischem Weltenburg. Aber es sind auch die offenen Wiesen, langen Alleen und hohen Himmel Brandenburgs oder Frieslands, die lieblichen Täler und dunkel bewaldeten Hänge der Mittelgebirge Nordhessens, des Schwarzwaldes, des Sauerlandes oder des Thüringer Waldes. Kultur und Natur gehen im alten Deutschland eine wunderbare Symbiose ein, am schönsten vielleicht auf Inseln wie der Insel Herrenchiemsee am oberbayerischen Alpenrand, der Pfaueninsel in der Berliner Havellandschaft oder der Insel Mainau im Bodensee. Dieses alte Deutschland ist eine Seelenlandschaft, die sich den Menschen einprägt, die sie doch immer noch weitgehend seßhaft macht und ihren Stimmen eine dialektale, heimatliche Prägung gibt, unabhängig von Bildung und Einkommen.

Was das Landschaftsbild dieses alten Deutschland insgesamt angeht, so gibt es einen Wunderparagraphen im bundesdeutschen Recht, der auch dem östlichen Deutschland nach der Wiedervereinigung geholfen hat, sein überkommenes Gepräge einigermaßen zu wahren. Das ist der Paragraph 35 im Bundesbaugesetz: Er untersagt das Bauen im Außenbereich, also außerhalb von Ortschaften, außer für wenige, eng umgrenzte Nutzungen (zum Beispiel land- und forstwirtschaftliche Einrichtungen oder Energieanlagen). Das hatte und hat zu Folge, daß Deutschland einen viel weniger zersiedelten Eindruck macht, als viele andere Länder dieser Welt. In Irland, etwa, ziehen sich seit Beitritt in die Europäische Gemeinschaft einzelne Bungalows wie Pockennarben durch die Landschaft. In Spanien sieht man alle naselang riesige Reklameschilder entlang der Überlandstraßen. In den USA wäre es undenkbar, daß jemand nicht auf dem Land bauen darf, das ihm gehört. Der Paragraph 35 ist insofern wahrscheinlich der wichtigste Grundsatz im gesamten deutschen Recht, was die landschaftsprägende Wirkung angeht, noch bedeutsamer als Erbrecht oder Naturschutz. Wir sollten ihn auch einmal feiern, diesen Paragraphen, anstatt ihn immer nur, einzelinteressengesteuert, zu verurteilen.

Dem alten Deutschland entsprechen eine ganze Menge von Menschen, die in ihrer teilweisen Unzeitgemäßheit bisweilen etwas Rührendes an sich haben, Typ protestantischer Gelehrter mit Baskenmütze oder Kunstvereinsdame in leinenem Sackkleid. Das ist ein Teil des relativ breiten Bildungsbürgertums mit seinen ernsthaft dreinblickenden, intelligenten Gesichtern hinter großformatigen, textlastigen Tageszeitungen. Zum alten Deutschland gehört auch eine Landbevölkerung, die zu bestimmten Anlässen – Erntedankfesten, religiösen Prozessionen. manchmal auch der lokalen Kirmes - noch traditionelle Kleidung anzieht. Schwarzer, steifer Wollanzug der Bauern im Niedersächsischen, osteuropäisch anmutende Hauben und mit Blümchendekor bestickte Kleider der Sorben zu den Osterreiter-Zeremonien in der Lausitz, schwarze Trachtenröcke und bunte Westen mit roten Bommelhüten im Schwarzwald. Im normalen Alltag erlebt man das aber eigentlich nirgendwo mehr. Nicht einmal in Bayern laufen die Menschen ständig nur im Dirndl oder mit Lederhosen herum. Trachtenkleidung gab es früher nahezu überall, heutzutage nur noch in wenigen Gegenden Deutschlands. Selbst die Bewohner der Kleinstädte und Dörfer kann man kleidungsmäßig kaum noch vom Durchschnitt in den großen Städten unterscheiden. Bei den Älteren vielleicht eine Tendenz zu größerer Einfachheit, bei den Jüngeren zur sportlich grellen Turnschuhästhetik, mit Applikationen auf den prallen Jeans die bauchfreien Mädels und mit gegelten Steilhaarfrisuren die pubertierenden Jungs.

Dann gibt es das *neue* Deutschland. Das ist das effiziente, schnelle, schicke Deutschland. Es ist das weitgehend erst nach 1990 entstandene Land mit seinen ultramodernen Messehallen in Frankfurt/Main, Hannover, München oder Leipzig, seinen als

„Erlebniswelten“ gestalteten „Autostädten“ von VW in Wolfsburg, BMW in München, Mercedes in Sindelfingen oder der Gläsernen Manufaktur in Dresden, seinen Größe, Moderne und Transparenz ausstrahlenden (aber natürlich nicht verwirklichenden!) Regierungsbauten in Berlins neuer Mitte, den fabelhaft modernen, sich in alte Villenviertel problemlos einschmiegenden Pavillons junger Bauherrenfamilien an Dresdens Elbufer, Starnbergs Seegrundstücken oder den exakt gezeichneten, neuen Glas-, Stahl- und Beton- oder auch Holzbauten auf den ausgebombten Grundstücken im Berliner Bezirk Mitte. Hinzu kommt eine ganz neuartige, hypermoderne Innengestaltung von Einkaufsläden, Restaurants oder Museen. Selbst die Schalterhallen der vormals staatseigenen und überaus biederen Bundesbahn (jetzt Deutsche Bahn) und Bundespost (jetzt Deutsche Post) wurden zu Schaustücken von Designerlampen und edlen Materialien.

Dies ist das Deutschland der zweiten Moderne, der Architektur also, die nach den ästhetischen Brutalismen und Trostlosigkeiten der 1960er und 1970er Jahre und der danach gottlob nur zeitweilig einsetzenden Postmoderne in den 1980er Jahren, endlich wieder an die Eleganz und an den Sinn für Tektonik und Proportionen der Größen der ersten Moderne anschloß (Walter Gropius, Mies van der Rohe, Bruno Taut, Heinrich Tessenow und andere) und unaufgeregte, saubere und materialgerechte, manchmal auch mutige neue Bauten schuf, die sich elegant und ohne Effekthascherei in das alte Deutschland einbetten - von Architekten wie Hans Kollhoff und Helga Timmermann, Max Dudler, Christoph Mäckler, Heinz Hilmer und Christoph Sattler, Matthias Sauerbruch und Louisa Hutton, Thomas Müller und Ivan Reimann, Jan Kleihues, Volker Staab, Gesine Weinmiller, Florian Nagler, Armand Grüntuch und Almut Ernst, Johannes Schilling, um nur einige der in Deutschland wirkenden Architekten dieser zweiten Moderne zu nennen. Diese ansehnlichen Bauten der zweiten Moderne sind übrigens keineswegs auf die großen Städte beschränkt, wie die großartigen Bauten in Provinznestern wie Weil am Rhein (Design Museum der Firma Vitra von Zaha Hadid, Frank Gehry u.a.), Niederstetten (Firmenzentrale Bass GmbH von Barbara und Florian Nagler) oder Datteln (Empfangshalle der Firma Rheinzink GmbH & Co. KG von Daniel Libeskind) zeigen. Selbst in einem so historisch putzigen Städtchen wie Wolfenbüttel stehen gleich gegenüber dem barocken Schloßbau der Welfen, behutsam zurückgesetzt, ein paar moderne Wohnhäuser, die mit ihren schicken Holz- und Glasfassaden und wohlproportionierten Balkonen überhaupt nicht stören. Endlich gibt es auch wieder einen Sinn für einen humanen Städtebau, der nicht alles und jedes dem Ideal der autogerechten Stadt opfert, sondern wieder Stadträume schafft und Plätze, mit dezenter Straßenmöblierung und einem Sinn für eine städtebauliche Textur, die das einzelne Bauwerk der Ensemblewirkung des Gesamteindrucks unterwirft. Die weitgehende Wiedergewinnung der alten Straßenfluchten und Platzkanten sowie die Auflagen zu einer zurückhaltenden, in Material und Fassadengestaltung einheitlicheren Architektur, wie sie mittels des Berliner „Planwerks Mitte" für die Erneuerung der devastierten Innenstadt vom damaligen Berliner Staatssekretär für Stadtplanung, Hans Stimmann, gegen viele Widerstände durchgesetzt wurde, ist dafür das gelungenste Beispiel. Auch die Rekonstruktion und vielerorts doch behutsame Ergänzung der Städte in den ostdeutschen Bundesländern nach 1990 ist ein Glücksfall. Ob Schwerin, Waren/Müritz, Bautzen, Neuruppin oder Eisenach, wahrscheinlich waren diese Städte zumindest in den letzten 100 Jahren und im Weichbild ihrer Vorkriegsausdehnung nie schöner als heute. Man kann nachgerade sagen, daß die Wiedervereinigung aus ästhetischer, städtebaulicher und architektonischer Perspektive keinen Augenblick zu spät, aber auch keinen Augenblick zu früh gekommen ist. Die DDR hatte zwar in vielen Städten mindestens so schlimme Bausünden begangen wie die Bundesrepublik, aber sie war zu arm gewesen und es fehlte die kurzfristige Profitgier einer ganzen Generation privater Investoren, so daß die alte Substanz da, wo der Krieg sie ungeschoren gelassen hatte, noch gerade so erhalten war, durch die ideologisch und ökonomisch bedingte jahrzehntelange Vernachlässigung aber kurz vor dem völligen Zerfall stand. Als dann die westlichen Planer, Geldgeber und Beamten kamen und mit ihren ostdeutschen Kollegen und Handwerksbetrieben an den Wiederaufbau gingen, konnte man viele Fehler der vorherigen Jahrzehnte vermeiden.

Das neue und das alte Deutschland existiert in froher Eintracht nebeneinander, das eine paßt wunderbar zum anderen. Vielerorts geht es sogar eine erstaunliche gut funktionierende Symbiose in gebauter Form ein, vom Inhalt her sowieso. Die Umwandlung alter, industriell genutzter Areale wie der Kölner Rheinauhafen mit seinen sensationellen und komplett futuristischen Kranhäusern, der Osthafen an Berlins Spreeufer oder das Areal der Zeche Zollverein in Essen sind großartige Beispiele dafür. Die behutsam renovierten Altanlagen werden dort häufig wunderbar durch hypermoderne Bauten ergänzt, und das eine erhöht das andere. Das geschichtsträchtigste Beispiel für diese gelungenen Symbiosen von alt und neu ist sicher das Berliner Reichstagsgebäude, das nach der starken Zerstörung während der NS-Zeit und dem allzu schlichten Teil-Wiederaufbau in den 1950er Jahren eine nahezu völlig neue Innengestaltung erhielt, als es für den Umzug des Bundestages aus Bonn Ende der 1990er Jahre durch den britischen Architekten Lord Norman Foster wiederhergestellt wurde und seine Kuppel wieder bekam. Aber was für eine Kuppel! Eine gigantische gläserne, nachts wie ein Juwel funkelnde Haube über einem in sich verschränkten spiralförmigen Wandelgang und einem mit innenliegenden Spiegeln ausgestattetem Tageslichttrichter für den Plenarsaal. Eine Kuppel, die schnell zu einer der populärsten Touristenattraktionen in der Hauptstadt avancierte. Weitere herausragende Beispiele für neue Architektur in alten Hüllen oder in historischer Nachbarschaft sind der Campus Westend der Universität Frankfurt am Main um das erhaltene IG Farben Haus herum, das Neue Museum in Nürnberg, die Erweiterung der Moritzburg in Halle oder die Hamburger Hafencity, deren Höhepunkt die phänomenale gläserne Elbphilharmonie hoch oben auf einem der großen Speichergebäude sein wird, erbaut von den Schweizer Architekten Jacques Herzog und Pierre de Meuron, die auch die Allianz-Arena in München oder die an die campanischen Trutzburgen des Stauferkaisers Friedrich II. erinnernde, gläserne Bibliothek der Brandenburgischen Technischen Universität in Cottbus entworfen haben. Ebenfalls von einem berühmten Schweizer, Peter Zumthor, stammt das 2007 eröffnete, absolut hinreißende neue Kunstmuseum Kolumba in Köln, das die noch verbliebenen Trümmer der romanischen Kirche St. Kolumba sowie eine darauf gebaute Nachkriegskapelle mit dem herzzerreißenden Namen „Madonna in den Trümmern" einbezieht.

In welchem anderen bedeutenden Land der Welt ist das wichtigste Gebäude der politischen Macht, das des Parlaments, von einem ausländischen Architekten entworfen worden? (Auch wenn die äußere Hülle im wesentlichen die von Paul Wallot von 1894 geblieben ist.) Manche sehen darin einen Mangel an Nationalbewußtsein. Doch bei so herausgehobenen Gebäuden sollte der beste Entwurf realisiert werden, den es weltweit zu haben gibt, unabhängig von der Nationalität der Architekten. (Selbst die Chinesen haben ihr wichtigstes Gebäude bei der Olympiade 2008, das Nationalstadion, von Schweizern bauen lassen.) Das gleiche könnte man von einem der anderen, wirklich bedeutsamen neuen Gebäude im neuen Berlin sagen, dem vom Amerikaner I. M. Pei, einem gebürtigen Chinesen errichteten Anbau des Deutschen Historischen Museums, für das ihn der damalige Bundeskanzler Helmut Kohl in sonnenkönigartiger Wahl persönlich ausgesucht hatte. Kaum eine symbolträchtigere Stelle im ganzen Land, kaum ein prestigeträchtigeres Unterfangen, kaum ein schöner vorstellbares Resultat. Da kann die Bundesarchitektenkammer noch so lautstark über mangelnden Wettbewerb oder mißachteten Heimvorteil jammern. Die Deutschen von heute haben keine Probleme damit, sich die besten Architekten, die besten Opernregisseure oder die besten Dirigenten aus aller Welt ins Land zu holen, um ihre gebaute Umwelt und ihr kulturelles Leben zu bereichern. Das ist ein schöner Zug und so war es eigentlich schon immer (die zwölf Jahre des Tausendjährigen Reichs ausgenommen).

Zum so gestalteten In- und Exterieur gehört natürlich auch

ein bestimmter Typus Mensch. Der moderne Deutsche. Das sind die Leute unter uns, die ständig unterwegs sind und häufig fliegen, die rechteckige Brillen aufsetzen und Schals in einer eigenartigen Schlaufe um den Hals tragen, deren Schuhspitzen kantig sind und die in Fitneßcenter gehen, deren Schlipse entweder zu breit oder deren offene Kragen auffallend groß sind, es sind die, die immer die neueste Unterhaltungselektronik kaufen und Bücher nicht mehr so recht lesen, sondern hören (im Auto, um Zeit zu sparen), die beim Wort „InfoGrafik" nicht gleich einen Schluckauf bekommen, die sich erst spät zu Kindern entscheiden und dann manchmal Pech haben, daß es zu spät ist. Insgesamt eine liebenswerte Spezies, manchmal etwas zu sehr im Panzer ihrer eigenen Bedeutsamkeit eingehüllt, manchmal etwas zu egoistisch und ellenbogenbewehrt. Aber es sind die Macher, die Antreiber, die für Geldumlauf sorgen und die auf ihre Rechte pochen. Es sind die, die morgens um sechs mit ihren kleinen Rollköfferchen an den Flugsteigen stehen, um nach Frankfurt am Main, Zürich oder Brüssel zu fliegen, um ihrer Arbeit nachzugehen. Ziemlich weit entfernt von Kirchentags-wir-haben-uns-alle-lieb-Ringelpietz und Gutmenschentum, aber in Wahrheit diejenigen, die die Gesellschaft durch ihre Tatkraft zusammenhalten.

Und schließlich gibt es das *Zwischen*-Deutschland. Das gesichtslose, geschmacklich herausgeforderte. Leider der größere Teil des bebauten Landes. Aber das ist anderswo kaum anders. Wer in den zersiedelten Ebenen Norditaliens herumgefahren ist oder die Vorstädte der französischen und spanischen Großstädte kennt, weiß, was ich meine. In Deutschland kommen die Scheußlichkeiten meist nicht gar so grob daher, irgendwie ist das alles noch in halbwegs angemessener Dimension. Ausnahmen vielleicht in den endlosen Trabantenstädten von Berlin-Marzahn oder Berlin -Märkisches Viertel, von München-Neuperlach, Köln-Chorweiler oder Hamburg-Mümmelmannsberg. Aber auch Dörfer und Kleinstädte sind voller Prachtexemplare der Gesichts- und Trostlosigkeit.

Dieses Zwischen-Deutschland ist weitgehend eine Errungenschaft der Nachkriegszeit. Vor dem Krieg war noch fast alles anders: In den 20er und frühen 30er Jahren des vorigen Jahrhunderts wurden vom Karl Robert Langewiesche Verlag aus Königstein im Taunus „Die Blauen Bücher" herausgegeben. Man findet sie heute noch auf Trödelmärkten und in Antiquariaten. Sie zeigten deutsche Landschaften und Städte der damaligen Zeit. „Die Schöne Heimat - Bilder aus Deutschland" hieß einer der Bände.[4] Wie es im Klappentext heißt, war der Verlag davon überzeugt, daß der Band „Deutschland als Einheit" zeige, als „die Einheit, die es ist: voll eines großen Reichtums verschiedener Einzelformen". Zu sehen sind 100 ganzseitige Schwarzweißfotos. Sicher hier und da reichlich retouchiert; außerdem stark am hergebrachten, altertümlichen Bild interessiert. Die modernen Häuser des Bauhauses, die eisengußgeformten Fabrikhallen oder die Welt der kohlenmonoxidgeschwängerten Hinterhöfe – all dies fand hier keinen Abdruck. Dennoch: Man schaut sich die Bilder an, wie Deutschland weit und breit aussah, bei fast gleich großer Bevölkerung wie heute, aber eben vor der dann einsetzenden, selbst verursachten Zerstörung, und ist begeistert, wie schön dieses Deutschland damals war. Die alten Städte waren nicht unbedingt herausgeputzt, vieles bröckelte, es gab dunkle Ecken, auf den Dörfern ging es spärlich zu. Aber das Land war wie ein alter Anzug, der sich den Menschen vollkommen angepaßt hatte. Die Baumaterialien waren althergebrachte, die Bauformen und Fassaden in harmonischen Proportionen gehalten. Jede Gegend hatte ihren unverwechselbaren Stil, im Norden standen die Backsteinhäuser und Reetdächer, in der Mitte das Fachwerk, im Westen die Schindeldächer und -fassaden, im Südwesten die verputzen Barockhäuser mit ihren wohlbehütenden Krüppelwalmdächern, im südöstlichen Mitteldeutschland die geständerten Umgebindehäuser der Sächsischen Schweiz.

Die Nazis haben daraus dann Propaganda gemacht und das Bauen im „Heimatschutzstil" (Steildach! Rustikasockel!) befohlen. Aber in Wirklichkeit fingen sie an, die alten Viertel in großem Stil für ihre Aufmarschstraßen und -plätze, ihre Groß-Germania

Phantasien niederzureißen, Klotzbauten in Primitivmoderne hinzustellen (manches Juwel darunter, wie der Flughafen Tempelhof oder das Olympiagelände in Berlin) und Wehrarchitektur wie Bunker, Schutzwälle und KZs in die Landschaft zu stellen. Indem sie Deutschland angeblich wieder groß machten, aber eben auf Kosten der halben Welt, machten sie es so klein wie nie zuvor in der Geschichte und zerrütteten nicht nur Staat, Städte und Schicksale, sondern auch Selbstbewußtsein und Sinn für Schönheit.

Dann, nach erstem, zaghaften Berappeln, nach zunächst schlichtem und durchaus auch elegantem neuen Bauen in den 1950er Jahren - man sehe sich nur das Haus Hardenberg von Paul Schwebes in Berlin-Charlottenburg an, wo heute das Manufactum Kaufhaus residiert - brach eine Zeit über Deutschland an, wie es sie zerstörerischer in Friedenszeiten wohl nie gegeben hat. Das Jahrzehnt zwischen etwa 1965 und 1975, mit Ausläufern nach vorne und hinten, kann man nur als Jahrzehnt der ästhetischen Umnachtung bezeichnen, einer kollektiven Amnesie, die so ziemlich alles kurz und klein schlug, was der Krieg hatte stehen lassen. Schuld waren zum einen der beginnende Wohlstand und zum anderen der gesellschaftliche Bruch mit allem, was die Vergangenheit über Jahrhunderte an Harmonie, an Geschichtsbewußtsein, an Sinn für Proportion und menschliches Maß gelehrt hatte. Dieser Bruch war eine Spätfolge der Zeit des Nationalsozialismus, denn hier hatte es die Umwertung aller Werte gegeben, die neben allem Schrecken und Unheil eine tiefe Unsicherheit in die Psyche, selbst der aufgeweckteren Deutschen brachte und sie alles Hergebrachte für ungültig und schändlich erachten ließ, hatte es doch ganz offenbar zu diesem Grauen geführt. Und es hatte dazu geführt, daß man Emotionen, Pathos und Gemeinsinn nicht mehr traute (der Rausch über das „Wunder von Bern", die Fußballweltmeisterschaft der Bundesdeutschen 1954, war da nur das kurzzeitige Aufbrechen eines angestauten Stromes). Ein wunderbares, aufrechtes und geradezu anrührendes Beispiel für diese tiefsitzende Ernüchterung habe ich einmal erlebt, als in den späten 1970er Jahren die ersten Hausbesetzungen junger Leute im behäbigen Freiburg im

Breisgau stattfanden und wir Studenten, hoffnungsfroh über die Solidarität unter uns und über den erhofften Sieg der Bewahrung des alten Stadtbildes über die Abrißwut von Spekulanten, mit dem Spruch „Solidarisieren, mitmarschieren!" durch die Straßen zogen und ein älterer, nett aussehender Herr am Straßenrand uns hinterherrief: „Nee, Jungs, mitmarschiert bin ich schon einmal, das mach´ ich nich´ mehr!".

Ab etwa der Mitte der 1960er Jahre also wurde Deutschland - West wie Ost, im Westen nur mit mehr Vehemenz - zugepflastert mit kantigen, seelenlosen Flachdach-Hochhäusern, mit öffentlichen Gebäuden im Waschbeton-Look und mit Peitschenlampen an den Straßen, die ein grelles Neonlicht auf den vorbeihuschenden Verkehr warfen. Die Städte wurden durch Betonüberführungen und Fußgängerbrücken im Stil des italienischen Brutalismo durchschnitten, die Fußgänger wurden in nacktkalte oder schummrig beleuchtete, gelb, orange und grellblau gekachelte Unterführungen von den Straßenkreuzungen in den Untergrund gezwungen, wo bald Junkies und Pinkelecken auf sie warteten. Poller und Blumenkübel aus Beton, Trottoirplatten aus Kunststein, und Kioske, die wie Kastenhäuschen aus Preßpappe aussahen, fingen an, den öffentlichen Raum landauf landab zu zieren. Die Moderne hatte einst begonnen mit Sprüchen wie dem von Adolf Loos, der vom „Ornament als Verbrechen" sprach, und mit futuristischen Visionen eines Le Corbusier, der von gigantischen „Wohnmaschinen" träumte (und sie auch baute). Aber die Adepten und Epigonen dieser Großen kapierten nichts mehr. Am schlimmsten traf es die ländlicheren Gegenden. Während sich in den Großstädten schon bald eine Gegenwehr gegen die urbane Verödung und Verschandelung durch Neubaumanie und autogerechte Stadtplanung formierte und in Hausbesetzungen, Stadtteilinitiativen und Wohngemeinschaften in Altbauten Ausdruck fand, gab es auf dem Land sehr lange gar kein Korrektiv. Das war und ist die eigentliche Katastrophe: Wie man seit dieser Zeit auf dem Land jegliche Tradition vergißt und Fachwerkhäuser unter Plastikschindeln versteckt, alte Holztüren und Sprossenfenster durch barockisierende Plastetüren und pflegeleichte Großflächenfenster ersetzt. Lochfenster und Romantik-Türen aus PVC, das war und ist die deutsche Krankheit. Denn leider haben wir eine kleine Wiederholung dieser Geschmacklosigkeiten nach 1990 erlebt, als sich der westdeutsche Plastik-Billigheimer über die Ahnungs- und Wehrlosigkeit in Ostdeutschland ergoß und die an sich noch ursprünglichen, aber heruntergekommenen Dörfer landauf landab in Museen für Baumarktidyllen und Fertighäuserwüsten verwandelte.

Eine ganze Generation von Architekten, Bauherren und Genehmigungsbeamten müßte man - mit einigen wenigen Ausnahmen, wie dem Errichter der Berliner Philharmonie, Hans Scharoun, - nachträglich in Legoland einsperren, wo sie gerne den Rest ihrer Tage beim Klötzchenbauen verbringen können. Der Aufstand gegen diese Generation hat leider viel zu spät stattgefunden, da waren die Verheerungen schon überall geschehen.

Mit der den wahren Konservativen eigenen Haltung des Maßhaltens und ihrem Sinn für Menschlichkeit, schrieben Wolf Jobst Siedler und Elisabeth Niggemeyer schon 1964 eine viel beachtete Kritik dieser Art des Städtebaus, „Die gemordete Stadt. Abgesang auf Putte und Straße, Platz und Baum" hieß ihr Buch. Es geißelte nicht nur die Schuhkartonkisten der Architekten, sondern auch den Verlust jeglicher städtischen Atmosphäre durch die Schneisenideologie der trassenverliebten Stadtplanung, der allein auf vermeintliche Funktionalität reduzierten Verkehrsplanung, einschließlich ihrer unsäglichen Hochstraßen, Fußgängerbrücken, Absperrketten und Parkgaragen-Manie. Dazu gehörte auch, daß lebendiges, gewachsenes städtisches Leben auf Straßen und Plätzen durch die Anlage von Fußgängerzonen abgetötet und damit viele mittelständische Einzelhändler kaputt gemacht wurden. Das war alles vorhersehbar und wurde auch gesehen. Die „Domplatte" in Köln ist so ein Beispiel. Unsäglich häßlich. Dabei war man sich dessen schon bewußt, als sie gebaut wurde. Ein alternativer Entwurf, für den sich die städtische CDU damals einsetzte, wäre ungleich eleganter gewesen. Ein anderes Beispiel ist das Kulturforum in Berlin. Macht man sich auf den Weg in die dort befindlichen Gemäldesammlungen, die zu den wichtigsten und schönsten der Welt gehören, kann man sich immer nur wieder schwarz ärgern über das abgrundtief kulturlose Areal. Das Ergebnis einer typisch Westberliner Architeken-Planer-Politiker Kungelei aus den späten 1970er Jahren. Schon damals von niemandem geliebt, außer vom bornierten machthabenden Klüngel der ausgezehrten Inselstadt. Den Namen des „Architekten", eines selbst ernannten Sachwalters von Hans Scharoun, verschweigt man am besten. Auf diesen Vorplatz wünscht man sich insgeheim einmal eine koordinierte Preßlufthammerattacke der städtischen Spaßguerrilla, damit den steinernen Zeugen dieses ästhetischen Unvermögens endlich der Garaus gemacht werde. Erste Vorboten einstürzender Neubauten aus den 1960ern und 1970ern erleben wir dankbar. Zuerst passiert das in Ostdeutschland, ganz einfach deshalb, weil die Menschen dort wegziehen, um anderswo Arbeit zu finden. Leere Wohnungsbauten kosten aber nur Geld und ziehen ganze Gegenden durch ihren Verfall nach unten. Deshalb hat man Anfang der 2000er Jahre den „Rückbau Ost" erfunden, was wenig mehr ist als der Abriß ganzer Stadtviertel. Das trifft in den allermeisten Fällen die industriell gefertigten Plattenbauviertel, und es ist nicht schade drum („Arbeiterschließfächer" wurden sie unter der Hand in der DDR genannt). Gleichzeitig wird das Wohnumfeld der verbleibenden Bauten verbessert, in einigen glücklichen Fällen auch eine geschickte Umwandlung der Großbauten in „Stadtvillen" vollzogen. Wenn nötig wird nachverdichtet, vor allem in den Innenstädten. 221.000 Wohnungen sind in den ersten fünf Jahren schon „rückgebaut" worden, eine gigantische Zahl.[5] Und es sollen nochmal so viele werden. Die Bausünden im Westen zu beseitigen, wird leider länger dauern.

Merkwürdigerweise gibt es Regionen in Deutschland, die etwas resistenter gegen den Zeitgeist der Jahrzehnte zwischen 1960 und 1980 waren als andere. Das fing schon unmittelbar nach dem Krieg an. Einige Stadtväter und Baustadträte entschieden sich, ihre Städte wenigstens wieder in der alten Kubatur aufzubauen, wenn möglich sogar mit den alten Fassaden. Das sind die Städte, die langfristig zu den attraktivsten und begehrtesten wurden: München, Münster, Freiburg, Regensburg zum Beispiel – interessanterweise eher die Städte in den süddeutschen, katholischen Gegenden, wenn auch nicht durchgängig – Ausnahmen gibt es in beide Richtungen. Andere – und eher die aus dem protestantischen Norden – wollten mit der Vergangenheit brechen. Sie verachteten die Blockrandbebauung und wollten die autogerechte Stadt. Hannover, Hamburg, Osnabrück, Berlin, Frankfurt/Main und Köln gehörten dazu. Manches wurde später korrigiert, aber das sind meist nur nostalgische Korrekturen geworden, die nicht ganz zu Unrecht beschmunzelt werden, wie der Frankfurter Römer, das Berliner Nikolaiviertel oder das Braunschweiger Schloß. Irgendwie peinlich. Wahrhaft konservativ (und deshalb auf Dauer modern) waren und sind Landstädte und Dörfer besonders in Oberbayern, aber auch in Teilen des Schwarzwaldes, der Lüneburger Heide, der Altmark oder des Eichsfeldes, Sie haben ihren angestammten Charakter behalten, alte Häuser wurden nicht überformt und neue müssen im alten Stil errichtet werden. Da wo sich die Amtsverwaltungen die Mühe gemacht haben, Gestaltungssatzungen durchzusetzen (was zuerst immer viel Widerstand erzeugt), dort sind heute die schönsten Regionen Deutschlands. Aber man kann natürlich nicht nur im Altbackenen stehenbleiben. Leider ist es bisher keiner einzigen Region Deutschlands gelungen, das Traditionsbewußte mit einem Sinn für eine wirklich qualitätsvolle Moderne durchgängig zu verbinden. So wie man es heute in Tirol oder in vielen Kantonen der Schweiz findet, wo neben den wunderschönen alten Bauernhäusern und Stadtquartieren praktisch alles, was neu ist, ob Tankstellen, Autohäuser, Sporthallen oder Wartehäuschen, von einer ausnehmenden Eleganz ist, kompromißlos modern und deshalb passend. Manche Gegenden in Ost- und Süddeutschland haben durchaus das Zeug dazu, sich ähnlich wohltuend abzuheben, der Chiemgau, die Ostseebäder, oder auch die Gegend um Dresden. Aber es muß noch einiges abgerissen werden dafür, praktisch alles, was zwischen 20 und 45 Jahre alt ist.

Mit welcher Berechtigung spricht man über diese Dinge, woher kommt der Maßstab dafür, was schön ist und was nicht? Die Sache ist eigentlich ganz einfach: Schön ist, was alle mögen, häßlich, was die Mehrheit mag. Ein altes Schloß, eine alte Kirche, auch alte Stadtviertel, das finden alle schön. (Nur ein paar Leute finden es schick, dagegen zu sein, aber wohnen wollen sie alle doch in oder zwischen Altbauten.) Gebäude der zweiten Moderne finden ebensolche Anerkennung. Selbst futuristische Bauten, weit weg von einer maßhaltenden zweiten Moderne, wie die Bauten von Zaha Hadid (Science Center in Wolfsburg, BMW-Werk bei Leipzig) oder Coop Himmelb(l)au (BMW-Welt in München) begeistern alle. Nach diesem Maßstab ist Deutschland, ästhetisch gesehen, ein wahrhaft demokratisches Land. Die Mehrheit setzt sich überall durch, leider. Aber zwischendrin: Da findet man immer wieder das alte Deutschland, und auch das neue. DANN ATMEN ALLE AUF.

Die Sprache

Ist deutsch eine schöne Sprache? In einer hübschen kleinen Jugendherberge in der Bretagne hatte ich mal ein kleines Techtelmechtel mit einer Amerikanerin angefangen. Sie war groß, selbstbewußt und hübsch, hatte blonde Haare bis zum Po, war Tänzerin und kam obendrein aus Kalifornien. Es war da etwas zwischen uns, und es hätte sich entwickeln können. Dann saßen wir am Tisch draußen unter der Kastanie, aßen Mittag und ich hörte am Tisch hinter mir eine Stimme. Ich sah mich kurz um. Sie gehörte einem jungen Mädchen, das in sanftem Deutsch auf ihren Freund einredete. Lieblich, vertraut, zart. Es war um mich geschehen. Ich wußte, die Amerikanerin, an der eigentlich alles stimmte, konnte es nicht sein. Fassungslos lauschte ich dem leisen Klang meiner Muttersprache, die Worte verstand ich gar nicht. Aber mir war klar: Intim sein kann man nur in seiner eigenen Sprache, ich meine wirklich intim.

Dabei war ich früher immer davon überzeugt, daß das Amerikanische sich wie kaum ein anderes Idiom zu Zärtlichkeiten, treffsicheren Geständnissen und kernigen Jauchzern eignet. Davon bin ich weiterhin überzeugt. Aber für alle, die keine amerikanischen Muttersprachler sind, bleibt es doch eine angenommene Sprache. Das trifft auch für alle anderen Sprachen zu, die man erst als Fremdsprache lernt. Man wird in ihnen nie ganz zu Hause. Insofern hat bestimmt jede Sprache für ihre Muttersprachler diese Qualitäten, des sich darin heimisch Fühlens, des Vertrauten, der Befähigung zur Intimität. Nur weiß ich zugegebenermaßen nicht, wie Chinesen miteinander hauchen, oder Zulus.

Woran beurteilt man also, ob eine Sprache schön ist? Natürlich erst einmal an ihrem Klang. Dann auch danach, wie es gesprochen wird. Mit welcher Gestik, wie der Mund sich bewegt, ob es laut oder leise ist, mit welcher Sprachmelodie. Ohne viel japanisch zu verstehen wird einem zum Beispiel schnell klar, daß das Japanische eine sehr rhythmische, vielfach gestoßene, mit vielen Prä- und Suffixen versehene Sprache ist, die häufig von Gesten der Ehrerbietung, des Erstaunens und des Lachens begleitet wird (bei jungen Mädchen von Kichern), die aber auch des Abschätzigen, Gebieterischen fähig ist. Vom Deutschen sagt man, daß es ebenfalls eine Sprache für den Befehlston sein kann. Von Friedrich dem Großen heißt es, er habe nur mit seinen Pferden und Hunden deutsch gesprochen. Sicher doch auch mit seinen Soldaten, den armen, die sich für ihn dahinkartätschen ließen („Kerls, wollt ihr ewig leben?"). Aber auch andere Sprachen sind was fürs Gebieterische: Haben Sie schon mal einen britischen Dragonerfeldwebel auf dem Kasernenhof Befehle schmettern hören? Da bleibt kein Grashalm gerade stehen.

Dann heißt es vom Deutschen, daß es hart sei, oder hart sein kann. Ja, das kann es. Die Sprache hat viele Konsonanten, oft sind es Knallaute wie, „d", „t" oder „p". Und es wird relativ weit hinten im Gaumen gesprochen, was es dunkler macht, guttural (oder tektal, wie man neuerdings sagt). Daher kommen die unendlich schönen Alt-Stimmen bei den Frauen. Hier wird nicht rumgepiepst. Auch das „r" spielt im Deutschen eine große Rolle, selbst wenn es kaum noch Zeitgenossen gibt, die es rollen, wie man es in alten Schwarzweißfilmen von charmanten Damen und galanten Herren oft vernimmt. Das mag aber reine Stimmausbildung gewesen sein, so wie man es heute noch in Rezitativen und Opern hört.

Kluge Sprachwissenschaftler haben herausgefunden, daß es in allen Kulturen und Sprachräumen bestimmte Assoziationen mit bestimmten Tönen gibt. Sie hatten den Probanden versuchsweise Worte vorgesprochen, die nichts bedeuten, die aber so klangen, als könnten sie in jeder Sprache vorkommen. Mit dem Wort „takete" verbanden die meisten Hörer etwas Spitzes, Hartes, Eckiges. Mit dem Wort „maluma" hingegen verbanden die allermeistes etwas Weiches, Warmes, Rundes. Etwas weitergehend könnte man sagen, daß „takete" eher etwas Unangenehmes, während „maluma" etwas Angenehmes bezeichnet. Der angeborene Instinkt für Sprache sagt uns auch, daß wir das Adjektiv „pambulaa" aus der afrikanischen Siwu-Sprache eher als „eine runde Person" übersetzen würden, als „eine dünne", auch wenn kaum einer von uns diese Sprache kennen wird.[6] Wenn es jedoch zutrifft, daß bestimmte Laute bestimmte Bilder und Gefühle hervorbringen, dann müßten Sprachen, in denen solche Klänge häufiger vorkommen als in anderen, jeweils eher als hart und unangenehm oder als eher sympathisch-angenehm aufgefasst werden. Hinzu kommt noch, daß die Häufigkeit bestimmter Vokale eine Rolle spielt. Der Vokal „i" zum Beispiel wird ähnlich wie das Wort „takete" ebenfalls eher als spitz und unangenehm empfunden (farblich der Signalfarbe gelb entsprechend). Wie sehr solche Empfindungen manchmal eine geradezu lebensrettende Funktion ausüben, zeigt die Geschichte eines Vetters von mir, der vor nicht allzulanger Zeit einmal auf Geschäftsreise in Rio de Janeiro weilte und dort von seinem Hotel aus an den Strand baden gegangen war. Ein wenig hatte er sich darüber gewundert, daß er praktisch der einzige weit und breit am Strand war und niemand sonst badete. Er stürzte sich in das warme Meer, schwamm ein wenig, genoß den Anblick der Copacabana, merkte aber nach einigen Minuten etwas befremdet, daß sich das Ufer immer weiter von ihm wegbewegte. Nach kurzem wurde ihm klar, daß ihn eine extrem starke Strömung hinaustrieb. Er versuchte mit aller Kraft zurück zu schwimmen, aber es gelang ihm nicht. Er begann sich zu verausgaben, hielt dann inne, schon recht erschöpft, aber wohl noch mehr in Panik. Sein Gehirn arbeitete. Er dachte, so, das war´s jetzt. Ich komme nicht mehr zurück. Ich werde hinausgetrieben. Niemand sieht mich. Ich werde sterben. Was sollte er tun? Um Hilfe schreien? Aber wie, in welcher Sprache? Sollte er das international verständliche „HELP" brüllen, sollte er das portugiesische „SOCORRO" rufen, das ihm einfiel, obwohl er eigentlich gar kein Portugiesisch kann? Beide Wörter erschienen ihm zu schwach, insbesondere die warme, wohlige Tonlage des portugiesischen Hilferufs war wohl kaum dazu angetan, Aufmerksamkeit zu erregen. Also schrie er so laut er konnte das deutsche „HILFE", immer wieder, mit Betonung auf dem „i", dem Signallaut schlechthin, und reckte dazu einen Arm in die Höhe. Es dauerte nicht lange, bis er einen schwarzen Rettungsschwimmer mit Taucheranzug und Flossen auf ihn zukraulen sah. Er war gerettet.

Nun könnte man also das Deutsche nach diesen Kriterien des lautlichen Charakters analysieren und dann Vergleiche anstellen. Das soll gerne den Fachwissenschaften überlassen bleiben. Der eigene Eindruck, das eigene Erleben sagt einem, daß das Deutsche eine recht gute Mischung dieser lautlichen Möglichkeiten ist. Starke, kantige Laute wechseln mit warmen, weichen, gezischten, gehauchten, gedehnten und abgehackten. Es ist ganz komisch: wenn meine halb-englischen Nichten ins Deutsche wechseln, wechseln sie auch eine Tonlage höher, und ihre Stimmen bekommen einen ganz anderen Ausdruck. Runder, weicher, fast möchte man sagen: behutsamer. In noch einer weiteren Oktave höher spricht nur noch der Berliner, vor allem der Berliner männlichen Geschlechts. Immer mit leicht erhobenem Ton, als würde er den Mittelpunkt seiner Stimme 20 cm oberhalb seiner Stirn suchen, fispelt und kreckelt er sich durch seine Sätze und wirkt so niemals wirklich bedrohlich, eher belustigt und gern belustigend. Bekannte Beispiele für dieses Phänomen sind die Kabarettisten Wolfgang Neuss (1923 - 1989) und Wolfgang Gruner (1926 - 2002). Obwohl beide nicht in Berlin geboren wurden, pflegten sie doch die Berliner Sprechweise, die gewissermaßen zu ihrem Markenzeichen wurde. Im Spielfilm „Wir Kellerkinder“ (1960) sind beide Wolfgangs ausgiebig zu sehen und zu hören.

Der Klang ist also das eine. Das andere ist das Schriftbild. Halten Sie mal die gleichen Texte in deutsch, französisch und englisch nebeneinander. Sie sehen völlig anders aus. Der deutsche Text kommt gemächlich daher, langatmig, mit vielen auffällig langen Wörtern. Der französische besticht durch eine Vielzahl kurzer Wörter, die zudem ständig mit Apostrophen und Accents garniert sind, wobei Pronomen und Artikel vor Vokalen häufig abgekürzt werden. Das englische Textbild wiederum strahlt eine gewisse Ruhe und Leichtigkeit aus, weil in ihm kurze Wörter und kurze Sätze die Regel sind. Wozu der Engländer eine Seite braucht, benötigt der Deutsche anderthalb – bei exakt derselben Bedeutung. Ob man vom Schriftbild nun auf Gedanken und Gefühle, Weltverständnis und -erkenntnis rückschließen darf, das sollte bezweifelt werden. Es ist einfach so wie es ist. Allenfalls haben Klang und Schriftbild etwas mit der Möglichkeit zu tun, eine (Fremd)Sprache leichter oder weniger leicht zu erlernen.

In einem gewichtigen Punkt mag es aber doch Unterschiede geben, die mehr sind als nur die unterschiedliche Aneinanderreihung von Buchstaben. Das ist die ungeheuer ausgeprägte Befähigung des Deutschen, Wörter zusammenzusetzen und damit neue Bedeutungen zu schaffen. Die Menge möglicher „Komposita“ im Deutschen ist unendlich. Denn es ist ganz einfach: Man nehme zwei Hauptwörter, setze sie zusammen, und schon hat man ein neues Wort. „Eisen“ und „Bahn“ ergibt zusammen „Eisenbahn“. Aus „Dach“ und „Terrasse“ wird „Dachterrasse“. Manchmal schieben wir einen kleinen Laut zwischen die beiden Substantive oder lassen einen weg, um die Aussprache zu erleichtern oder wohlklingender zu machen, wie in „Bildungsreise“ oder „Lebensalter“, „Wagemut“ oder „Arbeitsbeschaffungsmaßnahme“. Hier sind es schon drei Substantive hintereinander, wie auch in „Haarnadelkurve“, und es geht noch länger: „Oberflächenbeschichtungstechnologie“, „Notkühlmittelversorgungstank“, „Kreuzschlitzschraubendreher“ oder „Mängelgewährleistungsbürgschaft“. Tollkühner kann nur noch polnisch sein, nicht so sehr wegen langer Wörter, sondern wegen der Eigenart, unendlich viele Konsonanten hintereinander zu setzen. Mein Lieblingsausdruck ist „płaszcz przeciwdeszczowy“. Gesprochen klingt das eigentlich ganz hübsch - ich schwör´s -, und es heißt: „Regenmantel“. Wie dem auch sei, im Deutschen funktioniert das Zusammensetzen von Wörtern auf wundersame Weise auch mit zahlreichen Adjektiven, Verben oder Adverbien, in Kombination miteinander oder wieder mit Substantiven. Aus „sanft“ und „Mut“ wird „Sanftmut“, das Adverb „gern“ und das Adjektiv „groß“ verbinden sich zu einem „Gernegroß“, „Zucker“ und „süß“ fühlen dem Kauwerk „zuckersüß“ auf den Zahn. Ideal ist die Fähigkeit zum Zusammensetzen auch, um neue Worte zu kreieren, die vielleicht nur ein einziges Mal verwendet werden, aber sofort einleuchten und Spaß machen. Journalisten sind darin Meister. Ein neues Automobil, das seine Motorkraft in edlem Kleid und zivilem Auftreten verbirgt, kommt dem testfahrenden Zeitungsredakteur „testosterongebremst" vor.[7] In Zeiten der Krise versucht ein Galerist seine Kunstwerke an Messen und Versteigerungen vorbei durch „Hinterzimmertuscheln" an klamme Sammler und Investoren zu verkaufen.[8] Ein Theaterkritiker meint, auf den Bühnen setzten sich neuerdings „freche, starke, rotzig zeitgeistige" Schauspielerinnen durch, die noch das Abendkleid als „Szenenturnierkampfpanzer" trügen.[9] Ein Musik-Redakteur schreibt von der neuen Schallplatte „60 Jahre D-Mark" der Frankfurter Gruppe The Halfters – einem „Seitenprojekt der Künstlergruppe Pornoheft", wie der Redakteur fürsorglich erläuternd ergänzt, – sie entfalte „eine Art Plastik-Bo-Diddley-Sound mit windschnittigem Akustikgitarren-Schrabbeldiwabbel".[10] Schrabbeldiwabbel! Nicht nur ein neues oder jedenfalls sehr seltenes Wort, sondern auch eines, dem man anhört, wonach es klingt. Solche lautmalerischen Worte besitzt das Deutsche übrigens sehr viele, angefangen von „bums", „platsch" oder „quietsch" über „grummeln", „kruschteln" oder „knistern" bis zu „gurren", „sausen" oder „quaken". Ähnlich sind Ausrufewörter wie „meckmeck", „plumps", „hoppla" oder auch: „es flutscht". Dem Ausrufewort „ach" gebührt eigentlich eine ganze Abhandlung, so wunderbar bedeutungsreich ist es, so endlos tiefgründig kann es gestöhnt, so gedankenlos nebensächlich oder fragend fröhlich kann es dahingeworfen werden. Wahre Künstler auf dem Feld des onomatopoetischen (= lautmalerischen) Schaffens waren Erika Fuchs (1906 bis 2005), die geniale Übersetzerin vieler Donald-Duck-Geschichten und Urheberin solch unnachahmlicher Wörter wie „keuch", „ächz", „stöhn", „grübel", „zitter", sowie Wilhelm Busch (1832 – 1908), Schöpfer des wohl ausdrucksstärksten Lautgemäldes in deutscher Sprache: „Ach, die Venus ist perdü… Klickeradoms! …von Medici!"

Rund 100 Millionen Menschen in Europa sprechen Deutsch

als Muttersprache. Neben den Deutschen selbst sind es die Österreicher, die Deutsch-Schweizer, die Luxemburger und die Liechtensteiner, aber auch Minderheiten in Belgien (Eupen-Malmedy), Dänemark (Nordschleswig), Frankreich (Elsaß-Lothringen), Italien (in Südtirol sowie anderen kleineren Sprachinseln), Polen (Oberschlesien), Rumänien (v. a. die Banater Schwaben und Siebenbürger Sachsen), in der Tschechischen Republik, der Slowakischen Republik, in Ungarn (v. a. die Donauschwaben) und in der ehemaligen Sowjetunion (v. a. die Rußlanddeutschen). Außerhalb Europas bestehen Sprachinseln u. a. in Kanada, den USA (z. B. die Pennsylvaniadeutschen), in Brasilien, Mexiko, Paraguay, Chile (besonders im Süden des Landes), Argentinien und Australien sowie in Namibia und der Republik Südafrika. Deutsch ist alleinige Amtssprache in Deutschland, Liechtenstein und in Österreich. Eine Amtssprache unter anderen ist Deutsch in der Schweiz (neben Französisch, Italienisch und Rätoromanisch), in Luxemburg (neben Letzebuergesch und Französisch), in Belgien (neben Französisch und Niederländisch) sowie in der Europäischen Union; den Status einer Nationalsprache hat Deutsch in der Schweiz und in Namibia, den Status einer regionalen Amtssprache in Italien (Provinz Bozen). Deutsch als Fremdsprache wird heute weltweit von etwa 20 Millionen Menschen erlernt, davon in Europa von etwa 15 Millionen, die meisten davon wiederum übrigens in Osteuropa (13 Millionen).[11]

Weder in Deutschland, noch in einem dieser anderen Länder hatte es bisher eine zentrale Institution gegeben, die die Entwicklung der deutschen Sprache von Amts wegen beeinflussen wollte oder konnte. Das letzte Mal, daß es diesen Versuch gegeben hat, war vor gut hundert Jahren, als das Deutsche Reich eine maßvolle Rechtschreibreform durchsetzte. „That“ schreibt man seitdem ohne „h“. Seitdem es die Bundesrepublik gibt, achten die Bundesländer eifersüchtig auf ihre Hoheit in Kultusangelegenheiten, also Bildung und Wissenschaft. Wenn dieses Prinzip seit Jahren auch immer stärker durchlöchert wird, weil der Bund über die Bereitstellung von Geldern sich zuerst in die tertiäre Forschung und

Lehre eingemischt hat, jetzt auch in Kindergärten und Vorschule, so war die Schule bisher unangefochtenes Experimentierfeld der Länder. Genauso verhält es sich mit der Sprache. Über die Kultusministerkonferenz (KMK abgekürzt), also die Vertretung der sechzehn Bildungsminister der Bundesländer, versucht man eine mehr oder weniger gut funktionierende Koordinierung der sechzehn bundesdeutschen Bildungspolitiken zu erreichen.

Im wesentlichen haben wir die wahrscheinlich dümmste und überflüssigste aller Reformen, die über Deutschland seit dem Zweiten Weltkrieg gekommen ist, die sogenannte „Rechschreibreform" von 1995, dieser merkwürdigen, immer nur im Hintergrund agierenden Einrichtung „KMK" zu verdanken. Die Reformer waren angetreten, um das Deutsche leichter zu machen, in der Rechtschreibung, beim Erlernen und selbst beim Lesen. Nicht nur, was das Zusammen- oder Getrenntschreiben angeht, sondern auch beim Groß- und Kleinschreiben, bei der Kommasetzung, bei der Silbentrennung und in der Orthographie. Das Gegenteil ist eingetreten, denn es gibt heute als Ergebnis des Reformprozesses mehr zugelassene Varianten, mehr Regeln und mehr Unsicherheiten als je zuvor, was vor allem Ausländer überfordern dürfte: Die Reform umfaßte 112 Paragraphen, 1.106 Anwendungsbestimmungen, 111 Wortlisten und 1.180 Wörter, die man neu lernen sollte.[12]

Die eigentlichen Reformvorschläge kamen von einer Gruppierung sogenannter Reformer, die 1987 vom Bundesinnenministerium und von der KMK am Institut für Deutsche Sprache eingesetzt worden war. 1988 hatte sie einen ersten Reformvorschlag vorgelegt. Wie verrückt diese Leute waren kann man daran sehen, daß sie eine radikale „Lautbuchstabenschreibung" einführen wollten („Keiser" statt „Kaiser", wobei das ja gerade keine mehr wäre) und eine grundsätzliche Kleinschreibung von Substantiven. Über die „progressive Kleinschreibung" hatten wir doch schon als Pennäler in den 70er Jahren gelacht. Einige kapieren es eben nie. Schlimmer noch: Eine der wesentlichen Stärken der deutschen Sprache, nämlich die Zusammensetzbarkeit der

Wörter, sollte stark eingeschränkt werden. Man wollte plötzlich alle möglichen Wörter, die erst zusammengeschrieben einen bestimmten Sinn ergeben, in ihre Bestandteile zerlegen. Es sollte fortan zum Beispiel keine „vielversprechenden“ Politiker mehr geben, sondern nur noch „viel versprechende“, aber das tun die ja sowieso sehr gern: viel versprechen. Streithähne hätten sich nie wieder über ihre Argumente „auseinandersetzen“ dürfen, sondern sollten sich fortan immer hübsch „auseinander setzen“, aber bitte möglichst weit voneinander entfernt. Die Wörter sollten fortan nicht mehr nach Silben getrennt werden, sondern ganz wie man will. So kommt es zu solch unfreiwilliger Komik wie in „Urinstinkt“ (stimmt, Urin stinkt wirklich, das sagt einem schon der Urinstinkt) oder „Anal-getikum“, Ganze Worte wurden aus der deutschen Sprache entfernt, so gibt es zum Beispiel keine „fleischfressenden“ Pflanzen mehr, sondern nur noch „Fleisch fressende“. Grammatikalisch haarsträubende Neuschreibungen sind Wörter wie „Hitze abweisend“ oder „Erfolg versprechend“ - hier wurde mal eben das Adjektiv abgeschafft. Lehrer, die einem etwas beibringen wollen, dürfen nicht mehr „rechthaben“, sondern müssen gleich „Recht haben“, also zum Kadi gehen und einen verklagen. Adjektive haben es unter den neuen Herrschern der Sprache schwer: Öffentliche Haushalte sind „Not leidend“ (die armen!), dürfen aber nicht mehr das sein, was zumindest grammatikalisch korrekt wäre, nämlich notleidend.

Auf Grund der zahllosen Ungereimtheiten und Absurditäten mußte man nach 1995 über zehn Jahre hinweg immer wieder Reformen der Reform beschließen, hatte aber nicht den Mut, konsequent zur bewährten Schreibweise zurückzukehren; stattdessen hat der zwischenzeitlich von der KMK und den anderen deutschsprachigen Ländern und Regionen (auch Südtirol war dabei) eingesetzte „Rat für Rechtschreibung“ auf Druck von außen (Autoren, Redaktionen, Verlage, Lehrer, Eltern) die meisten der bewährten Schreibweisen wieder zulassen müssen, ließ aber sehr viele neue ebenfalls stehen oder führte weitere, noch verwirrendere ein. Die Abstrusität gedieh so weit, daß viele lebende und berühmte Schriftsteller den Verlagen untersagt haben, ihre Texte in der reformierten Rechtschreibung zu drucken, so daß in den erläuternden Texten der Schulbücher eine andere Orthographie und Kommasetzung vorherrscht als in den zitierten Texten. Auch Verlage, Zeitungen und Zeitschriften haben inzwischen ihre jeweils eigenen „Hausorthographien" eingeführt. Die Einheitlichkeit der deutschen Rechtschreibung ist mithin auf Jahrzehnte ruiniert.

Man erinnert sich unwillkürlich an den Versuch der Französischen Revolution, die Wirklichkeit und sinnvolle Traditionen ihrer eigenen Logik und ihrem eigenen Willen unterzuordnen. Die Republikaner wollten sich damals (1793) einerseits vom christlich dominierten gregorianischen Kalender absetzen, denn sie wollten einen säkularen Staat; zum anderen wollten sie alles der „Vernunft" einverleiben, in diesem Falle dem Dezimalsystem. Das klappte mit nachhaltiger Wirkung bei Maßen und Gewichten (Meter, Kilo, Liter), nicht aber bei den unzuverlässigen Gestirnen. Es blieb bei zwölf Monaten, aber eingeteilt in drei Dekaden zu je zehn Tagen, also eine Zehntagewoche, mit fünf oder sechs Ergänzungstagen pro Jahr, die man sonst nicht hätte unterbringen können. Die Monate bekamen neue Namen, Vendémiaire, Brumaire, Frimaire usw., mit dem Jahr beginnend Mitte September; und auch die Tage wurden in Obst- und Gemüsesorten umbenannt: Der erste hieß „Pomme" (Apfel), der zweite Celéri (Sellerie) usw. Das fanden einige Leute schick, auch in Deutschland, man zeigte dadurch seine revolutionäre Gesinnung, und nicht viel hätte gefehlt und man hätte den Tag auch noch in zehn Stunden zu je 100 Minuten à 100 Sekunden eingeteilt. Aber Napoleon schaffte das alles wieder ab. Auf einen solchen Napoleon warten wir noch, was die Rechtschreibreform angeht.

Einen der schönsten Kommentare zur Rechtschreibreform verfaßte das Übersetzungsbüro USG aus Sindelfingen in einem ihrer elektronisch verschickten Newsletter zum 1. April 2009 - also durchaus mit einem kleinen Augenzwinkern:[13]

Die neue Rechtschreibereform. Endlich sinnvoll!

Wieder steht eine neue Rechtschreibereform vor der Tür. Nachdem die letzte gescheitert ist und seither jeder so schreibt, wie er will, kommt nun ein absolut gesunder und durchdachter Neuansatz von Seiten der Dudenherausgeber auf den Markt (Erstausgabe vom März 2009 / in der Abteilung Grammatik für Alle! Seite 15). Wir zitieren:

1. alles wird kleingeschrieben! auch nach einem punkt. viele grafiker haben es vorgemacht und sind bereits vor jahren als vorreiter der neuen dudenreform zur kleinschreibung übergegangen. die meisten grafiker behandeln texte sowieso gerne als grauwerte! aber seit man auch nach punkten kleinschreiben kann, ist die fehlerquote bei erstklässlern enorm gesunken.

2. dehnungen und schärfungen werden entdehnt und entschärft! diese gotesgnädige masname eliminirt bereits in der grundschule di gröste felerursache überhaupt, den den sin der konsonantenverdopelung hat onehin nimand kapirt.

3. reduktion auf das wesentliche: „v" und „ph" werden durch „f" ersetzt! „z" durch „s" und „sch" wird verkürzt auf „s". dadurch wird das alfabet um swei buchstaben redusirt. das sreiben mit sreibmasinen fereinfacht sich enorm, damit so, wertfole und vor allen dingen ausländise arbeitskräfte der wirtsaft als angelernte sugefürt werden könen, für ale sweiser, deutse und östereicher, di di snause fol fon arbeit haben.

Die Episode der kläglich und voraussehbar scheiternden Rechtschreibreform ist glücklicherweise nur ein kleiner Aspekt dessen, was sich in der deutschen Gegenwartssprache tut. Wie die meisten anderen Sprachen offener Gesellschaften, paßt sich auch das Deutsche ständig der sich wandelnden Realität an und bringt neue Sprachschöpfungen hervor, sowohl in lexikalischer, als auch in semantischer und in grammatikalischer, vermutlich auch in phonetischer Hinsicht. Es entlehnt aber auch Begriffe aus anderen Sprachen, die diese neuen Realitäten früher und vielleicht auch passender bezeichnet haben, als es der eigenen Sprache möglich war. Das ist nicht immer leicht zu verdauen. Besonders die Übernahme vieler englischer Begriffe in die deutsche Sprache ist oft recht ärgerlich. Die Gründe für die Dominanz des Englischen sind schnell aufgezählt: Spätestens seit dem Sieg der Amerikaner im Zweiten Weltkrieg und der daraus erwachsenden Stellung der USA als Weltmacht Nummer eins, löste das Englische andere Sprachen als lingua franca ab. Im Mittelalter war es einmal Latein. Man orientierte sich an der Kirche, am Vatikan. In der frühen Neuzeit dominierte unter den Herrschenden und in der Diplomatie eher das Französische. Man orientierte sich an dem Vorbild aller absolutistischen Fürsten, Ludwig XIV. von Bourbon. Latein und Französisch waren aber immer nur die Sprachen der Oberschicht, der Gelehrten. Das Englische hat heutzutage eine vollkommen andere Breite, es ist eine wahrhaft demokratische lingua franca. Jeder spricht es, egal aus welcher Schicht. Denn nach dem Zweiten Weltkrieg orientierte man sich an der jetzt wirtschaftlich, militärisch, wissenschaftlich und auch kulturell führenden Nation der Welt. (Im sowjetischen Einflußbereich wuchs dem Russischen eine ähnliche Rolle als lingua franca zu, doch nach dem Zerfall dieses Imperiums hörte diese Dominanz sehr schnell auf.) Der sprachliche Einfluß der Amerikaner nach dem Krieg wurde außerdem durch die Tatsache begünstigt, daß die halbe Welt als englische Kolonien und Dominions schon englisch sprach: Australien, Neuseeland, Kanada (bis auf Quebec) und auch in Indien, sowie in Ost- und Südafrika. Wir können übrigens heilfroh sein, daß das Englische eine germanische Sprache ist, uns Deutschen also gewiß leichter fällt zu erlernen, als wenn etwa das Chinesische lingua franca wäre, was ja noch kommen kann… Erschien ein gewichtiger Teil der führenden wissenschaftlichen Publikationen in der Welt gegen Ende des 19. Jahrhunderts noch in Deutsch, verlor das Deutsche nicht nur auf Grund der zwei von Deutschland (und Österreich) begonnenen und verlorenen

Weltkriege an Bedeutung. Noch im Jahr 1920 wurden 50,5 % aller naturwissenschaftlichen Publikationen auf Deutsch verfaßt, 14,3 % auf Englisch. Im Jahr 1990 hatte sich dieses Verhältnis nahezu umgekehrt: 10,7 % deutschsprachige stehen 57,6 % englischsprachigen Veröffentlichungen gegenüber.[14] Die englische Sprache ist zum führenden Verständigungsmittel im internationalen Geschäftsverkehr, in der Kulturindustrie, in zahlreichen wissenschaftlich-technischen Fachgebieten sowie im westlichen Militärbündnis geworden. Angeblich soll es im Englischen doppelt so viele Wörter geben wie im Deutschen.

Ob das nun stimmt oder nicht, mit über 300.000 Wörtern ist Deutsch eine der reichsten Sprachen der Welt, und jedes Jahr kommen etwa 1.000 Wörter hinzu.[15] Andere Quellen sprechen sogar von rund 1.000 neuen Wörtern pro Tag! Davon werden aber wiederum nur zwischen 20 und 50 wirklich als neue Wortbildungen anerkannt. Ein Blick auf die von Lothar Lemnitzer vom Seminar für Sprachwissenschaft der Universität Tübingen im Internet aufgebaute und gepflegte „Wortwarte" zeigt beispielsweise am 6. Januar 2009 42 neue Wörter („Knuddelcomputer", „Magerglotze" oder „Trümmerfrauennachzüglerkind"), am 30. März 2009 sind es siebzehn neue Wörter, darunter „Abkürzeritis", „Bonussünder", „zinsgeil" und „Restrukturierungsverwaltungsgesetz".[16] Die Wortwarte kann dabei nur die Spitze des Eisbergs sein, denn sie forstet jeden Tag nur die Online-Seiten einiger wichtiger Zeitungen und Zeitschriften durch, darunter Der Spiegel, Die Welt, Die Rheinische Post usw. Was ständig an Neologismen und an Wortwitz in der gesprochenen Alltagssprache entsteht, in der Schule, am Arbeitsplatz, im Stadion oder im einsamen Schriftstellerstübchen, das sammelt keiner. Dieses Neuschaffen von Begriffen ist mir eigentlich immer schon ein Rätsel gewesen. Wie gerne wäre ich einmal bei der Entstehung, der Erstnennung eines neuen Wortes dabei gewesen! Irgendjemand muß die sich doch ausdenken und sie in Umlauf bringen! Begegnet bin ich noch keinem. Und doch tun es tausende, zehntausende, jeden Tag.

Trotz dieser phänomenalen Kreativität des Deutschen steht zu vermuten, daß das Englische doch noch kreativer ist als das Deutsche. Und das hinterläßt auch Spuren im Deutschen, jede Menge Spuren – so schnell könnte man mit der Wortschöpfung wohl kaum hinterherkommen. In der Einleitung zur sechsten Ausgabe des Deutschen Wörterbuches Wahrig von 2000 schreibt die Redaktion, sie habe gegenüber der letzten Ausgabe von 1997 „ca. 3.000 neue Begriffe aus den Bereichen EDV, Naturwissenschaften, Medizin, Wirtschaft, Technik, TV, Sport, modernes Leben usw." aufgenommen, die Mehrzahl dieser Neologismen seien Anglizismen!

Was macht eine eingeengte Sprache wie das Deutsche in dieser Situation, wenn sie weiter lebendig bleiben und die neuen technisch-zivilisatorischen Erkenntnisse aufnehmen will? Sie entlehnt sich die neuen Wörter. Das geschieht in einem solchen Maße, daß man schon vom „Denglischen" spricht, einem deutsch-englischen Kauderwelsch. Das Denglische ist allgegenwärtig: An Samstagen geht man gerne „shoppen", Werbefritzen präsentieren ihre Ideen als „pitch", vom Internet wird „downgeloaded", die Gründerfirma ist ein „start-up", die einen „Businessplan" haben muß, der einen „break even" nach zwei bis drei Jahren vorsehen sollte, zu den Jahreszielen „committen" sich die Mitarbeiter, vor guten Restaurants wird einem „Valet Parking" angeboten, im Flieger braucht man ein „Ticket", solange der Flug nicht „gecancelt" wird, Hotels bieten „Wellness"-Wochenenden an, die „Event"-Kultur kennt nur noch „Highlights", seit Aufhebung des Rabattgesetzes haben Läden immer nur noch „Sales" statt Sommer- oder Winterschlußverkäufe, der Junggeselle heißt heute „Single", das Gabelfrühstück „Brunch" und wenn etwas schiefläuft wird einfach „umgeswitcht". Worte wie „cool" (schön, lustig, interessant), „Hi" (Hallo) oder „Star" (meist mit dem Zusatz „Super…") wachsen hinüber in die Alltagssprache der Deutschen, meist über die Jugend.

Aber das Deutsche anverwandelt sich das Englische auch. Plötzlich gibt es Wörter, die englisch klingen, aber eine ganz andere Bedeutung haben, wie etwa das, vollkommen korrekt, groß geschriebene „Handy“ (in England: „mobile phone“ oder nur „mob“ genannt - „handy“ heißt dort „handlich, praktisch“): Vom Begriff her ist das deutsche „Handy“ die geniale Erfindung einer deutschen Werbeagentur im Jahr 1993, als tragbare Mobilfunk-Telefone gerade erst aufkamen. Angeblich bürgert sich dieses Substantiv „Handy“ von Deutschland aus gerade an der Ostküste der USA ein und auch Engländer nutzen es mehr und mehr. Dann gibt es Worte, die aus dem Englischen kommen, aber grammatikalisch abgewandelt werden und plötzlich eine ganz eigene, deutsche Bedeutung annehmen, wie zum Beispiel "abtörnen" (das törnt mich total ab), von engl. to turn (off). Oder die englischen Worte werden wunderbar deutsch herunterdekliniert, wie in: „Hast Du heute schon *gegoogelt*“ oder: „Ich *maile* Dir eben die Datei“.

Vollkommen akzeptabel ist es auch, wenn Deutsche das Englische nutzen, nicht um das ihnen fehlende deutsche Wort zu überbrücken, sondern um Stimmungen und Erfahrungen widerzugeben, wie sie einem aus der angelsächsischen Kultur her bekannt sind, aber nicht unbedingt eine Entsprechung in Deutschland haben. Wenn ein Freund von mir seine Entscheidung, im Schutz der Nacht ihn störende Bäumchen auf seinem Grundstück nicht ganz legal zu fällen, mit dem berühmten Satz von John Wayne kommentiert „a man´s gotta do what a man´s gotta do!“, dann schwingt so vieles an einem spezifisch amerikanischen kulturellen Kontext mit, daß man das unmöglich im Deutschen sagen könnte -, jedenfalls nicht in so knapper Form und mit so vielen, teils belustigt, teils bewundernd verstandenen Anspielungen auf das Freiheitsgefühl und zugleich auf die Gesetzlosigkeit der von Herrn Wayne verkörperten Filmhelden.

Vollständig erstaunlich ist, daß es sogar Begriffe im Englischen gibt, die etwas bezeichnen, das es in Deutschland nicht einmal in der Vorstellung gab, für die dann eine deutsche Entsprechung gefunden wird, die zwar keine wortwörtliche Übersetzung ist, die sich aber so erfolgreich entwickelt, daß sie sogar für viele andere

Zwecke genutzt wird, oft in leicht ironischer Weise. Die „gefühlte" Temperatur ist solch ein Begriff. Vor wenigen Jahren noch völlig unbekannt. Es war 30 Grad im Schatten oder zehn Grad minus, bautz, das war´s. Dann kam durch Satellitenfernsehen, Internet und Reiseerfahrungen die Einsicht, daß die Amerikaner so einen herrlichen Begriff hatten, der lautete „wind chill factor". Damit ist gemeint, daß sich Kältetemperaturen manchmal kälter anfühlen, als sie auf dem Thermometer sind, weil der Wind hinzukommt und einem durch Jacke und Mantel fegt. Wörtlich übersetzt wäre das der „Windkühlungsfaktor". Da das ein zu sperriger Begriff ist, haben findige Meteorologen daraus das „gefühlte" Wetter gemacht. Ein Begriff mit einer großen Zukunft. Als der Euro 2001 eingeführt wurde, hatten zum Beispiel die meisten Leute das Gefühl, daß alles teurer wurde, obwohl das Statistische Bundesamt Stein und Bein schwor, die Teuerungsrate des gesamten Warenkorbs habe keinen „Teuro"effekt erlebt. Dennoch sprach alsbald alle Welt von „gefühlter Teuerung". Mittlerweile liest man alle naselang von gefühltem diesem oder gefühltem jenem: „gefühltes Spielballdasein" heißt es zum Beispiel in einem Zeitungsartikel über das Erleben von Macht der Europäer im Vergleich zu der „Macht, die wirklich Macht ist", nämlich der USA.[17] Etwas weniger gut gelungene, weil viel zu direkte und unüberlegte Übertragungen englischer Begrifflichkeiten, sind solche Sätze wie „er hat einen guten Job gemacht" (he did a good job) oder „das macht Sinn" (it makes sense), wo man in Deutschland doch früher das aufmunternde „gute Arbeit!" parat hatte und davon sprach, daß etwas „Sinn hat" (wie kann ein Sinn auch etwas „machen", wo es gar kein Subjekt ist?). Der Magen umdrehen kann sich einem zudem bei Entlehnungen aus dem Englischen, die sogar ins Syntaktische hineingehen. Unter Jugendlichen ist es fast schon üblich geworden, Sätze mit „weil" wie im Englischen zu bauen. Da heißt es dann: „Ich eß´ jetzt ´ne Currywurst, weil - ich hab Hunger!" (nach dem englischen Muster „...because I am hungry"), statt „..., weil ich Hunger habe". Nun ja, wenn es helfen sollte, Angelsachsen das Erlernen des Deutschen zu erleichtern, dann soll es ein verkraftbares syntaktisches Opfer sein. Die leiden ja immer darunter, daß das Verb in deutschen Sätzen meist ganz hinten steht, und man ewig warten muß, bis man weiß, worauf der Sprecher eigentlich hinauswill.

Ob nun mehr oder weniger gelungen anverwandelt, der inflationäre Gebrauch englischer Begriffe nicht nur in den Fachsprachen, sondern auch im Alltag, vor allem in der Werbung, kann einem sprachlich nur halbwegs empfindsamen Zeitgenossen tatsächlich die Haare zu Berge stehen lassen. Da wird allzu eilfertig viel zu viel aus dem Englischen entlehnt. Im besten Fall geschieht dies deshalb, weil man tatsächlich Schwierigkeiten hat, eine gute deutsche Entsprechung zu finden, oder weil das deutsche Wort vergleichsweise umständlich oder unschön klingt („Veranstaltung" zum Beispiel ist wirklich viel weniger schön als „event", „Besprechung" weniger als „meeting"). Im schlimmsten Fall steht dahinter aber Denkfaulheit, Angeberei, sogar Unverständnis. Hauptsache man hat es in Englisch gesagt, das klingt immer modern und vermag zumindest bei schlicht gestrickten Gemütern den Eindruck zu erwecken, man sei ein Mann oder eine Frau von Welt. Tatsächlich jedoch ist oft das Gegenteil der Fall. Ein Übermaß an englischen Lehnwörtern erzeugt eher den Eindruck von oberflächlich Gelerntem und nicht genügend Durchdachtem. Letztendlich gibt es denjenigen, der sich eines deutsch-englischen Kauderwelschs befleißigt, der Lächerlichkeit preis. Das hat inzwischen auch die Industrie erkannt. Es war ja üblich geworden, daß deutsche Konzerne das Englische als Firmensprache einführten. In Sitzungen, Arbeitsgruppen und bei Diskussionen hat man damit einen wichtigen Teil seiner Mitarbeiter vom Einbringen guter Ideen oder von essentiellen Erklärungen abgeschnitten, denn nicht alle guten Leute in einem Unternehmen sprechen ausreichend englisch. Solange man sich im Vorstand und dessen Stab bewegt, mag die Beherrschung des Englischen ja noch ausreichen, der Kommunikation mit anderen Ebenen des Konzerns schadet es nur.

Ist denn das Deutsche auf Grund der zunehmenden Nutzung

englischer Lehnwörter gefährdet? Das anzunehmen, wäre wirklich ausgemachter Unsinn. Folgen Sie mal einem Alltagsgespräch zwischen zwei Leuten, selbst wenn sie jung und „trendy“ sind. Da verstünde ein Engländer so gut wie nichts, wenn er des Deutschen nicht mächtig wäre. Lesen Sie einen Absatz in einer x-beliebigen Tageszeitung. Wieviele englische Wörter sind denn da drin? Und was ist mit unseren Schriftstellern, Schauspielern oder Kanzelrednern? Sprechen die jetzt auch nur noch englisch? Mitnichten! Das Deutsche bleibt die Hauptsprache, lebendig, schöpferisch, expressiv. Sollte es denn womöglich eine staatliche Instanz geben, die das Deutsche überwacht und sich bemüht, für alle neuen, aus anderen Sprachen kommenden Begriffe passende deutsche Übersetzungen zu finden? Viele Deutsche träumen von einer Einrichtung wie der „Académie Française“, die ständig solche Empfehlungen gibt und über den amtlichen Gebrauch der französischen Entsprechungen auch tatsächlich Einfluß auf den Sprachgebrauch hat. Wie verdutzt war ich das erste mal, als ich eine französische Visitenkarte in der Hand hielt und statt des international üblichen „E-Mail“ das Wörtchen „Couriel“ las; ich verstand erst gar nicht, was das war, nur an dem Klammeraffen „@“ erkannte man, worum es sich handelte. Auch die „Site map“ wird in Frankreich übersetzt („plan du site“), im Deutschen eigentlich nie, und die „homepage“, die in Deutschland schon fünfjährigen Steppkes flüssig von den Lippen kommt, heißt hier „page d´accueil“. Aber auch die Académie Française kann sich nicht überall durchsetzen. Computer heißen auch in Frankreich so, nur Traditionalisten sprechen noch von „ordinateur“ (während in deutsch das Wort „Rechner“ lustigerweise hauptsächlich von wirklichen Fachleuten gebraucht wird). Der Verein Deutsche Sprache e.V. aus Dortmund versucht in seinem Anglizismen-Index zwar Übersetzungsvorschläge für die häufigsten Lehnwörter aus dem Englischen zu bieten (take it easy = nimm´s leicht, Coffee-to-go = Geh Kaffee),[18] aber viel Wirkung hat das nicht. Eine Einrichtung wie die Académie Francaise wird es in Deutschland aber vermutlich noch lange nicht geben, dagegen steht schon der

Kulturföderalismus und der eigenartige Freiheitsdrang der Deutschen, die sich in manchen, ganz unvorhersehbaren Dingen so wenig wie möglich einschränken lassen wollen (schnell fahren, viel rauchen, denglisch sprechen).

Übrigens hat Joseph Beuys, der große Künstler, schon Anfang der 1970er Jahre abschließend das richtige über den Hang zum Denglischen gesagt, nämlich mit dem Ausspruch: „Ich kenne kein Weekend!" Von daher betrachtet kann das Lamentieren über das „Neu-Deutsch" auch abstruse Formen annehmen. Der Verein Deutsche Sprache hat vor einiger Zeit das „überflüssigste und nervigste Wort des Jahres 2008" gekürt: „X-mas". In Amerika ist dies eine Abkürzung für Christmas, an der sich kaum jemand stört, im Gegenteil, man findet, daß es eine Art ikonographische Qualität hat – schließlich kann das „X" für das Kreuz stehen, das zum Symbol des Christentums wurde. Der Verein findet aber, daß dieses Kürzel im „krassen Gegensatz" zu allem stünde, was man in Deutschland mit Weihnachten verbinde: „Gemütlichkeit, deutsche Weihnachtstradition, Romantik, Christlichkeit".[19] Ach ja? Der Verein Deutsche Sprache tut ansonsten sicher viel Gutes, aber hier tut er des Guten zuviel.

Es gibt übrigens eine ganze Reihe weiterer Einrichtungen zur Pflege der deutschen Sprache, einmal abgesehen von germanistischen Seminaren, Theaterbühnen oder Lektoraten. Die „Gesellschaft für deutsche Sprache" (GfdS) wurde 1947 als politisch unabhängige Vereinigung „zur Pflege und Erforschung der deutschen Sprache" gegründet und wird von der Bundesregierung finanziell gefördert. Sitz ist Wiesbaden, ein Redaktionsstab existiert beim Bundestag in Berlin. Die GfdS ist zugleich Mitglied im Deutschen Sprachrat, dem außerdem noch der Deutsche Akademische Austauschdienst (DAAD) in Bonn, das Goethe-Institut (GI) in München und das Institut für Deutsche Sprache (IDS) in Mannheim, angehören. Im Zweimonatsrythmus gibt die GfdS die Zeitschrift „Der Sprachdienst" heraus, in dem unter anderem alljährlich die „Wörter des Jahres" und die „beliebtesten Vornamen" veröffentlicht werden. Im Jahr 2009 waren das, wie schon im Jahr davor, „Marie“ und „Sophie“ für Mädchen und „Maximilian“ und „Alexander“ für Jungen - wobei altdeutsche Namen wieder im Kommen sind, wie der Autor eines Zeitungsartikels in der Frankfurter Allgemeinen Zeitung zu den Trendnamen süffisant feststellt: „Man darf gespannt sein, ob die Theorie [nämlich der Trend zu weichgespülten, unisex Namen wie Tim oder Paul] auch dann noch hält, wenn all die Wilhelms, Ottos, Konrads und Gustavs, die man gerade im Berliner Trendbezirk Prenzlauer Berg auf den Spielplätzen hört, in Bietigheim-Bissingen, Castrop-Rauxel und der Namenstatistik ankommen“.[20]

Seit 1991 wählt eine unabhängige Jury um den Frankfurter Universitätsprofessor Horst Dieter Schlosser das „Unwort des Jahres“ aus Tausenden von Einsendungen aus.[21] Dahinter steht freilich eher ein polit-pädagogischer Impetus als ein sprachästhetischer. Mit der Kür zum Unwort des Jahres will man eine neue Wortschöpfung oder einen neuen Gebrauch eines bestehenden Wortes kritisieren, weil dieses Wort im jeweils abgelaufenen Jahr im Übermaß strapaziert wurde und der dahinter stehende Umstand auf eine wie auch immer geartete negative Entwicklung in Deutschland oder anderswo hinweist. Es gibt dabei nicht immer nur ein Unwort des Jahres, sondern eine ganze Reihe; 2009 zum Beispiel war das Unwort des Jahres „betriebsratsverseucht“, auf den Plätzen fanden sich solche Wörter wie „Flüchtlingsbekämpfung“ und „intelligente Wirksysteme“. Insofern entsteht auch eine Art zeitgeschichtliches Prisma, allerdings aus sich heraus kaum verständlich. Es sind eben nur Schlagwörter, keine Erklärungen. Man muß es schon miterlebt haben, um die Auswahl zu verstehen. Schaut man sich die Auserkorenen älterer Jahrgänge an, staunt man, wie schnell sich solche sprachlichen Moden, die darüber entstehende Empörung und meist auch die damit bezeichneten Umstände wieder verflüchtigen. „Humankapital“, das Unwort von 2004, findet heute keiner mehr schlimm, und warum „Peanuts“ 1994 ein Unwort war, erinnert kaum noch einer. Man wundert sich übrigens, daß das bildhübsche Wort „Abwrackprämie“ nicht ganz oben stand auf der Liste der Unwörter 2009! Eigentlich war es eine Erfindung eines Politikers, der die Idee hatte, daß die Bundesregierung all denen, die sich ein neues Auto kaufen und ihr mindestens zehn Jahre altes verschrotten lassen, dafür 2.500 € vom Staat bekommen sollten, damit die daniederliegende Autoindustrie gepäppelt wird. Das kostspielige Strohfeuer war vorauszusehen und trat ein. Aus der offiziell genannten „Verschrottungsprämie“ wurde in den Gazetten aber immerhin schnell die „Abwrackprämie“ – welch herrliches Wort! Und eines, das sofort Karriere machte, nicht zuletzt wegen des dahinter stehenden Geschäftsmodells, das offenbar krisentauglich ist. Die Firma Poucher Faltboote warb auf ihrer Internetseite mit einer „Abwrackprämie für Ihr altes Faltboot“ bei gleichzeitigem Kauf eines neuen in Höhe von 250 €, der Maßhemdenhersteller Campe & Ohff aus Hamburg gewährte 10 € „Abwrackprämie“ für alte Hemden bei Bestellung eines neuen. Ein gerührter Autoverkäufer im Schwäbischen sprach über die Eile, mit der viele Deutsche ihre alten Autos gegen neue austauschten, vom „Wracksausen“, das die Leute bekommen hätten.[22] Die Liste der Unwörter ist übrigens auch ein Beispiel dafür, wie sich die Sprache wandelt, denn Deutsche im Ausland, die nicht wirklich die Nachrichten aus Deutschland verfolgen, mögen zwar weiterhin akzentlos deutsch sprechen und einen großen Wortschatz haben, diese Worte jedoch sagen ihnen meist gar nichts mehr, sie müssen sie sich erst erklären lassen.

Da das Unwort des Jahres nicht gerade ein Beitrag zum Reichtum der Sprache ist, und auch, um das Deutsche überhaupt wieder stärker zu fördern, haben sich einige Experten, Kulturschaffende und Politiker vor einiger Zeit ausgedacht, daß man ja jährlich auch „Das schönste deutsche Wort des Jahres“ ausrufen könne. Der Deutsche Sprachrat lobte dazu im Jahr 2004 einen Wettbewerb aus, dessen Jury von der ehemaligen Präsidentin des Bundesverfassungsgerichtes, Jutta Limbach, geleitet wurde. Jedermann konnte Vorschläge einreichen, mußte sie nur kurz begründen. Als Ergebnis erkor man das Wort „Habseligkeiten“ zum schönsten des Jahres. In der Erklärung dazu hieß es: „Das Wort bezeichnet nicht den Besitz, nicht das Vermögen eines Menschen, wohl aber seine Besitztümer, und es tut dies mit einem freundlich-mitleidigen Unterton, der uns den Eigentümer dieser Dinge sympathisch und liebenswert erscheinen läßt. Typischer Vertreter dieser Klasse von Eigentümern ist etwa ein 6-jähriges Kind, das den Inhalt seiner Hosentaschen ausbreitet, um sich am Reichtum, an der Vielfalt der geliebten Sammlung zu erfreuen."[23] Auf den Plätzen landeten so wunderbare Begriffe wie „Geborgenheit", „lieben", „Augenblick", und „Rhabarbermarmelade". Am meisten genannt unter den über 22.000 vorgeschlagenen Wörtern wurden übrigens „Liebe" und „Gemütlichkeit", sowohl von inländischen Einsendern, als auch von solchen aus dem Ausland. Eigentlich kein schlechtes Ergebnis, wenn solche Wörter mit Deutschland verbunden werden. Leider ist dieser Wettbewerb nur einmal durchgeführt worden. Es wäre zu begrüßen, wenn in Zukunft regelmäßig nicht nur das „Unwort des Jahres", sondern auch das „schönste Wort des Jahres" gekürt würde.

Wer aufmerksam lauscht, was um einen herum gesprochen wird, und welche Begriffe ihm selbst vom Gehirn auf die Zunge gleiten, der wird denn auch einen großen Reichtum an schönen Wörtern im Deutschen finden. Wörter wie Beschallungsanlage, Bescherung, verkorkst, berauschend, Affenbrotbaumblüte, Duftmarke, Schornsteinfeger, Feuerschlucker, töricht, Tollhaus, schmeicheln, himmelhochjauchzend, schlampig, hereinspaziert, Wahnwitz, Wanderlust, Lachsalve, waschecht, aufmüpfig, wonnevoll, Wunderkind, Heulsuse, Lotterleben, leibhaftig, Gesäßtasche, Wanderlust, schmökern, Butterstulle, Lausbub, Zauberkraft, Luftschloß, Fernweh, Stalldrang, Sommerfrische, Wolkenkuckucksheim, Schmollmund, scharwenzeln, Kohldampf, Sonntagsschmaus, Durststrecke, Winterfreuden, Frühlingserwachen, Schlummertaste, Augenweide, Glückspilz, Backfischalter, Schlamassel, Wetterleuchten, Rucksack, Rumpelkammer, prachtvoll, Spitzbube, Stimmungskanone, haargenau, Schwachsinn, Knutschfleck, Kuschelecke, Purzelbaum, Goldgrube, schmachten, verzückt, Prälatenweiher, blamabel, Tollpatsch, Tausendsassa, Gartenarbeitsschule… Die Reihe ließe sich nach Belieben fortsetzen.

Den besonderen Reiz der deutschen Sprache, mit ihrem kantigen Schriftbild und kräftigen Lauten, haben übrigens auch Japaner längst entdeckt.[24] Deutsch gilt dort offenbar als männlich, logisch und irgendwie rätselhaft. In Tokio gibt es zahllose Geschäfte, die sich darauf spezialisiert haben, T-shirts mit aufgedruckten deutschen Begriffen zu verkaufen. Da steht dann zum Beispiel drauf „HINGERISSEN ZUHÖREN“ oder „ALLGEMEINES WISSEN ÜBER MUSIK“. Aber auch Modezeitschriften haben deutsche Titel („FRAU“, „GOETHE“) und auf einem Notizbuch steht „Rollbahn“, immer in lateinischen Lettern. Dort wo Deutschland am coolsten ist, in Berlin-Mitte oder am Prenzlauer Berg, dort gibt es ebenfalls seit vielen Jahren eine Rückkehr zum Deutsch-Emblematischen, immer mit ein bißchen liebender Ironie verknüpft. In den kleinen, schicken Läden kann man zum Beispiel einen olivgrünen Bundeswehr Kulturbeutel kaufen, auf dem in militärischer Schablonenschrift steht: „Kultur hilft“ und Babykleidung kommt mit dem Aufdruck „Wunderkind“ oder „Abi 2026“. Nur noch in den Vorstädten kennt man „Shops“ oder „Carports“ und nennt seine Kinder „Kevin“ und „Jennifer“.

Eine ganz eigene Sprache, die vielfach sehr altmodische, aber gerade darum schöne Wörter benutzt, ist die Sprache der Kirche: Barmherzigkeit, Gnade, Vergebung, Reue, Offenbarung. Es sind Wörter, die bei vielen Menschen etwas längst Verschüttetes anklingen lassen mögen, deren Sinn man erst nach langem Gebrauch, einiger Lebenserfahrung und auch vielleicht sogar erst nach praktischem Erleben erfassen kann. Solche Wörter gehören fast schon zur „Roten Liste“ der aussterbenden Begriffe. Einer solchen Liste der vom Verschwinden bedrohten Wörter widmet sich eine eigene Internetseite (es gibt ja nichts, was es im Internet nicht gibt): www.bedrohte-woerter.de, der Initiator heißt Bodo Mrozek. Jeder kann dort eigene Wörter oder Kommentare eintragen. Auf der Willkommensseite wird man zum Beispiel gefragt, ob man sich noch erinnern kann, was „Bandsalat“ war (ich tippe: nur wenn man vor 1990 mindestens 15 Jahre alt war), oder was die „Wählscheibe“ (nur wenn man vor 1980 mindestens 15 war). Da gibt es Wörter, die aus der Mode (dufte, knorke, ätzend) oder deren Gegenstände außer Gebrauch kommen (Jutebeutel, Kassengestell, Herrenwinker) oder für die es keinen erlebbaren Hintergrund mehr gibt (Autofahrergruß, Kotau, Kurschatten). Über 600 solcher bedrohten Wörter hat der Autor inzwischen gesammelt, manche, die er nennt, können aber auch wieder Auferstehung feiern: „Schwoof“ zum Beispiel ist eine Form des Feierns, die in den alten Ballhäusern von Berlin-Mitte gerade sehr „angesagt“ ist, der „Spekulant“ ist plötzlich wieder da, wenn auch die „Heuschrecke“ populärer ist, und mit einem trockenen „Tschüssikowski“ auf den Lippen kann man unter all den „Pornoschwaben“ im Prenzlauer Berg wenigstens so tun, als wäre man einer der nur noch wenigen echten Spreeathener.

Das Deutsche hat sich über viele Jahrhunderte an allen möglichen anderen Sprachen bereichert, oft merken wir es gar nicht mehr. An erster Stelle steht da sicherlich das Latein, das seit der Besetzung eines Teils von Germanien durch Julius Cäsar bis in die frühe Neuzeit (d.h. um 1600) die Sprache der tonangebenden Personen war, in der Kirche sowieso, auch in der Diplomatie, im Rechtswesen und in der Wissenschaft und Literatur. Das „Neu“-Hochdeutsch, wie es heute gesprochen wird, ist im Grunde eine Kunstsprache, die sich als die Sprache der Gebildeten seit etwa der Mitte des 17. Jahrhunderts entwickelt hat. Man bemühte sich damals mehr und mehr, die Worte auch so auszusprechen, wie sie geschrieben waren. Man könnte deshalb beinahe sagen, Hochdeutsch sei eine Schriftsprache. Natürlich stimmt das nicht, weil es ja auch lebendig gesprochen wird und weil auch das Deutsche nicht alle Buchstaben in einem Wort so spricht, wie man sie im Alphabet aufsagen würde. Das Wort „König“ zum Beispiel wird im Hochdeutschen hinten mit „ch“ gesprochen,statt mit dem „g“. Das Ei müßte streng phonetisch eigentlich „Ai“ geschrieben werden.

Hochdeutsch wird, geographisch gesehen, am ehesten in der Region zwischen Braunschweig und Hannover gesprochen, obwohl auch das nicht ganz stimmt. Hier gibt es nach dem Verschwinden des Plattdeutschen zwar keinen lokalen Dialekt mehr, aber so ganz ohne lokales Kolorit reden auch die Niedersachsen nicht. Und natürlich sprechen auch sehr viele Menschen in allen anderen Regionen Deutschlands Hochdeutsch, Menschen, die nie in Niedersachsen gelebt haben. Tendenziell ist es dabei so: Je höher die Bildung eines Menschen ist, desto eher spricht er Hochdeutsch. Aber keinesfalls kann man annehmen, alle gebildeten Leute sprächen hochdeutsch, oder wer kein Hochdeutsch spricht, schon deshalb weniger gebildet sein könne. In München, Köln oder in Stuttgart gehört es nachgerade zum guten Ton, daß man eine mundartliche Färbung in der Sprache hat. Aber auch in Dortmund, Dresden oder Hamburg ist das nicht anders. Insofern ist das Hochdeutsche nur bedingt ein Anzeiger für die schichtenspezifische Herkunft. In bestimmten Berufen, bei Schauspielern, Synchronsprechern, Radio- und Fernsehansagern ist das Hochdeutsche aber gang und gäbe, egal wo man sich befindet. Im Theater gilt dies übrigens auch für Österreich und die deutschsprachige Schweiz, obwohl dort selbst das gebildete Publikum ein ganz eigenes, sehr anders klingendes Deutsch spricht. Kürzlich stellte sich ein österreichischer Redner auf einer Tagung in Brandenburg/Havel mit den Worten vor, er entschuldige sich für sein schlechtes Deutsch, er sei ja hier der einzige „Nicht-Native Speaker“.

In den letzten Jahren hat es auf den Kleinbühnen der Republik einen großen Aufschwung von sogenannten „Comedy-Shows“ gegeben, aber auch immer mehr zu guten Sendezeiten der Fernsehanstalten oder in großen Arenen. Vor 20, 30 Jahren gab es dergleichen gar nicht, allenfalls politisches Kabarett (sogar in der DDR, wenn auch recht zahm), dann natürlich solche Genies wie Jürgen von Manger alias Adolf Tegtmeier (der Mann aus dem Ruhrpott), und Vicco von Bülow alias Loriot. Heutzutage gibt es dagegen geradezu eine Inflation an Komikern, die mit kurzen Sketchen oder ganzen Programmen auftreten und deren Humor natürlich nur aus Wortwitz und kreativem Umgang mit der Sprache entstehen kann. Interessanterweise nutzen die meisten dieser Komiker regionale Mundarten: Kurt Krömer aus Neukölln berlinert so trocken, daß man selbst diesen Krisenbezirk in Berlin lieben lernen könnte, Cindy „aus Marzahn" berlinert zwar auch ganz köstlich, abreißen und anders neu bauen möchte man ihr Viertel zum Wohle seiner Bewohner dennoch. Konrad Beikircher erhebt das Kölsche zu einer Kunstform ungeahnten Ausmaßes, Rüdiger Hoffmann hat die naiv sympathische Ausdrucksweise der Ost-Westfalen zum Amüsement der Republik gemacht, Erwin Pelzig zeigt, daß die Franken im Königreich Bayern ein ganz eigenes Völkchen sind („Obacht"), mit Olaf Schubert kann man sogar das Sächsische ertragen und mit dem Deutsch-Türken Bülent Ceylan lacht man von Herzen über den kurpfälzischen Mannheimer Dialekt. Reiner Kröhnert schlüpft bevorzugt in die Imitation von Politikern wie Gerhard Schröder, Franz Müntefering oder Angela Merkel und kopiert dabei meisterhaft nicht nur deren unsägliche Politsprüche, sondern auch deren nicht auszulöschenden regionalen Tonfall. Man kann fast schon sagen, daß man es schwer hat, komisch zu wirken, wenn man hochdeutsch spricht, aber ganz so ist es nicht, diverse Humoristen nutzen auch dieses Idiom mit bestem Erfolg. Piet Klocke zum Beispiel, der sich absichtsvoll und atemlos in seinen Endlossätzen verliert. Oder Dieter Nuhr. Es ist eine schwierige Frage, ob die Dialekte oder die mundartliche Färbung der Sprache in Deutschland zurückgehen und das Hochdeutsche durch die Verbreitung in den Medien, die höhere Mobilität der Menschen und die Massenbildung hinzugewinnt. Es will so scheinen, aber es kommt sicher darauf an, in welchen Milieus und welchen Regionen Deutschlands man sich überwiegend bewegt. Die mundartliche Färbung aber ist nach wie vor sehr stark verbreitet, wenn auch Dialekte im Sinne von eigenen Sprachen, mit eigenem Vokabular und eigener Grammatik auf dem Rückzug zu sein scheinen.

Die Zeit der deutschen Teilung brachte vorübergehend auch eine Auseinanderentwicklung der Sprache, schon auf Grund des politischen Unterschieds, aber natürlich auch durch die verschiedenen Lebensumstände, die unterschiedliche wirtschaftliche und kulturelle Entwicklung. Der Einfluß des Englischen auf den westlichen Teil Deutschlands war naturgemäß viel größer als im Osten, umgekehrt kennen noch heute viele ehemalige DDR-Bürger eine ganze Reihe von russischen Wörtern, die vielen Westlern nichts sagen: „Datsche“ für das kleine Wochenendhäuschen am See oder im Wald, „Druschba“ für Freundschaft (der offiziell verordneten, manchmal aber auch von Herzen gelebten zwischen der großen Sowjetunion und dem kleinen Vasallen) zum Beispiel, oder „Soljanka“ für die unnachahmliche Restesuppe mit Fleischwurststreifen, „Subbotnik“ für den Tag, an dem man einmal im Jahr eine freiwillige, unentgeltliche, kollektive Arbeit im Interesse des Gemeinwohls verrichtete.[25] Die Deutsch-Sowjetische Freundschaft kam nicht nur im Lehnswortgut zur Geltung, sondern auch in mancherlei Sprüchen, die sich den Menschen eingebrannt haben. So stand ich im Jahr 2007 einmal mit einer Gruppe von Unternehmern aus Ostdeutschland in der russischen Provinzhauptstadt Kaluga zum Gruppenfototermin aufgestellt. Hinter uns der dortige Gouverneurspalast, vom Stil her eine absurde Mischung aus stalinistischem Pomp und Horten-Kaufhaus, über dessen Eingangsportal immer noch das sowjetische Wappen mit Hammer und Sichel prangte. Vor uns der Rücken eines heroischen Lenindenkmals, wir schauten also quasi auf den bronzenen Allerwertesten dieses Herrn. Plötzlich kam es wie aus der Pistole geschossen aus dem Mund eines der Unternehmer: „Ihr wißt doch noch, wie das hieß... Lieber Huren und Picheln als Hammern und Sicheln!“ Wir barsten vor Lachen.

Überraschenderweise hat aber sogar die DDR sich dem Trend zu Anglizismen nicht entziehen können. Aus der Welt der „Waren des täglichen Bedarfs“ kennen wir Produkte, die mit schmissigen Begriffen aus dem Englischen noch alltagstauglicher gemacht wurden: Die Schuhputzmittel des VEB Kunstblume Sebnitz hießen „Quick Polish“ und trugen dazu noch den Aufdruck „selbstglänzend/self shiny“. Das Gebäck, das heute immer noch Salzstangen heißt, wurde mit dem Slogan „Salzsticks ofenfrisch verpackt“ verkauft und die volkseigene Kaffeebrause hieß „Cola Hit“. Andere Ausdrücke, die im Westen gar nicht mehr als englisch empfunden wurden, übersetzten große Teile der Bevölkerung in der DDR penibel, aber auch ganz sympathisch: T-Shirts hießen vielerorts „Nicki“, die Jeans war oft eine „Niethose“ und das Surfen war mit dem Wort „Brettsegeln“ sehr passend eingedeutscht. Erwähnt werden sollten auch die Begriffe, für die im Westen ein deutsches oder eingedeutschtes Wort benutzt wird, im Osten jedoch ein englisches Wort (siehe oben). Bekanntestes Beispiel ist das Wort Brathähnchen, das im Osten „Broiler“ hieß (von engl. broil - braten, grillen).

Aus den unterschiedlichsten, meist ganz unpolitischen Gründen haben sich manche Ausdrücke auseinander entwickelt, die auch heute, 20 Jahre nach dem Mauerfall, anhaltend gebraucht werden. „Vordergründig“ ist so ein Wort: Für Westler heißt es so viel wie „oberflächlich“, für Ostler hat es nach wie vor die Bedeutung von „hauptsächlich“. „Auf dieser Strecke“ sagt man im Osten, wenn man im Westen sagt „auf dieser Schiene“. Gut schmeckende Speisen darf man mal „kosten“, während man sie im Westen eher „probiert“. Statt „Gebiet“ oder „Gegend“ sagt man das technischer klingende „Territorium“. Wenn man etwas „schau“ oder „alles schick“ findet, dann entspricht das vielleicht dem früher im Westen üblichen „knorke“ oder dem heutigen „geil“, im Westen denkt man eher an Franz Beckenbauers okular-psychologisches „Schau ´mer mal!“ Dies sind keine dialektalen und auch keine schichtspezifischen Unterschiede, sondern einzig und allein Unterschiede, die sich in der Zeit der Teilung hüben und drüben eingebürgert haben. Nur wenige Wörter und Wendungen aus dem Osten haben es geschafft, auch in Gesamtdeutschland heimisch zu werden. „Fakt ist…“ ist so ein Ausdruck, den es vor 1989 im Westen so gut wie nicht gab, „Faktum ist“ hat man gesagt, oder „Tatsache ist“. Heute leiten Politiker des eher linken Spektrums oder auch Gewerkschafter überall in Deutschland gern mit „Fakt ist“ ein. Das soll wahrscheinlich irgendwie realitätsnäher und entschiedener klingen als das alte lateinische

Wort. Die Anredefloskel „Werte..." – wie in „Werte Kundschaft" (statt „Sehr geehrte Kundinnen und Kunden") – könnte es schaffen, in ganz Deutschland akzeptiert zu werden. Und wie viel schöner wäre es doch, „Plaste", statt „Plastik" zu sagen – dieser Begriff hat sich allerdings im Westen noch nicht durchgesetzt. Zahlreiche ehemalige Transitreisende aus dem Westen erinnern sich sicherlich noch an den unvergeßlichen Neonschriftzug auf einem Turm an einer Autobahnbrücke über die Elbe, auf dem geschrieben stand: „Plaste und Elaste aus Schkopau". Darüber hat man die nächsten zehn Kilometer gelacht, weil es so fremd, eigenartig und ostig klang.

Dann gab es selbstverständlich zahlreiche Ausdrücke im Osten, die etwas bezeichneten, was man im Westen so nicht kannte: Ferienlager, Hausbuch, Kaderakte, Klappfix, Patenbrigade, Pioniergruß, Plangleicheit oder Weltniveau. Oft war da gehöriger Mutterwitz im Spiel oder auch der Versuch einer nur schwer zu ahndenden Unbotmäßigkeit gegenüber den Unzulänglichkeiten des Regimes. Das Auto der Marke Trabant bekam den liebevoll ironischen Spitznamen „Rennpappe". „Bückwaren" waren Konsumgüter, die so schwer zu kriegen waren, daß sie von Ladenangestellten, bildlich gesprochen, unterm Ladentresen versteckt gehalten und nur ganz speziellen Kunden verkauft wurden, wobei die Verkäufer sich erst bücken mußten, um sie unterm Ladentisch hervorzuholen. Der „Tag der Bereifung" verballhornte den 8. Mai, den Tag, an dem das Regime die Befreiung durch die Sowjettruppen 1945 feiern ließ. „Winkelemente" waren DDR-Papierfähnchen, die bei offiziellen Anlässen von der Obrigkeit verteilt wurden und dann vom Volk geschwenkt werden sollten.

Ist Deutsch nun eine schöne Sprache oder nicht? Neulich im oberen Stock eines Doppeldeckerbusses in Berlin beobachteten wir einen augenscheinlich gebildeten Mann, der in sein Handy sprach, und das ziemlich laut. Allerdings waren seine Sätze etwas unzusammenhängend und merkwürdig, manchmal auch wieder ganz klar. Nach einer Weile merkten wir, daß er nur ein lautes Selbstgespräch führte, und daß er offenkundig leicht verrückt war.

Dann kam unvermittelt die Feststellung, laut in den Bus hineinposaunt: „Das Französische ist die eleganteste Sprache des Abendlandes. Da sind wir Pappchinesen dagegen!“ (Betonung auf „Papp…“) Das finden Franzosen auch. Doch rein vom Klang her ist zweifelsohne das Italienische die schönste Sprache der Welt. Keine andere hat solche Lust am Betonen jeder einzelnen Silbe, am Rhythmus und am sangesartigen Auf und Ab der Melodie. Vielleicht liegt es daran, daß seine Laute überwiegend in der Mitte des Gaumens erzeugt werden, so daß es am klarsten, wärmsten, körperlichsten klingt, während das Deutsche eher guttural, also im hinteren Teil des Mundes erzeugt wird, das Französische mehr vorne, mit gespitzten Lippen. Bezieht man die mit dem Italienischen unweigerlich verbundene lebhafte Gestik mit ein und die Feinsinnigkeit vieler seiner Sprecher, ist es erst recht große Oper. Nur Alt-Griechisch wäre schöner, wenn es denn noch gesprochen würde.

Ob das Deutsche ähnliche Qualitäten in Klang und Klarheit hat wie die sonst üblichen Spitzenreiter für Sprachästheten, das können am Ende wahrscheinlich nur Ausländer beurteilen. Wir Deutschen sind unserer Sprache zu nahe. Was wir sagen können ist, daß es eine ausdrucksstarke, erfindungsreiche, präzise Sprache ist, die durch ihre komplexe Grammatik und Satzbaukunst selbst Muttersprachlern nicht immer ganz leicht fällt. Es gibt aber deshalb eigentlich nichts, was man in ihr nicht sagen kann. Sie kann kräftig klingen, aber auch weich. Sie eignet sich zu jedwedem Wandel und Witz. Sie ist eine der am meisten gesprochenen Sprachen der Welt. Sie ist unsere Muttersprache. Schon deshalb ist sie schön.

Die Warenwelt

Deutschland galt immer als Exportweltmeister - jedenfalls bis 2009. Das wäre zu schön um wahr zu sein gewesen, stimmte jedoch stets nur zum Teil. In der Handelsbilanz der gewerblichen Waren - also der Summe von Exporten und Importen von Industriegütern wie Autos, Maschinen, Pillen oder Kunststoffen - führte Deutschland über viele Jahre hinweg tatsächlich unangefochten. Als Folge der schweren Finanz- und Wirtschaftskrise hat China darin Deutschland im Jahr 2009 zum ersten mal überrundet. Schaut man dagegen auf die gesamte Wirtschaftsleistung, bezieht man also die Dienstleistungen und Kapitalströme mit ein, führen auch heute noch die USA, gefolgt von Großbritannien und den Niederlanden.

Festzustellen bleibt, daß das relativ kleine und bevölkerungsarme Deutschland mit seinen 82 Millionen Menschen – sieben Millionen davon übrigens mit ausschließlich ausländischem Paß – immer noch fast so viele Waren ausführt, wie die anderthalb Milliarden Chinesen, wie die 300 Millionen Amerikaner oder wie die 180 Millionen Japaner. Da China bei acht bis zehn Prozent Wirtschaftswachstum pro Jahr unaufhörlich aufholt, war es klar, daß die turbokapitalistische Volksrepublik alle anderen Länder eines Tages überholen würde. Aber das ist keine Schande und auch kein Schaden. Das, was China produziert, produziert es sehr oft auf deutschen Maschinen und mit deutschem Know-how, so daß wir durch die billigen Importe auch als Verbraucher mit davon profitieren.

Solche Importe sind weiß Gott schon lange nicht mehr nur Plastikschund. Und nicht alles, was aus Deutschland kommt, ist immer gleich besonders solide oder high-tech. Ramsch, Tinnef und Pfusch gibt es überall, genauso wie erbarmungsloses Abkupfern mit meist minderer Qualität. Etwa 19 % der in Deutschland entdeckten Plagiate, von denen man immer annimmt, sie kämen hauptsächlich aus Fernost, sollen in Deutschland selbst hergestellt sein, fand eine Studie des deutschen Maschinenbauverbandes heraus.[26]

Da kann man froh sein, daß Waren „Made in Germany" im allgemeinen immer noch überall auf der Welt einen Ruf von hoher Qualität, technischer Zuverlässigkeit und innovativem Gehalt genießen. Wer weiß wie lange noch. Das „Made in…" war übrigens einmal eine Erfindung der Briten, die damit aus protektionistischen Motiven vor gut 120 Jahren eigentlich deutsche, später auch andere ausländische Waren als vermeintlich minderwertige ausgrenzen wollten, was aber auf Dauer nicht gelang. Im Gegenteil, schon bald wurde die Bezeichnung zum Gütesiegel. Andere Nationen legten sich später ein „Made in…" auch zu, aber der einzigartig gute Ruf des „Made in Germany" ist geblieben. Träger dieses Erfolges sind im wesentlichen die mittelständischen Familienunternehmen, von denen es in Deutschland tausende gibt, meist aus der tiefsten Provinz, die in ihren jeweiligen Produktsegmenten - oft hochspezialisierten Nischen - Weltmarktführer sind. Man spricht da gerne von den „hidden champions", weil es Firmen sind, die oft nur in ihren Fachkreisen einen bekannten Namen haben. Dieser Begriff stammt von Hermann Simon, einem Wirtschaftsprofessor, der auf der Suche nach einer Antwort auf die Frage war, woran denn der große Erfolg der deutschen Exportwirtschaft liegen mag. Simons erste Vermutung, es könne an bestimmten Eigenschaften des deutschen Mittelstandes liegen, ließ ihn tiefer in diesen Aspekt der deutschen Wirtschaftsstruktur einsteigen. Er fand tatsächlich eine fantastisch große Zahl von Unternehmen, die mindestens drei Kriterien erfüllen und die deshalb zu den ganz wesentlichen Trägern des deutschen Exporterfolges gehören: Zum einen sind sie Marktführer in ihrer Nische, was heißt: entweder unter den ersten drei ihrer Branche weltweit oder in Europa die Nummer eins. Zum anderen sind sie zwar nicht gerade klein, aber auch nicht wirklich groß. Für Simon ist es inzwischen sogar zu einer Definitionsfrage geworden, daß ihr Umsatz nicht mehr als drei Milliarden Euro pro

Jahr beträgt. Das macht sie noch flexibel und überschaubar. Und schließlich sind diese Unternehmen in der Öffentlichkeit kaum bekannt. Rund 1.200 solcher „hidden champions“ hat Simon bisher in Deutschland gefunden.[27] Die Firma Herrenknecht aus Schwanau ist so ein Beispiel: Sie baut die größten und besten Schildvordruckmaschinen in der Welt, zum unterirdischen Graben von Tunneln. Im Frühjahr 2009 zum Beispiel hatte man den Durchbruch beim nördlichsten Großtunnel der 84 km langen Juraautobahn in der Schweiz geschafft – 140 Meter in der Woche, durch Schweizer Granitstein. Die Firma Putzmeister aus Aichtal ist ein anderes Beispiel: Ohne deren vollkommen neuartige Technik hätte man beim höchsten Haus der Welt, dem über 800 Meter hohen Burj Khalifa im Emirat Dubai, den Beton nicht so hoch pumpen können. Eine wahre Meisterleistung der Pump- und Rohrleitungstechnik. Die Firma folgt dem schönen Spruch „Die Dinge meisterhaft immer besser und schöner machen“ und die etwas holprigen Worte des Firmengründers, Karl Schlecht, zum 50jährigen Jubiläum wünscht man sich so manchem Politiker hinter die Ohren geschrieben: „Als die wahren Erfolgsfaktoren erkannten wir die traditionellen Werte und die um ihrer selbst willen gelebte[n] Tugenden. Wahrhaftigkeit im Erkennen und gründlichen Problemlösen sind dann Prinzip.“ Und das Firmenmotto lautet „Dienen - Bessern - Werte Schaffen“.[28]

Einige dieser Mittelständler sind in den Jahrzehnten seit dem Zweiten Weltkrieg zu weltumspannenden Konzernen herangewachsen, folgen aber immer noch der Philosophie ihrer Gründer, werden meist auch noch von diesen, inzwischen alten Patriarchen oder deren Söhnen und Töchtern geführt oder über Gesellschafteranteile beherrscht. Die Firma Würth aus Künzelsau in Baden-Württemberg ist so ein Beispiel. Vom Zweimannbetrieb kurz nach dem Krieg, der Schrauben verkaufte, zum Konzern mit 50.000 Mitarbeitern. Zu Geld gekommen, fängt der Chef ganz selbstverständlich an, auch Kunstsammler zu werden. Bankkredite hat man nie gebraucht, immer nur aus dem Bargeld erweitert, das man verdient hatte. Ein anderes Beispiel ist die Firma Rethmann aus

Lünen in Westfalen (heute Remondis genannt), ebenfalls als Zweimann-Unternehmen gestartet, wo der heutige Firmenpatriarch seine erste Abfallkutsche selbst gefahren ist. Heute zählt die Firma über 30.000 Mitarbeiter. Inzwischen haben seine vier Söhne die Leitung übernommen, er selbst ist - auf seinem „Altenteil" - Bürgermeister eines kleinen Ortes in Mecklenburg-Vorpommern geworden. Da bleibt kein Lehrling ohne Stelle. Das verbieten schon Rethmanns Überzeugungen als sozialbewußter Katholik, der immer in der Kolping-Bewegung aktiv gewesen war.

Der Erfolg einzelner Volkswirtschaften wird heutzutage oft an ihrer Innovationsfähigkeit festgemacht. Da werden dann Statistiken zur Hand genommen, wieviel Patentanmeldungen es pro 1.000 Einwohner gibt, wie häufig die Forscher in den wichtigen (fast immer angelsächsischen) Wissenschaftszeitschriften der Welt zitiert werden oder wieviele Nobelpreisträger eine Nation hervorbringt. An solchen Kriterien ist vieles wahr, aber so ganz treffen sie auch nicht zu. Nicht alle Patente reifen zu Produkten, die erfolgreich am Markt sind. Nobelpreisträger werden oft erst 20 oder 30 Jahre nach ihren bahnbrechenden Forschungen geehrt, so daß sie kaum Nachweis für die aktuelle Innovationskraft einer Nation sein können. Und die vorherrschende Wissenschaftssprache, Englisch, samt der Selektionsmechanismen für Publikationen, benachteiligt Forscher in Rußland, in China oder eben auch in Deutschland - selbst wenn diese sich nach Kräften bemühen, in gutem Wissenschaftsenglisch zu schreiben. Am Ende ist das alles nicht so wichtig, denn was am Ende zählt, ist der kommerzielle Erfolg. Damit war es nicht immer zum Besten bestellt, denn allzu oft blieb Deutschland nur ein Land der Ideen, zu wenig eines der Umsetzungen in erfolgreiche Produkte. Die Glühbirne ist zwar von einem Deutschen erfunden worden (1854 von Heinrich Göbel), aber erst der amerikanische Autodidakt Thomas Edison hat sie 1879, nach entscheidenden Weiterentwicklungen (u.a. des Schraubgewindes), zu einem serienreifen und gegen das Gaslicht konkurrenzfähigen Produkt gemacht. Gleiches gilt für das erste elektrische „Telephon", das Johann Philipp Reis 1861 dem Frankfurter Physikalischen Verein vorführte. Es konnte sich jedoch nicht gegen die schon existierenden Telegraphen-Apparate durchsetzen und erst nach weiteren 20 Jahren hatte Alexander Graham Bell in den USA einen auf Reis basierenden Fernsprecher zur Serienreife entwickelt und ist damit reich geworden. Schon legendär ist die Erfindung des MP3-Formats zur Kompression von Audiodaten, das 1987 vom Erlanger Fraunhofer-Institut für Integrierte Schaltungen in einer Forschergruppe um Karlheinz Brandenburg entwickelt wurde. Ohne dieses Format gäbe es den iPod von Apple nicht und Teenager müßten in der U-Bahn weiterhin auf ihr inneres Ohr hören, statt auf die weißen Ohrstöpsel. Hier fand sich keine deutsche Firma, die die bahnbrechende Erfindung vermarkten wollte. dann taten es andere. Besser erging es deutschen Erfindern wie Werner von Siemens (elektromagnetischer Stromgenerator, 1866), Robert Bosch (Zündkerze, 1902), Artur Fischer (Dübel, 1958) oder Adolf Daßler (Fußballstollen, 1953).[29] In neuerer Zeit sind einzelne Innovationen oft gar nicht mehr mit bestimmten Entwicklern zu verbinden, weil sie in großen Teams entstehen und ihren Firmen als ganzes zugeordnet werden müssen. Der Waldorfer Software-Riese SAP ist mit seinem R/3-Programm groß geworden, ohne das viele der heutigen Geschäftsprozesse in weltumspannenden Konzernen gar nicht mehr denkbar wären. Thyssen-Krupp brachte 2002 einen Doppelaufzug auf den Markt, der zwei Aufzugskabinen in ein und demselben Schacht unabhängig voneinander fahren lässt und so die Kapazität dieses vertikalen Verkehrsmittels um bis zu 40 % erhöht. Das ist schon die zweite deutsche Erfindung, ohne die das Emirat Dubai seinen Wolkenkratzer „Burj Khalifa“ nicht auf atemberaubende 800 Meter hätte hochschrauben können. Wer würde da freiwillig die Treppe nehmen?

Bei alledem sind doch Wissenschaft und Wirtschaft heutzutage weltweit so hochgradig vernetzt und integriert, daß man kaum noch sagen kann, es gebe „nationale“ Erfindungen oder „nationale“ Produkte. Ein Mercedes-Benz besteht zu mehr als 30 % aus ausländischen Zulieferungen. (Und Daimler gehört seit 2009 zu fast einem Viertel arabischen Investoren aus Kuwait und Abu Dhabi.) Wissenschaftlergruppen setzen sich aus Forschern aus aller Welt zusammen und die Kommunikation und gegenseitige Befruchtung ist so engmaschig, daß man entscheidende Erfindungen fast nur noch als globale Durchbrüche feiern kann. Das schon genannte MP3-Format zur Audiokompression ist ein gutes Beispiel: Das Fraunhofer-Institut in Erlangen arbeitete daran zusammen mit den Bell-Labs von AT&T in den USA und mit dem französischen Thomson Konzern. Viele weitere Firmen besaßen und besitzen Teilpatente, die man nutzen mußte, um so weit zu kommen. Das „Made in Germany“ (oder „Made in Britain“, „Made in Sweden“ usw.) ist bei näherer Betrachtung sehr häufig kein Abbild der ganzen Wahrheit, wenn es das jemals war. Manche wollen es ersetzen durch „Designed in …“, um wenigstens noch den geistigen Ursprung im jeweiligen Land zu verorten. Aber so wandelt sich eben der Inhalt der Begriffe und das „Made in…“ heißt wohl mehr und mehr, daß es im Land, wo das Endprodukt herausgebracht wird, eine Systemkompetenz gibt, um die Erfindungen, Zulieferungen und Gestaltungselemente aus vielen anderen Ländern der Welt zu übernehmen und zu etwas Neuem zu machen.

Wo könnte man sich besser darüber informieren, was in aller Welt entwickelt und zu Produkten gemacht wird als auf Messen? Da ist es günstig, daß Deutschland heute das Schaufenster der Welt ist. Wenigen ist das wirklich bewußt: Nirgends gibt es so viele Leitmessen auf dieser Welt wie in Deutschland. London, New York und Tokio sind zweifelsohne die größten Finanzzentren der Welt, Hartford (Connecticut/USA) und Shenzen/China die größten Versicherungsstandorte, Shanghai, Hongkong und Rotterdam die vermutlich wichtigsten Standorte für Schiffsreedereien, Deutschland ist aber ganz sicher der größte Messedienstleister der Welt. Zwei Drittel der größten und wichtigsten internationalen Messen finden hier statt. Vier der fünf größten Messegelände der Welt stehen in Deutschland. Hannover führt diese Liga an, vor Mailand, Frankfurt/Main, Köln und Düsseldorf. Vielleicht kein

Wunder, denn wer so viele industrielle Produkte in alle Welt verkauft, der muß sie ja auch zeigen. Aber das ist nicht der einzige Grund, warum Deutschland die meisten großen Messen hat. Ein gewichtiger Grund ist auch, daß es zwischen den deutschen Großstädten einen harten Wettbewerb gibt. Hier wirkt sich der Föderalismus einmal positiv aus. Nicht so sehr auf den Staatssäckel, denn der ist in Form der Kommunen oder auch der Bundesländer zumeist Miteigentümer der Messegesellschaften und muß für einen Teil der immer größeren, schöneren und aufwendigeren Messegelände mit aufkommen. Dafür wirkt sich dieser Wettbewerb aber positiv auf die Leistungsfähigkeit, die Modernität und die Qualität des Messeservice aus. Die größte Spielwarenmesse der Welt ist die in Nürnberg, die größte Buchmesse die in Frankfurt/Main, die größte Tourismusmesse die ITB in Berlin, die größte Industriemesse immer noch die Hannover Messe, die wichtigste Messe für die Bahnindustrie ist die INNOTRANS in Berlin, die Welt der Lebensmittelerzeuger schaut auf die ANUGA in Köln, die der Autofans auf die IAA in Frankfurt/Main und die der Sicherheitsindustrie auf die SECURITY in Essen. Andere internationale Leitmessen sind zum Beispiel die MEDICA für Medizintechnikprodukte in Düsseldorf, die electronica in München, die CeBIT in Hannover. Die meisten Messen werden von umfangreichen Kongreßprogrammen begleitet. Oft bestehen diese Messen schon seit Jahrzehnten, viele wurden in den 1920er Jahren ins Leben gerufen und firmieren seitdem unter dem gleichen Namen. Als Ableger dieser Traditionsmessen entwickeln die Messegesellschaften inzwischen ähnliche Messen oder sind als Messeveranstalter auch an den dynamischen Orten des Welthandels aktiv, Shanghai vor allem, auch Bombay, San Francisco oder Dubai, so daß sie ihr Know-how als Dienstleistung exportieren und auf diese Weise an dem rasanten Wachstum dieser Messestandorte im Ausland teilhaben. Der größte Messeplatz Chinas etwa, der in Shanghai - heute noch kaum größer als die Nürnberger Messe, morgen schon mit mehr Fläche als die Messe München - gehört zur Hälfte den drei Messegesellschaften aus Düsseldorf,

München und Hannover. Um die wachsende Konkurrenz im Zaume halten zu können, wird auch in Deutschland weiter investiert: Ständig entstehen neue, größere Messehallen oder ganze Messegelände, die von Altstandorten auf die grüne Wiese verlegt werden, wie in den 1990er Jahren in Leipzig geschehen und in München. Köln baute am alten Standort am Rheinufer gegenüber dem Dom so gut wie neu, Berlin hat vor wenigen Jahren seine Ausstellungsfläche fast verdoppelt. Der Beispiele sind viele mehr. Diese Messen bedeuten nicht nur, daß deutsche Produzenten ihre Waren einem Weltpublikum im eigenen Land präsentieren können und dadurch in einem gewissen Maße geringere Kosten für eine solche Präsentation als im Ausland haben. Die internationalen Leitmessen bringen auch zwei bis drei Millionen von Geschäfts- und Privatleuten jährlich nach Deutschland, die hier einkaufen, ausgehen und in Hotels nächtigen.

Bei alledem gibt es vielleicht eine etwas merkwürdige Situation: Deutsche Waren werden anerkannt und sind begehrt, vor allem wenn es Investitionsgüter sind. Verbrauchsgüter - und vor allem Luxusgüter - sind dagegen viel weniger bekannt - mal von Porsche, Audi, BMW und Mercedes-Karossen abgesehen, die einen Nimbus besitzen, der die Herzen wohlhabender Kunden weltweit höher schlagen läßt. Neben den Automobilen gibt es dagegen kaum Marken, die Ausländer auf Anhieb als deutsche benennen könnten oder nur deshalb kaufen, weil es deutsche sind. Vor Jahren traf ich sogar mal einen Engländer, der fest davon überzeugt war, „BMW“ stehe für „British Motor Works“, da er den Deutschen eine solche, mit Emotionalität gekoppelte „ultimative driving machine“ (so ein kluger Werbespruch der Bayern) gar nicht zutraute. Deutsche Waren gelten als technisch perfekt, aber kühl. Wohl aus diesem Grunde hatte die Automobilindustrie als Hauptsponsor des „Tages der Deutschen Einheit“ in der deutschen Botschaft in Washington, D.C., im Oktober 2008 einen wunderbaren Spruch erfunden: „Precision. Motion. Style.“ Dieser Slogan könnte auf Deutschland als ganzes passen, denn er verbindet das, was uns wohl am ehesten ausmacht: Gemüt und Präzision. Meisterlich, weil voll selbstbewußter Eigenironie, spielte auch Audi einmal mit einem Werbespruch auf den britischen Inseln mit dem Vorurteil, alles deutsche sei kalt: „Vorsprung durch Technik" hieß dieser nicht übersetzbare Slogan, an dem die Briten allein schon wegen der zungenbrecherischen Wortreihung und dem Anklang an Befehlstöne schurkischer Deutscher in James-Bond Filmen ihre Freude hatten.

Die deutschen Automarken und – mit großem Abstand dahinter – einige der deutschen Biermarken sind denn auch die wichtigsten Imageträger deutscher Warenwelt im Ausland. Doch wir wissen, daß es in Wirklichkeit viel mehr gibt als Autos und Bier, unendlich viel mehr. Erst kürzlich lief ich in einem Warenhaus in der russischen Provinz umher. Viele der dort erhältlichen Küchen- und Haushaltswaren kamen aus Deutschland: Leifheit-Raspeln, Braun Rührmixer, Krups Kaffeemaschinen, Leitz Ordner, Zwilling Scheren oder Solingen Messer. In der Schreibabteilung selbst von Häusern wie Harrods in London findet man Pelikan oder Montblanc Füller und Faber-Castell Bleistifte. Fotofreunde schwören immer noch auf die legendären Leica oder Rollei Kameras, die heute im neuen Gewand (und, im Falle der Rollei, mit reinen Produkten aus Fernost, die den Namen nutzen dürfen) so schön und technisch perfekt daherkommen wie eh und je. Optische Geräte jeglicher Art sind kaum zu überbieten, wenn sie von Zeiss aus Jena oder Niederkochem stammen. Elegant und präzise bis ins letzte sind die nach 1990 wieder entstandenen Luxusuhren von Nomos oder Lange & Söhne im sächsischen Glashütte. Kinder in der ganzen Welt freuen sich an Stofftieren von Steiff oder Kösen, an Stoffpuppen von Käthe Kruse oder an der bunten Kinderwelt von Prinzessin Lillifee und dem Hasen Felix vom Coppenrath Verlag im Münsterland. Die schönsten und funktionalsten Küchen der Welt kommen aus Deutschland, von Marken wie Bulthaupt, Poggenpohl, SieMatic oder Gaggenau. Daß ausgerechnet die Deutschen solche Küchen bauen, kann nicht an ihrer größeren Liebe für kunstfertiges Kochen liegen, wie sie andere Nationen haben. Auch wenn die Kochkunst in Deutschland einen großen Aufschwung erlebt. Es liegt wohl mehr an der Freude an perfektem Design und unbestechlicher Ingenieurskunst. Kein Wunder, daß auch die wahrscheinlich besten Haushaltsmaschinen der Welt aus Deutschland kommen, von Miele aus Gütersloh in Ostwestfalen und von Liebherr aus Biberach an der Riss, nicht weit vom Bodensee. Und wieder sind es die qualitätsbewußten Araber aus Dubai, die ihrem neuen Weltwunder, dem Burj Khalifa mit seinen 162 Stockwerken eine weitere deutsche Apparatur einverleiben: Miele hat dort im Sommer 2009 das größte Geschäft seiner Geschichte gemacht, indem auf einen Schlag die Küchen von 900 Wohnungen komplett mit Miele Geschirrspülern, Trocknern, Waschmaschinen, Dunsthauben usw. ausgestattet wurden, insgesamt 7.650 Geräte.[30] Die darbende deutsche Haushaltselektronik auf der anderen Seite (von Grundig, Telefunken oder Schneider gibt es nur noch die Marken, aber keine eigene Produktion in Deutschland mehr) hat sich auf exklusive Nischenmärkte zurückgezogen, in denen sie aber durchaus reüssiert: Loewe, das vor einigen Jahren noch den Trend zum Flachbildschirm verschlafen hatte, zeigt sich nun mit den technisch ausgereiftesten und gestalterisch schönsten Oberklasseprodukten ihrer Art, und hat Erfolg. Als Einstiegsmodelle für den high-end Markt - dort, wo man mit 20.000 € für eine Hifi-Anlage anfängt - gelten die der Komponentenhersteller T+A aus Herford oder Burmester aus Berlin als unübertroffen. Selbst in der Mode, diesem ansonsten ganz den Franzosen, Italienern oder Belgiern überlassenem Metier, haben es einzelne Marken wie Jil Sander, Hugo Boss, Strenesse oder Michalsky international geschafft. Von Karl Lagerfeld, dem Impressario aller deutschen Modedesigner, gar nicht erst zu reden. Und eine ganze Stadt steht seit einigen Jahren für den Aufbruch in Kreativität und „Hipness“: Berlin.

Die Frage ist, ob alle diese Schöpfungen etwas auszeichnet, was man den deutschen Stil nennen könnte? So wie es das „skandinavische“ oder das „italienische Design“ gibt, den „British style“ oder die Stilikonen aus Katalonien? Schwer zu sagen, denn natürlich kann man Küchengeräte, Automobile oder Herrenanzüge nicht über einen Kamm scheren. Aber wer einen bestimmten Stil meint, der muß nicht immer gleichartige Produkte oder Formen im Sinn haben; der meint zumeist auch eine Art Lebensgefühl, eine Mentalität und eine Lebensart, die man beim Kauf miterwerben und an der man teilhaben will. Dann wäre die Frage nach dem deutschen Stil also letztlich eine Frage nach der deutschen Lebensart.

Auf der Suche nach einer Antwort, ob es nun einen typisch deutschen Stil gibt, habe ich vor Jahren mal eine zeitlang die ganzseitigen Anzeigen bekannter deutscher Marken in Zeitschriften und Magazinen herausgerissen und gesammelt. Als ich davon etwa 50-60 unterschiedliche beisammen hatte, bemerkte ich zu meiner eigenen Überraschung, daß es da so etwas wie einen durchgehenden Stil gab. Vielleicht war es nur der Stil der Zeit, den man noch in jeder Reklameepoche im Nachhinein, oft zur eigenen Belustigung, bemerkt (das Frauenbild, die Wohnzimmerästhetik, die Werbetexte...). Dieser durchgehende Stil, der sich mir in den Anzeigen nun bot, bestand darin, daß die meisten von ihnen eine Mischung dessen enthielten, was ich im ersten Kapitel als das alte und das neue Deutschland bezeichnete: Auf der einen Seite hatten Bilder und Aufmachung etwas warmes, lebendiges, ausgereiftes (schöne Menschen, warme Farben, altehrwürdige Kulissen), auf der anderen Seite hatten sie das klare, saubere und technische der modernen Warenwelt (glänzende Automobile, scharfkantige Villenfassaden, blinkende Handy-Displays). Vorherrschend war eine erdige Eleganz, die nur scheinbar ein Gegensatz ist, da sie ja in vielem was deutsch ist, doch ganz real wiedererkennbar wird – und nicht nur im Nebeneinander von alten Häusern und moderner Technik: geregeltes Feiern, nüchterne Freude, also alles in allem eine Art kontrollierte Emotionalität.

Neben tausenden Konsumprodukten des alltäglichen Lebens, die nun nichts besonderes darstellen und im Grunde auf der ganzen Welt so oder ähnlich daherkommen, sind es doch einige Dutzend, vielleicht auch einhundert, die von Land zu Land unterschiedlich aussehen, und die einem das Gefühl geben, man ist eben in diesem oder jenem Land. In Frankreich waren es traditionellerweise zum Beispiel die Baguettes, die schwarzen Solex Mofas, die schwankenden Citroen-Autos auf den Straßen und die Baskenmützen der alten Männer. In Italien die jeweils neuesten Hogan-Schuhe, coolsten Sonnenbrillen von Ray-Ban und allgegenwärtigen Vespa Motorroller. Und in England die schwarzen Regenschirme der Gentlemen, die mit Pferdemotiven bedruckten Kopftücher der Damen und die schwarzen London-Taxis mit Lenkrad auf der rechten Seite. Solche Dinge erlebt man natürlich auch heute noch, und trotz ihrer Klischeehaftigkeit ist man froh, wenn man sie sieht.

Wann stellt sich dieses Gefühl in Deutschland ein (mal abgesehen von Lodenmantel, Jägerhut und Oberklasselimousine)? Ist es der Anblick der Birkenstock-Schuhe der gesundheitsbewußten Öko- und Reformhausbürger? Sind es die Pepita-Regenjacken der Mittelschichtfrauen aus den Provinzstädtchen? Sind es die Prinz-Heinrich-Mützen der im Lebensalter fortgeschrittenen Sozialdemokraten? Von alledem wohl ein bißchen und noch viel mehr. Eine ganz typische Erscheinung sind zum Beispiel die Schulranzen der Grundschulkinder, zum Leidwesen vieler Eltern meist in schreienden Farben und mit furchtbar spießigen Applikationen. Die frühkindliche Geschmacksbildung ist in Deutschland, das muß man zugeben, durch fehlgeleitete Marktforschung der Industrie leider in vielerlei Hinsicht ernsthaft gefährdet. Aber warum soll es uns besser gehen, als den meisten anderen Ländern. Stilsicher in der Kinderausstattung sind eigentlich nur noch die Spanier und die Franzosen. Immerhin: Schulranzen werden in Deutschland von alters her ganz selbstverständlich getragen, ansonsten findet man Schulranzen in dieser Form allenfalls noch in Österreich, der Schweiz und einigen anderen mitteleuropäischen Ländern. Merkwürdigerweise haben die Kinder in fast allen anderen Industrieländern eher Rucksäcke oder Umhängetaschen als Schulranzen. Unbedingt typisch für Deutschland sind auch die schönen Schultüten, die den Erstklässlern bei ihrer Einschulung in die Hand gedrückt werden und deren Inhalt ihnen so zuverlässig den Start in „den Ernst des Lebens“ versüßt.

Sehr eigenartig ist in Deutschland bisweilen die Schuhbekleidung. In keinem Land der Welt würde man zu dunklen Geschäftsanzügen helle Gummikreppsohlen an den Schuhen tragen, in Deutschland – vor allem in Ostdeutschland - war das bis vor kurzem gang und gäbe, zumindest bei Ingenieuren und anderen Angestellten im mittleren Management. Noch wahrscheinlicher war dann auch, daß eine derartige Besohlung durch ein burgundfarbenes Jacket, ein schwarzes Hemd und einen silbernen Lederschlips belebt wurde. Solche geschmacklichen Kreationen wären in Italien undenkbar, wo selbst die einfachsten Leute zumeist stilsicher angezogen sind, Dreitagebart inklusive. Ganz allmählich wandelt sich das Bild, in den westlichen Bundesländern schon vor einiger Zeit, in den östlichen jetzt auch. Nun kann es einem vorkommen, daß man mit einer Unternehmerdelegation aus Brandenburg in weiter östlich gelegenen Staaten als ausnehmend gut gekleidet auffällt.

Die Kleidung ist natürlich nur ein kleiner Teil der Warenwelt, die einem Land durchaus einen äußerlichen Charakter geben kann, aus dem aber auch eine innere Einstellung und eine ästhetische Erziehung spricht. Mit zunehmender Industrialisierung, mit vermehrtem Reisen aller Schichten und mit dem starken Anstieg des Welthandels vor dem Ersten und nach dem Zweiten Weltkrieg, haben sich Moden, Ausstaffierungen und Ausstattungen des täglichen Lebens immer mehr angeglichen. Manche Menschen laufen unter uns herum, die ausschließlich amerikanische Herrenmode tragen, von der Boxershort bis zu den Pferdelederschuhen. Internet macht´s auch ohne Reisen möglich. Das ist übrigens als Phänomen nicht wirklich etwas neues, begüterte Schichten haben es schon sehr lange so gehalten. Spitzen aus Belgien, Tuche aus Norditalien, Tweed aus Schottland und die Weine aus Bordeaux, das ließ man sich auch früher schon gerne kommen. Der Unterschied ist der, daß diese Vielfalt und Durchmischung heute einer großen Masse von Menschen zugänglich ist und insofern zu einer größeren Angleichung beiträgt. „Nationale“ Eigenarten spielen eher keine Rolle, sondern die Frage, ob etwas gut ist oder nicht.

Eine Neuentdeckung eines ganzen Kosmos an Waren, sowohl typisch deutscher Herkunft, als auch typische Produkte anderer Herkunftsländer, ist einem Warenversand gelungen, der 1988 in Waltrop (Westfalen) von Thomas Hoof gegründet wurde, einem ehemaligen Geschäftsführer der Partei der Grünen in diesem Landstrich. Manufactum heißt dieser Versand, der inzwischen auch zu einer Warenhauskette geworden ist, mit Häusern in den besten Lagen der größten und an Wohlstandsbürgertum reichsten Städte Deutschlands (Hamburg, Düsseldorf, Stuttgart, München, Berlin, Köln, Frankfurt). Im zweiten vollen Geschäftsjahr nach der Gründung lag der Umsatz bei rd. 700.000 €, fünf Jahre später waren es schon 23 Mio €, 2007 soll Manufactum mit 360 Mitarbeitern schon fast 100 Mio € erwirtschaftet haben. Unter dem Motto „Es gibt sie noch die guten Dinge“ wurden anfangs hunderte und werden heute tausende Waren präsentiert, die es teilweise schon viele Jahrzehnte gibt, die ihren Praxistest bestanden haben, die in ihrer Art oft nicht mehr verbesserbar sind und die haltbar und meist schön sind, ohne irgendwelchen Designmoden zu gehorchen. Zwischenzeitlich ist ein weiterer Ansatz hinzugekommen: Es werden ganze Warenfamilien nicht nur wieder neu hergestellt (wenn die ursprüngliche Fabrikation eingestellt wurde, wie bei den Lichtschaltern aus Bakelit), sondern auch komplett neu ins Leben gerufen, teils mit alten, wiederbelebten Marken (wie bei der berühmten Chemnitzer Fahrradmarke „Wanderer“), teils unter neuem Namen oder eben als Manufactum Produkt (wie zum Beispiel viele der Bekleidungsstücke und Möbel). Daneben hat Manufactum auch weitere Geschäftsfelder aufgemacht, die zum Kerninhalt der beständigen Warenwelt passen: Neuauflagen seltener Bücher im „Manuscriptum“ Verlag wie „Mercks Warenlexikon“ von 1920, Schriften von Theodor Storm oder etwas altbacken wirkende, aber durchaus vernünftige Darreichungen wie „Die praktische Landfrau“, „Die Führung der bürgerlichen Küche“ oder „Heilkraft aus dem Klostergarten“. Der Verkauf von gut schmeckenden und (meist) ökologisch oder einfach traditionell hergestellten Nahrungsmitteln findet in „Brot & Butter“ Läden statt, der Bewahrung und Wiederverbreitung selten gewordener Blumen- und Nutzpflanzenzüchtungen kann man sich mit Hilfe des „Gartenkatalogs“ widmen.

Der Manufactum Hauptkatalog ist übrigens für viele Menschen inzwischen fast wie ein Warenlexikon geworden und wird wohl intensiver und vergnüglicher studiert, als die meisten anderen Versandhauskataloge der Welt. Die Texte sind außerordentlich gut geschrieben, der Lerneffekt bei vielen Warenbeschreibungen groß, da einem nicht nur die Vorteile des jeweiligen Produkts präsentiert werden, sondern auch die Grundlagen seiner Geschichte und Herstellung, seiner Pflege und, wenn nötig, auch seines Gebrauchs.

Daß dieses Versandhaus in Deutschland so erfolgreich werden konnte, hatte vor allem zwei Gründe: Zunächst gab es einen sehr großen Nachholbedarf an einer Wiederentdeckung traditioneller Waren. Ähnlich wie in der Architektur und im Städtebau hatte Deutschland nach dem Krieg fast alles Alte über Bord geworfen, denn alles, was vor 1945 war, konnte oder durfte nicht mehr gut sein. Wenn man also zur gleichen Zeit in England oder Frankreich ganz selbstverständlich alte Traditionen weiterführte und man vom Silbergeschirr über Mahagonirahmen bis hin zu leinener Bettwäsche weiterhin alles aus der „alten Welt“ bekam, mußte in beiden Deutschlands alles neu sein, in dem westlichen, weil man es ja so schnell und billig neu machen konnte, im östlichen, weil der neue Mensch in seiner Zweiraumwohnung die alten bürgerlichen Formen überwinden sollte (und man, nebenbei gesagt, in der Mangelwirtschaft in den allermeisten Fällen auch nicht mehr die materiellen Mittel besaß, das gute Alte wieder herzustellen). Der zweite Grund des Erfolges von Manufactum war, daß die Zeit (zumindest im westlichen Deutschland) reif geworden war für genau dieses Konzept, gab es doch eine allgemeine Ernüchterung über die bisweilen zweifelhaften Errungenschaften der Wegwerfgesellschaft (ich höre meinen Vater schon in den 1960er Jahren über den „Konsumterror“ schimpfen); andererseits hatte sich der Wohlstand so verbreitet, daß immer mehr Menschen bereit waren, für „gute Dinge“ mehr Geld auszugeben.

Ganz sicher ist Manufactum auch so erfolgreich geworden, weil es das beste aus sehr vielen Ländern dieser Welt zusammenträgt. Da gibt es keine Scheuklappen (und man wartet gespannt darauf, ob die Kundschafter alsbald auch in Rußland oder China „gute Dinge“ entdecken). Das kuriose dabei war, daß man sehr viele der Waren gerade aus deutschen Landen gar nicht (mehr) kannte und froh war, sie wieder anzutreffen. Ein Kerngebiet solcher manufakturell gearbeiteten Dinge ist nach wie vor das Gebietsdreieck Sauerland-Ruhrgebiet-Westfalen, vielleicht kein großes Wunder angesichts der industriellen Tradition dieser Gegend. In den 1990er Jahren bemühte man sich auch besonders, handwerklich oder industriell einwandfreie Dinge aus den neuen Bundesländern beizubringen und hat ihnen damit einen ganz normalen Platz neben allen anderen eingeräumt, ob nun den Werkzeugen aus Massachusetts oder den Füllfederhaltern aus Spanien. Das ist in beeindruckender Form geschehen und hat gezeigt, daß viele Gegenden Ostdeutschlands alte Traditionen bewahrt hatten oder wieder zum Leben erwecken konnten. Die Wanderer-Fahrräder wurden schon genannt. Andere Beispiele sind die Holzschnitzereien aus dem Erzgebirge, das Leinenbettzeug aus der Lausitz, Mühle und Nomos Uhren aus Glashütte, Stühle und Tische aus Rabenau oder Elfenbein-Archivkästen aus Berlin.

Auf den Manufactum Zug sind manche aufgesprungen, ähnliche Versandhäuser mit vergleichbaren Ansprüchen, vielfach auch den gleichen Waren, wie zum Beispiel Torquato oder Kleffels. Daran ist nichts auszusetzen, auch wenn letzteren ganz sicher der fundamentale Furor fehlt, den Manufactum – immer auch ein wenig weltverbesserisch - selbst heute noch an den Tag legt, wo der Gründer es längst an einen Großen (und ironischerweise: Intimfeind aller Manufactum Liebhaber) verkauft hat – den Otto-Versand.

Andere Kennzeichen einer Besinnung auf traditionelle Dinge und gute Waren findet man in einer ganzen Reihe von Publikationen, wie zum Beispiel dem Zweimonatsmagazin Country, das nicht nur schöne Landhäuser und Anwesen in Deutschland und anderswo zeigt, sondern auch ländliche Lebens- und Arbeitsweisen sowie bewährte handwerkliche Produkte, die einem großen (und sicher meist städtischem) Publikum vielfach nicht mehr bekannt sein mögen und deshalb fast wie ein Stück Heimatkunde daherkommen: Da wird einer der letzten deutsche Hersteller von handgemachten Holzschlitten vorgestellt (Firma Sirch/Allgäu), der letzte Böttcher in Sachsen, der Zuber, Bottiche und Bariquefässer aus Eiche, Buche oder Esche fertigt (Böttcherei Rolf Götze/Dresden), eine hundert Jahre alte Pantoffelmanufaktur in Berlin-Mitte (Jünemann´s Pantoffeleck), die Figurenmanufaktur Marolin (Steinach/Thüringen), die Krippenfiguren im „romantisch-religiösen" Nazarenerstil des frühen 19. Jahrhunderts aus einer Mischung von Papierflocken und Kleister formt, oder die Firma Poucher Faltboote aus Pouch in Sachsen-Anhalt, dem Gegenstück zum westdeutschen „Klepper" Boot. Andere klassische Waren aus deutschen Landen findet man auch heute wieder in Geschenke- oder Spielzeugläden auf der ganzen Welt: Beispielsweise die berühmten Holzfiguren aus Seiffen im sächsischen Erzgebirge, die dort seit den Tagen von vor über 250 Jahren hergestellt werden, als sich die Menschen nach dem Niedergang des Bergbaus eine andere Beschäftigung suchen mußten.

Zum Aufgebot der Warenwelt, die der Ästhetik und dem Qualitätsanspruch des „alten Deutschland" entsprechen, gehört auch eine Firma wie Eduard Meier in München. Herren aus der ganzen Republik schlägt das Herz höher, wenn Sie die im klassischen Stil eingerichteten Ladenräume gegenüber der Münchner Residenz betreten. Ich habe es erlebt, daß man gleich mehreren dieser Herren wiederbegegnet, wenn man im Bayerischen abends auf einem Fest eingeladen ist und am Nachmittag davor noch schnell die richtigen Manschettenknöpfe oder Smokingschuhe gekauft hat. Das tun nämlich andere Herren auch, was einem dann doch ein bißchen peinlich ist, denn nichts ist schlimmer als dabei erwischt zu werden, daß man nicht schon alles geerbt oder jedenfalls ganz selbstverständlich seit vielen Jahren gehabt hat. Der Edelschuh- und Bekleidungshersteller befindet sich seit über 500 Jahren im Besitz der gleichen Familie und war früher selbstredend „Königlich Bayerischer Hoflieferant“. „EM“, wie sich die Firma auch kurz nennt, ist eigentlich der einzige deutsche Laden, der einigermaßen mithalten kann mit den wahren und besten Herrenaustattern der Welt, Läden wie Holland & Holland oder Cordings in London. Beim Schuhwerk wäre da allenfalls noch Ludwig Reiter zu nennen, der ist allerdings schon wieder aus Wien, dafür stellt er inzwischen auch wunderbare rahmengenähte Schuhe für Frauen her, was es nicht einmal in England gibt.

Bei Eduard Meier ist die Mischung von italienischem Schick, englischer Qualität und deutscher Bodenständigkeit in dem, was den deutschen Ausstattungsanteil ausmacht, zugegebenermaßen fast vollständig dem „alpenländischen“ Stil verhaftet. Vielen gilt dieser Stil als „deutsch an sich“, also Lodenjanker, Gamsbartfilzhüte und Dirndl – obwohl er natürlich auch österreichisch ist. Der größere Teil Deutschlands hat damit aber bei Gott nichts zu tun, kann aber auch nichts Adäquates als eigenen, charakteristischen Stil dagegen aufbieten. Solch ein Gegenpart könnte eigentlich nur aus Nordostdeutschland kommen, denn nirgendwo ist man zugleich weiter weg vom bajuwarisch-katholischen Stil zwischen Oberammergau und der „Weltstadt mit Herz“ und doch auch zumindest potentiell ähnlicher durch eine tief verwurzelte, stolze Tradition des Ländlichen (Ostelbien) und der Überhöhung all dessen, was man ist, in der freien Luft der Großstadt (Berlin). Was wir in Nordostdeutschland brauchen, ist einen Ausstatter von Landmenschen wie die Marke „Filson“ aus Seattle: robuste, klassisch schöne Kleidung, die auf der Friedrichstraße genauso bestehen kann wie im Friedrichshain, auf dem Fläming genauso wie in Finsterwalde. Ob wir das eines Tages einmal von einem begnadeten Designer und beherzten Konfektionär bekommen, sei dahin gestellt.

Wenn Manufactum und Eduard Meier als Vertreter des guten alten Deutschland – bei aller Innovation, die auch sie betreiben –

doch ein wenig altbacken wirken, so kann man mit recht nach den Produkten des neuen Deutschland fragen, solchen, denen nicht der leichte Muff vergangener Tage anhaftet, ohne gleich wieder nur modisch zu wirken. Von Autos und Küchen war schon die Rede. Von Mode auch. Anderes modernes Design von Ewigkeitswert findet man vor allem in der Möbelindustrie: Kein „Corporate Headquarter" auf dieser Welt, wo nicht der „Barcelona" Ledersessel auf Chromgestell vom in Aachen geborenen und in die USA emigrierten Architekten Mies van der Rohe steht - heute meist in Lizenz von italienischen Produzenten hergestellt. Zeitgenössischeres Möbeldesign aus aller Welt kann man bei Vitra kaufen, das an sich aus der Schweiz stammt, seine Fabriken und Showrooms aber im badischen Weil hat, wo es mit höchstem Anspruch an Modernität auch die besten neuen Architekten der Welt beschäftigt und ein großartiges und viel besuchtes Ensemble von Gewerbebauten geschaffen hat. Andere führende Möbelhersteller sind weko Büromöbelfarbik Wessel aus Köln, Interlübke aus dem ostwestfälischen Rheda-Wiedenbrück, Kettnaker Möbel-Manufaktur aus dem schwäbischen Dürmentingen, Rolf Benz aus Nagold, ebenfalls im Schwabenland, Wilkhahn aus Bad Münder im Weserland oder USM Möbelsysteme aus dem badischen Bühl - wobei das Design all dieser Möbelwelten meist überaus gradlinig, nüchtern und schnörkellos ist, „cool" im wahrsten Sinne des Wortes, fast schon technoid. Holz, Glas, Metall und Leder sind die Materialien, in weiß, Grautönen, schwarz oder quietschig bunt, für Romantiker gibt es immer auch die naturfarbene Fraktion, mit dunklen oder stumpfen Tönen. Verchromte Tisch- und Stuhlbeine sind seit seligen Bauhauszeiten *de rigeur*, auch Furniere im 70er Jahre Stil gehören jetzt zum Standard, zumindest bei „Jugendtrendlinien", wie der „now3" von Hülsta aus Stadtlohn im Münsterland. Über tausend andere Unternehmen produzieren hierzulande Möbel, darunter auch solche Klassiker wie die Firma Reiss, 1882 im südbrandenburgischen Bad Liebenwerda gegründet, wohl nicht Erfinder des Reißbretts oder der Reißschiene, wie oft angenommen wird, aber zu DDR-Zeiten größter Hersteller

Europas dieser und anderer Zeichenanlagen und heute mit elegantem Design und intelligenten Lösungen wieder ein erfolgreicher mittelständischer Produzent von Büromöbeln. Hochqualitative Gartenmöbel aus Teakholz macht die Firma Garpa aus Escheburg bei Hamburg, Poolside-Möbel das Unternehmen Dedon aus Lüneburg. Was für Möbel gilt, stimmt auch für Lampen, wiederum zeigt das deutsche Design einerseits eine bestechende high tech-Eleganz, daneben technische Brillianz (Energiesparen!) und hohe Marktdurchdringung, zu finden zum Beispiel bei den Firmen Erco oder Semperlux oder bei dem Produzenten puristisch schöner Lichtschalter, der Firma Gira aus Radevormwald. Und dann findet man noch jede Menge Zulieferunternehmen der Möbelindustrie, die als typische Familienunternehmen „hidden champions" und damit oft auch Weltmarktführer sind, etwa den Möbelbeschlaghersteller Hettich im ostwestfälischen Kirchlengern: 5.800 Mitarbeiter in Deutschland und in weiteren sechs Werken in China, Brasilien, Rußland, Spanien, Tschechien und Amerika. Da nimmt es kein Wunder, daß sich die Exporte deutscher Möbelproduzenten in den letzten zehn Jahren verdoppelt haben und sie inzwischen einen größeren Weltmarktanteil haben als das klassische Land der Möbelindustrie, Italien - Qualität und schickes Design setzen sich eben durch. Wie hinreißend das alte und neue Deutschland auch im Wohndesign harmonieren können, zeigt übrigens ein kleines Unternehmen wie die Gräflich Münster´sche Manufaktur aus Berlin. Da gibt es Kinderzimmertapeten und Borte, die mit altertümlichen Pferde-, Hasen- oder Zwergenmotiven bedruckt sind, und doch hat das ganze etwas von „hypercool" an sich, wie die Franzosen sagen würden, weil es den richtigen Kontrapunkt zu den sonstigen Errungenschaften moderner Kinderwelten bietet, mit ihren Nintendos, Tamagochis und Gimmicks aller Art.

China wird wieder die „Fabrik der Welt" genannt. Das mag in vielem stimmen, wenn man an pure Masse und Zahl der bienenfleißigen Arbeitskräfte denkt. Deutschland wäre dann aber immer noch die Maschinenwerkstatt der Welt, in dem die besten Haushaltsgeräte, die besten Kraftfahrzeuge und die besten Werkzeugmaschinen hergestellt werden. Das deutsche Design ist dabei von einer nahezu uneinholbaren technischen Eleganz geprägt, in der Funktion, Präzision, Sachlichkeit und verhaltene Emotionalität eine gelungene Symbiose eingehen. So wie in vielen Produkten aus Deutschland Zulieferungen aus aller Welt stecken, so verleibt sich Deutschland als weltoffenes und neugieriges Land gerne auch die besten Dinge aus aller Herren Länder ein, englische Tweedjacken, italienische Schuhe, tschechisches Bier, amerikanische Süßspeisen, französische Ski, japanische Kameras, polnische Schmiedeteile oder dänische Windräder. Viele unserer Produkte sind nur noch „designed in Germany" und ansonsten zu erheblichen Teilen aus Zulieferungen aus aller Welt zusammengebaut. Aber in Zeiten des weltweiten Freihandels geht es allen anderen umgekehrt genauso - und so muß es auch sein. Gleichwohl gibt es eine spezifisch „deutsche" Warenwelt, an der wir und die Welt sich freuen kann, sie hat innere und äußere Werte, allerdings in einem viel sympathischeren Sinne, als ein enger materieller Patriotismus es wahrhaben könnte. Ein Engländer stellte mir einmal die Frage, was für ihn wohl *das* deutsche Produkt schlechthin sei, ja was im Grunde für Deutschland an sich stehe. Und hinter seinem Rücken hervor zog er ein kleines Fläschchen aus braunem Glas, wie man es noch in manchen Apotheken findet. Auf ihm befand sich ein altrosafarbenes Etikett, auf dem in geraden, schwarzen Lettern das Wort stand „**Franzbranntwein**".

Der Wald

Der „deutsche" Wald. Synonym für den angeblich dunklen und tiefen Charakter der Deutschen. Dabei sind es gerade die durch sein dichtes Blätterdach fallenden Sonnenstrahlen, sind es seine lieblichen Lichtungen und seine frischen, nach taubenetzter Feuchte und humusreicher Bedeckung riechenden Böden, welche die Menschen hierzulande erfreuen. Dunkel und tief ist da vielleicht einiges, aber auch viel Helles und Lebensspendendes. (Ich höre meine in England lebende Schwester sagen „auch schon wieder so ein typisch deutsches Wort, „lebensspendend", gäbe es in England nie!)

Es stimmt aber doch irgendwie: Die Deutschen haben ein besonderes Verhältnis zum Wald. Vielleicht liegt es einfach daran, daß es davon so viel gibt, in Deutschland. Im Verhältnis zur Gesamtfläche wohl mehr als in jedem anderen europäischen Land, nämlich etwa ein Drittel, mal abgesehen von Ländern wie Schweden und Finnland, die viel größer sind, bei einer vergleichsweise klitzekleinen Bevölkerung. Auf die Frage, was ihn an seinen wochenlangen Rundflügen per Hubschrauber über Deutschland am meisten überrascht hat, antwortete Adolf Winkelmann, der Regisseur des famosen 30minütigen Filmes der Bundesländer im deutschen EXPO 2000-Pavillion in Hannover, daß „überall so viel Wald ist!" Selbst im ehemals größten zusammenhängenden Industriegebiet der Welt, dem Ruhrgebiet, selbst in der größten Stadt zwischen Paris und Moskau, Berlin.

Mein Politologie-Professor an der Albert-Ludwig Universität in Freiburg, Rainer Hoffmann, lästerte voller Selbstironie immer wieder darüber, daß es undenkbar wäre, daß Franzosen zur Erholung im Wald spazieren gingen oder gar Wanderschaften anträten, das täten nur Deutsche. Er selbst kam bisweilen in dickem Norweger-Pullover, Kniebundhosen und abgeschnallten Langlaufskiern in seine Vorlesung, schloß dann die Augen und dozierte eindreiviertel Stunden über die chinesische Kulturrevolution („Maos Rebellen") und die schon damals, Ende der 1970er Jahre, erkennbare, und von ihm heftigst abgelehnte Wende des Reichs der Mitte zum Kapitalismus hin („..was passiert mit unseren Ressourcen, mit unserer Luft, wenn eine Milliarde Chinesen VW fahren!"). Für ihn war klar, daß deutsche Philosophen wie Martin Heidegger nicht denkbar wären, ohne ihre Hinwendung zur Natur, zum Wandern und zum Wald. Im Südschwarzwald bei Todtnauberg besaßen Heideggers Frau und er eine einfache Holzhütte, die erst 1931 einen Stromanschluß erhielt. In dieser idyllischen, wohlgeordneten Landschaft mit ihren lieblichen Tälern und bewaldeten Höhen schrieb er sein wichtigstes Werk, „Sein und Zeit". Ob es aber stimmt, daß deutsche Philosophie ohne Wald nicht denkbar sei, das mag dahingestellt bleiben. Heidegger selbst hielt das Leben und die Lebensumstände von Denkern für unerheblich, eine Vorlesung über Aristoteles begann er einmal mit den Worten „Aristoteles wurde geboren, arbeitete und starb. Wenden wir uns also seinem Denken zu."[31] Und andere deutsche Philosophen gibt es zuhauf, für die der Wald nun nichts besonderes an sich hatte, in den Logikgerüsten Kants ist wenig davon zu spüren, Hegel schwebte, wenn, dann über den Baumwipfeln, und Nietzsche war eher ein Freund der Tragödien und der Musik als der Föhren und Eichen.

Dennoch ist das Wandern durch Wald und Wiesen tatsächlich eine Lieblingsbeschäftigung der Deutschen, auch wenn sie – um auf das schöne Volkslied „Das Wandern ist des Müllers Lust" anzuspielen – weder alle Müller von Beruf sind, noch auf diesen Nachnamen hören. In Ländern wie Frankreich oder Italien dagegen eher eine Beschäftigung von Landstreichern, Wilderern oder Pilgersleuten. In diesen Ländern gibt es ja nicht einmal das in Deutschland (und den anderen deutschsprachigen Ländern Schweiz und Österreich) so perfekt ausgewiesene Wanderwegenetz. In Italien sieht man zwar auch Wege in Buschwerk und wilde Baumbestände, die dort für Wald durchgehen, führen, aber sie enden meist nach kurzer Zeit und dienen gerne als Müllabladeplatz. In England gibt es zwar Wanderwege, aber eigentlich keinen Wald, wenn man mal von Robin Hoods „Sherwood Forest" absieht.

Ganz anders in Deutschland: Wandern und Wald gehören hier zum Lebensstil sehr vieler, wahrscheinlich der Mehrheit der Menschen. Vielleicht kommt das aus eisgrauer Vorzeit: Die Germanen waren schon immer fleißige Auslöser von Völkerwanderungen. Im 19. Jahrhundert waren dann deren Nachfahren die zahlenmäßig stärkste Gruppe der Auswanderer in die Neue Welt, und heute die Reiseweltmeister. Das Wandern ist so beliebt, daß es sogar noch ein Gewerk gibt, das seine Gesellen nach ihrer Prüfung auf Wanderschaft schickt, zu Fuß oder als Tramper, ein Jahr lang, ohne Geld durch Deutschland: die Zimmerleute. Die zahme, zeitgenössische Variante von all dem ist der regelmäßige Exodus aus den Städten: Am Wochenende geht es mit Kind und Hund in die stadtnahen Erholungsgebiete, sei es in den Grunewald von Berlin, den Sachsenwald bei Hamburg, oder den Kottenforst bei Köln. In bergigen Gegenden, oder solchen, die nahe dran sind – also etwa in München, Dresden oder Freiburg -, sieht man dann sogar Heerscharen von gut gerüsteten jungen Paaren, Familien oder Rentnerclubs an den Bahnhöfen auf den Zug ins Grüne warten, an den Raststätten die letzten Wegzehrungen kaufen oder auf Mountainbikes den zu bezwingenden Höhen entgegen radeln. Bei älteren Herrschaften ist da oft noch die typische Kniebundhose aus grünem oder braunem Kord üblich, mit roten Kniestrümpfen und unförmigen, aber bequemen Wanderschuhen, genauso wie der leinene grüne Waldrucksack, der Filzhut mit allen möglichen Alpenabzeichen und, bisweilen, der knorrige Gehstock. Seit einigen Jahren werden diese schönen und bewährten Utensilien der Frischluftfraktion aber zunehmend ersetzt durch high-tech Ausstattungen, atmungsaktive Synthetikanoraks, pudelige Fliesjacken, titanleichte Nordic-Walking Stöcke und dreiteilige Cargo-Hosen, aus denen man durch Aufblasen auch Rettungsringe machen könnte. Alles in schreienden Farben. Mit dunklem, tiefem Wald ist da nicht mehr viel.

Gleichwohl: Frisch von „Globetrotter" ausgestattet, geht es dann also auf in die Natur, oder das, was man dafür hält. Denn bei all der Größe und Tiefe der Wälder gibt es in Deutschland im Grunde kein einziges Stück Forst, das nicht systematisch bewirtschaftet und auch bejagt wird. Die Natur ist fast überall eigentlich „Kultur", im ursprünglichen, lateinischen Sinn des Wortes „cultura", nämlich: Anbau, Pflege, Bearbeitung. Ausnahmen sind in gewissem Sinne nur die seit einigen Jahren vermehrt ausgewiesenen Naturschutzgebiete höchster Stufe, also Waldstücke, die sich selbst überlassen bleiben, um dort wieder eine Art Urwald entstehen zu lassen. Solche Gebiete gibt es im Innern von Nationalparks wie zum Beispiel dem Deutsch-Polnischen Nationalpark an der Unteren Oder, nördlich von Schwedt.

Deutsche Wälder sind aber in aller Regel durchzogen von Wirtschaftswegen, Rückeschneisen und Waldbrandschutzzonen. Revierförster kümmern sich um jeden Hektar Wald, Waldarbeiter pflanzen junge Bäume, durchforsten zu dicht gewordene Bestände und fällen die Bäume in einem über Jahrhunderte angelegten Rhythmus, je nachdem, wie alt die Bestände sind (Umtriebszeiten), wie hoch der Marktpreis für das Holz ist oder welche Unwetterschäden und welchen Schädlingsbefall es zu beseitigen gilt. Die Rohstoffgewinnung ist durchrationalisiert, die Preise bilden sich in einem globalisierten Wettbewerb und der Maschinenbau rund um die Holzverarbeitung ist hochentwickelt. Jedes Jahr wachsen in Deutschland über 120 Millionen Festmeter Holz nach (ein Festmeter entspricht einem Kubikmeter Holz), wogegen nur ca. 55 Millionen Festmeter „geerntet", sprich: geschlagen werden. Wenn nicht gerade Stürme oder Waldbrände allen Planungen einen Strich durch die Rechnung ziehen, wächst also deutlich mehr hölzerne Biomasse nach als verbraucht wird, wobei man keine ganz einfache Aufrechnung machen kann, denn Jungbäume legen zwar Masse zu, können aber noch lange nicht genutzt werden. Erntebäume sind im Schnitt zwischen 60 und 100 Jahre alt. Wir ernten heute also, was unsere Großväter angelegt haben. So langfristig muß der Forstwirt denken.

„Die" Forst, wie der Forstmann sagt, ist ein Wirtschaftszweig in Deutschland von einiger Bedeutung. Ganze Industrien hängen von ihm ab: Die Möbelindustrie, die Bauwirtschaft, die Zellulosefabriken, neuerdings auch wieder die Energiewirtschaft. Zur Forstwirtschaft gesellt sich die Landwirtschaft und beide zusammen bilden durch ihre Formung der deutschen Kulturlandschaft das Rückgrat von ländlichem Tourismus. Diese von Menschenhand geformte Kulturlandschaft ist wiederum durchsetzt von Ausflugslokalen in alten Forsthäusern und Mühlen, von Schlössern und Burgen, Dorfkirchen und Klöstern, Windmühlen und Ziegeleien, Fischteichen und Badeseen. Auf alten Kanälen werden Boote noch getreidelt, Schleusen und Schiffshebewerke bieten malerische Liegeplätze und technische Wunder.

Die Bundeswaldinventur von 2001/2002 ergab erstmals verläßliche Zahlen über den Waldbestand und seine Entwicklung im wiedervereinten Deutschland. Die Waldfläche in Deutschland beträgt demnach über elf Millionen Hektar (ein Hektar ist eine Fläche von 100 mal 100 Meter, ungefähr so groß wie ein Fußballplatz) und durch Aufforstungen und Naturverjüngung werden es jährlich 10.000 ha mehr. Knapp die Hälfte des Waldes befindet sich im Privatbesitz, auf die Bundesländer entfällt ein weiteres Drittel, den Rest teilen sich Kommunen, Kirche und der Bund. Anteilig zur Fläche hat das Bundesland Rheinland-Pfalz die größte Walddichte, nämlich 42 % (das sind vor allem die Regionen Eifel und Hunsrück), knapp danach kommen Hessen, Baden-Württemberg, Bayern und Brandenburg. Fichte und Kiefer machen mehr als die Hälfte des Baumbestandes aus, Buche und Eiche kommen zusammen auf rund ein Viertel. Der Anteil der Laubbaumarten hat in den vergangenen Jahren zu-, der der Nadelbäume abgenommen. Das ist nicht zuletzt Folge der spätestens seit den Diskussionen über das „Waldsterben" Ende der 1980er Jahre überall einsetzenden Hinwendung zu mehr Mischwald mittels Wiederaufforstungen und der Abkehr von den relativ schnell wachsenden Nadelholzmonokulturen und Kahlschlägen. Gleichwohl geht das Waldsterben weiter. 2008 zeigten immer noch rund ein Viertel aller Bäume deutliche „Kronverlichtungen“, wie es so schön heißt, Anzeichen, daß der Baum kränkelt. Die Buchen haben sich angepaßt und ein wenig erholt, doch die Eichen leiden weiter, rund die Hälfte zeigt deutliche Spuren, dazu kommen vermehrt Schäden durch Insektenbefall und neuer Streß durch die Folgen der Klimaerwärmung.[32]

Bei aller Zuwendung zum Wald bleiben besonders für viele Städter, selbst solchen, die viel im Wald spazieren oder wandern gehen, viele der Dinge, die im Wald passieren, dennoch ein Buch mit sieben Siegeln. Die Tiere des Waldes sehen diese Menschen meistens nicht, auch wenn sie die durch Wildschweine aufgebrochenen Böden oder den Sprung Rehe in der Ferne auf der Wiese durchaus kennen. Aber wer singend und trampelnd durch die Flure stapft, vor dem flieht das scheue Wild, selbst die wehrhaften Wildschweine bleiben dann lieber in ihren Einständen in den Dickungen stehen (beobachten aber genau, was vor sich geht). Die Zunft der Förster und Jäger sieht heutzutage deshalb eine höhere Verantwortung darin, besonders junge Menschen an den Wald heranzuführen. Es gibt kommentierte Waldspaziergänge, es werden Überlebenskurse im Wald angeboten und Schulklassen helfen bei Neuanpflanzungen. Die Fachwelt beklagt dennoch, daß es zunehmend an „Waldgesinnung“ fehle, also an einem mehr oder weniger schon in der Kindheit und Jugend aufgesogenen selbstverständlichen Umgang mit den Pflanzen und Tieren des Waldes, mit ihren Anforderungen und ihren Möglichkeiten. Wer heute noch mehr als fünf Baumarten benennen kann, geschweige denn deren Eigenschaften – auf welchen Böden sie zum Beispiel am besten wachsen, welche Früchte sie abgeben, und für welche Nutzungen sich ihr Holz am besten eignet – der gehört schon zur Minderheit. Erst recht darf das für die Kenntnis der Tiere des Waldes gelten.

Von dieser Regel gibt es Ausnahmen, recht ansehnliche Ausnahmen. Und damit sind nicht die vielen Pilzsammler gemeint, die zu früher Stunde im Herbst mit scharfen Obstmessern bewaffnet in die Wälder ausströmen, oft an nur ihnen bekannte und sorgsam gehütete „Geheimstellen", um nach einigen Stunden glücklich nach Hause zurückzukehren, die Weidenkörbe hoch gefüllt mit den herrlich duftenden Steinpilzen, mit Maronen, Stockschwämmchen oder Hainbuchenröhrlingen. Gemeint sind die Jäger, Förster, Hundeführer oder Falkner, denn die Jäger und die Jagd, das ist ein ganz eigenes Kapitel in Deutschland. Nur in wenigen Ländern der Welt – Österreich oder Tschechien und die Slowakei gehören noch dazu – gibt es eine so gründliche Ausbildung für die Jagd, wie die in Deutschland. Und dazu gehört umfassendes Wissen über die Wildökologie. Das „grüne Abitur" nennt man die Jägerprüfung, die einjeder vorweisen muß, der in Deutschland jagen will. Übrigens sind das auch immer mehr Frauen, Jagen ist schon längst keine männliche Domäne mehr. 2009 gab es rd. 351.000 registrierte Jagdscheininhaber in Deutschland, ein Anstieg gegenüber 1990 um 49.000 und mehr als je zuvor. Das sind mehr Waffenträger als die Bundeswehr Soldaten hat. Das klingt viel. Gegen die jagdverrückten Länder, in denen es keine so strenge Prüfung wie in Deutschland gibt, sind wir gleichwohl Milchbubis. In Frankreich gab es 2008 über 1,3 Millionen Jäger, in Spanien 980.000, in Großbritannien 800.000 und in Italien 750.000.[33] Dazu muß man allerdings wissen, daß es in diesen Ländern auf Grund großer, offener Flächen viel mehr Niederwildjagden (also auf Fasanen, Rebhühner, Feldhasen, Wildkaninchen, Rehe usw.) gibt, an denen sich in der Regel mehr Schützen beteiligen können als an den in Deutschland üblichen Hochwildjagden auf Rotwild, Damwild oder Schwarzwild. Die Hochwildjagd ist zudem viel aufwendiger und wird deshalb von weniger Menschen ernsthaft betrieben. Auch Ausländer, die in Deutschland jagen wollen, müssen die Jagdprüfung ablegen; nur in großen Ausnahmefällen – etwa bei Staatsjagden – wird ausländischen Gästen ein Tagesjagdschein ausgestellt, aber nur, wenn sie erhebliche Praxis in ihrem Heimatland glaubhaft machen können und eine kurzzeitige Jagdhaftpflichtversicherung abschließen. Alles muß schließlich seine Ordnung haben.

Wie mühsam es ist, selbst aus Anlaß einer Staatsjagd einem ausländischen Gast eine Jagderlaubnis in Deutschland zu besorgen, das habe ich selbst einmal mit einem Amerikaner erlebt. Dieser Mann aus Florida, den die Landesregierung hofieren wollte, um ihn zu einer Investition im Land zu bewegen, war zwar ein erfahrener Jäger, aber das reichte für die deutschen Behörden noch lange nicht. Es bedurfte beglaubigter Übersetzungen, vieler Seiten eines Antrags und persönliche Fürsprache des obersten Jägers im Ministerium bis der Mann durch die „Untere Jagdbehörde" einen temporären Jagdschein ausgestellt bekam. Man stellte ihm, der über Jahrzehnte überall auf der Welt gejagt hatte, sogar einen ausgewachsenen, des Englischen mächtigen Forstbeamten an die Seite, damit ja nichts schiefginge und alles nach deutschem Jagdrecht und Brauchtum abliefe. Am Abend vor der Jagd ging es dann in ein Wirtshaus auf dem Lande, wo sich die verdienten Oberförster, Landesjagdmeister und Honoratioren trafen, die zu solch einer Jagd üblicherweise eingeladen werden. Die verdutzt hochgezogenen Brauen, das ahnungsvoll amüsierte Schmunzeln und das leicht erregte Gehüstel mitzubekommen, das entstand, als unser Amerikaner in diese abendliche Runde mit seiner bulgarischen Geliebten, einer vollbusigen Blondine, hineinplatzte, die ich in seinem Schlepptau ebenfalls vom Flughafen abgeholt hatte, das allein war schon den Aufwand Wert gewesen. Man ließ sich nicht weiter etwas anmerken, spähte vielleicht nur ab und zu hinüber und dachte sich das seine, als der Gast sich dann, nachdem er das vorgeschrieben Brimborium der jagdlichen Unterweisungen und der Jagdhornbläserei etwas unverwandt über sich hatte ergehen lassen, nebst Begleitung frühzeitig auf sein Hotelzimmer zurückzog, um nur ja die Zeit für das wesentliche zu nutzen. Keiner fand was dabei. Aus einer gewiß nachvollziehbaren Dankbarkeit schenkte der Amerikaner einigen Auserwählten nach der Jagd (auf der er nicht zum jagdlichen Schuß gekommen war und deswegen wohl am Ende auch nicht investierte) ein Buch über „Great Hunting Homes" in den Vereinigten Staaten, die Nummer neun in einer Reihe von Bänden, in der auch sein Heim abgebildet war:

Eine großzügige Ranch, in der einige Räume der Größe von Turnhallen über und über bevölkert waren mit ausgestopften Elchen, Zebras, Gnus, Tigern, Panthern, Hirschen, Auerhähnen und anderen Tieren und Trophäen aus allen Kontinenten, drapiert in Landschaften wie große Dioramen, selbst Eisberge und Wüstenszenen waren nachgestaltet. Hatte er alle selbst erlegt, diese Tiere, und seines war eher ein kleineres der „Great Hunting Homes". Man kann versichern, daß es ähnliches in Deutschland, ja wohl in ganz Europa nicht gibt. Mir war als kleiner Junge zwar immer ganz unheimlich zumute geworden, wenn ich in der Eingangshalle zum Treppenhaus des Hauses meines Großvaters an ausgestopften und auf Holzbrettern montierten mächtigen Köpfen reifer Keiler, mit dunklen und zugleich starren Glasaugen, vorbeilaufen mußte. Aber das waren nur zwei Präparate, nicht ganze Zoologische Gärten.

Die Jagd hat also ihre strenge Ordnung in Deutschland, ganz klar, und diese Ordnung bedeutet auch, daß die Jagd mit einem sehr alten, man kann ruhig sagen, „überkommenem" Brauchtum und mit einer eigenen Sprache verbunden ist, die den meisten Nichtjägern merkwürdig altmodisch und vielleicht auch ein bißchen lächerlich vorkommen mag. In der Jägerausbildung wird man sogar angehalten, mit Nichtjägern möglichst nicht im Jargon zu reden, um nicht abstoßend zu wirken. Da spricht man dann also aus Rücksicht vor den Laien von „Hirschen" statt vom „Damhirsch vom dritten Kopf", man spricht vom „Trupp" statt von einer „Rotte" Wildschweine oder von „Ebern" statt von „reifen Keilern", und ein totes Wild wird „aufgeschnitten" statt „aufgebrochen".

Die Jäger unter sich pflegen aber diese Fachsprache und finden es ganz selbstverständlich, daß sie, altem Brauchtum folgend, dem toten Tier auf dem „Streckenplatz" noch einen „letzten Biss in den Äser" legen, also einen kleinen Zweig (nur Nadelholz!) in den Mund schieben. Der „Streckenplatz" ist die Stelle im Wald oder am Forsthaus, an der man das geschossene Wild nach einer Jagd noch einmal – auf ausgelegten Tannenzweigen - ablegt und wo man mit einigen weiteren Ritualen die Jagd abschließt. Neben den verschiedenen Formen der Jagd an sich, ist dies vielleicht das Schauspiel, das am meisten seinesgleichen sucht: Da nehmen nach einer Drückjagd die Schützen auf der einen, die Treiber mit ihren Hunden auf der anderen, die Waldhornbläser auf der dritten und der Jagdherr oder die Jagdherrin und sein (oder ihr) Revierförster auf der vierten Seite Aufstellung, es werden große Holzstämme zu allen Seiten des Vierecks angezündet, was für Wärme und stimmungsvolles Licht in der Abenddämmerung sorgt, und jede Wildart bekommt ein kleines Lied geblasen, wobei das der Größe und Wertigkeit nach geht, Rotwild zuerst, dann Damwild, Schwarzwild, Rehe usw. Die Schützen werden der Reihe nach aufgerufen, die erfolgreichsten zuerst (wobei der Abschuß eines Stückes Rotwild zum Beispiel mehr gilt als der einer Wildsau – männlich immer vor weiblich) und es wird ihnen ein kleiner Nadelholzzweig auf den ausgestreckten Hut gelegt, den man dann – als Zeichen des Jagdglücks - auf der rechten Seite des Hutes hinter die Hutschnur klemmt. Zum Schluß ziehen zum „Halali“ (was von dem französischen Ausdruck „Ah, da liegt es“ kommen soll) alle Jäger ihre Hüte und gedenken noch einmal der schönen Kreatur, der schönen Natur, dem schönen Jagdtag und freuen sich auf das „Schüsseltreiben“, also auf das Saufgelage danach.

Dieses hier nur angedeutete Brimborium ist natürlich nur eine Seite der Jägerei. Viel wichtiger ist, daß sie für eine recht große Menge von Menschen in Deutschland einer der wichtigsten Zeitvertreibe ist, ob im Hauptberuf, als Steckenpferd oder als Mitwirkender im weiteren Sinne. Im Jagdjahr 2008/09 wurden in Deutschland über 780.000 Stück „Hochwild“ geschossen, darunter 646.790 Wildschweine (fast eine Verdreifachung gegenüber 2006/07!) und 67.246 Stück Rotwild. Dazu noch einmal über 1,1 Million Stück Rehwild (das zum „Niederwild“ zählt). Wenn man Wildtauben, Füchse, Feldhasen und -kaninchen, Wildenten, Fasanen, kleines Raubwild und anderes dazu zählt, kommt man auf etwa 4,7 Millionen Abschüsse im Jagdjahr. Für jeden Jäger statistisch im Schnitt etwa zwölf Abschüsse, beim Hochwild aber nur etwa zwei pro Jäger. Eigentlich nicht viel, aber auch nicht verwunderlich, denn selbst unter den aktiven Grünröcken ist nicht jede Pirsch, jedes Ansitzen und jede Treibjagd von Erfolg gekrönt. Wenn man die vielen Stunden der Hege und Pflege des Wildbestandes und der jagdlichen Einrichtungen dazu zählt, vom Ausbilden der Hunde gar nicht zu reden, so kommt man auf erhebliche Zeiten, die die Jäger im und mit dem Wald verbringen. Wer das ganze als großes Gemetzel ansieht, dem sei gesagt, daß auf der anderen Seite im Jagdjahr 2007/2008 bundesweit an die 230.000 Wildunfälle durch Autos und Lkw verursacht wurden, und dazu gibt es sehr wahrscheinlich noch eine hohe Dunkelziffer, da nicht jeder Unfall gemeldet wird. Der Deutsche Jagd-Verband stellt fest: „Durchschnittlich wird in Deutschland jedes fünfte Reh (18 %), das in der Jagdstatistik erscheint, auf der Straße `erlegt´."[34] Und die angefahrenen Tiere sterben meist alles andere als einen waidmännischen Tod, nämlich elend und langsam, während das Ziel jedes Jägers ist, ein Tier schon „im Schuß" zu strecken, also einen sofortigen Tod herbeizuführen. Wird ein Wild nur angeschossen und kann es fliehen, wird alsbald eine Nachsuche mit Hunden arrangiert, so daß man das Stück finden und sein Leiden verkürzen kann.

Auf dem Lande gehört die Jägerei für viele Menschen einfach dazu, noch mehr vielleicht als die Forstwirtschaft, denn diese ist Arbeit im eigentlichen Sinne, während die Jagd für die meisten eine Freizeitbeschäftigung ist. Sie ist zwar hochreglementiert, aber wie das bei Brauchtum und Ritualen oft so ist: Die Regeln haben ihren tieferen Sinn und entsprechen einem über Jahrhunderte entstandenem Umgang mit Natur und Kreatur. Die Jagd hat sich sogar tief in die deutsche Alltagssprache festgesetzt. Der Ausdruck „durch die Lappen gehen" beispielsweise stammt daher, daß man in feudalen Zeiten große Lappen im Wald aufspannte, um das Wild in genau der Richtung zu treiben, wo die adligen Herren mit ihren Büchsen standen; wenn dann ein Stück Wild nicht darauf reinfiel, ging es tatsächlich „durch die Lappen". Der Ausdruck „den Bock zum Gärtner" machen, spielt auf das

Äsungsverhalten der Rehe an, die „Feinverkoster" sind, also am liebsten die feinsten Stücke von Kultur- und Nutzpflanzen essen und meint natürlich, daß man dann genau den Falschen zu seinem Gärtner gemacht hat. Und wem das Jägerlatein der Menschen des Waldes nicht genug ist, der geht zur „Deutschen Meisterschaft der Hirschrufer" auf der jährlichen Messe „Jagd und Hund" in Dortmund.

Die deutsche Forstwirtschaft hält zurecht viel auf sich, hat sie doch schon seit Jahrhunderten das seit Ende der 1970er Jahre weltweit in Mode gekommene Thema „Nachhaltigkeit" ganz von alleine und ohne öko-fundamentalistischen Anspruch beherzigt. Wer Bäume pflanzt, die erst in 60, 80 oder gar 100 Jahren geschlagen und zu Geld gemacht werden, der denkt ganz automatisch „nachhaltig", über seine eigene Lebenszeit hinweg. Seinen eigenen Gewinn aus dem Wald holt er, weil Generationen vor ihm den Wald für die nächsten Generationen gepflegt haben. Selbst wenn es eine Zeit gab, in der Kahlschläge ganzer Reviere bevorzugt wurden, selbst wenn große, schnell wachsende Monokulturen gepflanzt wurden und selbst wenn man heute mit hochmodernen Erntemaschinen relativ rücksichtslos Schneise um Schneise junger Wälder ausdünnt, so hat es in Deutschland doch nie eine wirkliche Abkehr von diesem nachhaltigem Denken im Wald gegeben. Monokulturen werden seit einigen Jahren bewußt wieder zurückgedrängt, da man festgestellt hat, daß sie eine höhere Anfälligkeit für Sturmschäden oder Schädlingsbefall und auch Waldbrand haben als Mischwälder. Ganz moderne Forstwirte - wie die Hatzfeld-Wildenbruch´sche Forst im brandenburgischen Revier Massow südlich von Teupitz - fangen heute sogar schon damit an, nach gründlicher Durchforstung von Beständen nur noch auf Naturverjüngung zu setzen, ohne Einzäunung, was allerdings nur geht, wenn man einige Jahre auf scharfe Bejagung setzt, bis die Jungbäume Höhen und Stärken erreichen, daß sie durch das Wild nicht mehr abgefressen (in der Fachsprache heißt es „geschält") werden können. Andere – wie zum Beispiel das Gut Hohenhaus im Thüringer Wald nahe Erfurt – setzen auf die uralte Methode des Holzrückens mit Pferden, das viel schonender für den Waldboden ist als der Einsatz von Erntemaschinen.[35] Bei dieser Methode des Holzrückens mit Pferden werden immer nur einzelne, umtriebsreife Bäume gefällt, geastet und dann von kräftigen Kaltblütern auf Rückegassen aus den Beständen gezogen. Daß das meist langsamer geht und daher teurer ist als der Maschineneinsatz, lohnt es sich nur in besonders unwegsamem Gelände, bei einem Baumbestand, der pro Stamm viel einbringt, oder wo man dem Schutz der Bodenvegetation einen eigenen Wert einräumt.

So richtig bedrohlich finden Förster und Jäger – neben dem Nutzungsdruck auf den Wäldern, der durch immer mehr Spaziergänger, Geländeradler und Reiter an vielen Orten entsteht – heute eigentlich nur noch grüne Ideologen. Denen scheint jede Bewirtschaftung des Waldes ein Dorn im Auge zu sein, auch wenn zum Beispiel neueste Forschungen nachweisen, daß eine Bewirtschaftung des Waldes weniger CO_2 produziert, wenn der Wald, sich selbst überlassen, in seinen Altbeständen langsam vor sich hin rottet und in den entstehenden Fäulnisprozessen das gespeicherte CO_2 in die Umwelt abgibt.[36] Solche Zusammenhänge hören grüne Ideologen ungern.

Und so wird auch die Jagd aus vermeintlichen Tierschutzgründen immer mehr reglementiert und beschränkt, womit manches Mal das Gegenteil dessen erreicht wird, was man beabsichtigt hat. Da darf es bald keinen Aufbruch im Wald mehr geben, also das umgangssprachliche „Ausweiden“ genannte Zurücklassen der Eingeweide erlegter Tiere im Wald, denn diese könnten ja Teile des Projektils beinhalten, an denen sich der Fuchs, der solche Aufbrüche immer schon gerne gefressen hat, verschlucken mag. Oder es dürfen keine Schrotpatronen mit Bleikugeln mehr verschossen werden, da herunterfallendes Blei ebenfalls die Nahrungskette stören oder das Grundwasser verunreinigen könnte. Folge ist u.a., daß mehr angeschossenes Feder- oder Raubwild leidend verendet, da die kinetische Energie anderer, als Ersatz für den Bleischrot verwendeter Metalle oft nicht ausreicht, die Tiere sofort, per Nervenschock, zu töten.

Solche und andere Geschichten hört man immer wieder, wenn man mit den Leuten des Waldes Umgang hat; aber klar ist, daß die Menschen auf dem Lande sich von solchen gesellschaftlichen Trends nicht frei machen können. Diese Trends werden stark bedauert und oft für lächerlich erklärt, aber die Meinungsmacher in den Medien und in der Politik sind stärker. Vor 15 Jahren wäre es zum Beispiel noch undenkbar gewesen, daß wir wie die Amerikaner, in schreiend rot-orangenen Farben durch den Wald laufen, heutzutage sind Signalfarben an der Jägerkleidung Pflicht. Wenn bei solchen Veränderungen manche liebgewordene Unsitte vieler Grünröcke baden geht, dann mag das ja nicht einmal sein schlechtes haben. So sollte zum Beispiel auch die sogenannte „Kirrung" stark eingeschränkt oder gar verboten werden. Kirrung ist eine künstliche Form der Fütterung, bei der das Wild einerseits „gemästet" (und nicht nur immer über harte Winter gebracht) wird, andererseits an bestimmte Stellen im Wald gelockt wird, damit man es besser beobachten und am Ende auch schießen kann. Die Auswüchse davon sind, daß jedes Jahr die Menge ganzer Güterzüge von Mais in den deutschen Wald gekippt wird, der Lieblingsnahrung von Wildschweinen. Damit hat man sich die Überbevölkerung an Schwarzwild ein wenig selbst herangemästet, die sich heutzutage selbst Städtern immer bemerkbarer macht. In nicht wenigen Einfamilienhaus-Vororten Deutschlands fallen die Rotten des Nachts in die Gärten ein, durchwühlen Rasen und Beete, trampeln Zäune und Rabatten nieder und stören die Nachtruhe mit ihrem Gegrunze. Und Wildschweine sind schlau: Sie wissen durch Erfahrungslernen, daß man sie innerorts kaum bejagen darf. Das darf nur per Ausnahmegenehmigung und vom Revierförster geschehen und deshalb geschieht es eigentlich nicht.

So rücken der Wald und seine Tiere in gewisser Weise immer näher an den Menschen heran. Der Mensch nutzt den Wald wieder mehr, ob als Jogger, Wanderer und Mountainbiker oder als Pilze- und Beerensammler, neuerdings auch wieder als Holzsammler, der in Zeiten hoher Erdöl- und Gaspreise seine brandneue Holzhackschnitzelheizung oder seinen Designer-Holzofen mit Restholz beschicken will. Auf der anderen Seite gewöhnen sich die Tiere zunehmend an die Zivilisation und holen sich sogar einen Teil davon als eigenen Jagd- und Lebensraum zurück, sei es als bremsschlauchverzehrender Marder, blumenzwiebelliebende Wildsau oder kaninchenversessener Fuchs.

Zum Leben mit und nahe dem Wald gehören neben der Forstarbeit und der Jägerei auch eine ganz Reihe anderer, typisch ländlicher Sitten und Gebräuche, die im ganzen genommen doch einem ziemlich anderen Lebensstil angehören, als dem der Städter - wenn man auch zugeben muß, daß das Dorfleben in weiten Teilen schon Verstädterungstendenzen zeigt (Bundesstraßen, Eigenheimsiedlungen, Supermärkte, Internet, Satellitenschüsseln, Fernreisen). Dennoch: Es gibt sie noch, die ländlichen Feste, wie die gute alte Kirmes, das Erntedankfest oder auch ein so stolzes Schauspiel wie das der Osterreiter bei den Lausitzer Sorben. In Oberbayern und anderen, tief katholischen Gegenden pflanzt man in den Dörfern immer noch den Maibaum und feiert die Heiligentage noch mit Prozessionen entlang der alten Kreuzwege, die mit kleinen Altären oder Kreuzen die zwölf Leidensstationen Jesus Christus auf seinem Weg zur Kreuzigung auf dem Berg Golgatha nachahmen. Springreiterfeste, Reiterjagden mit Hundemeuten zum St. Hubertustag, Kirchweih oder Kehrfest kommen hinzu, alles Rituale, bei denen sich die meisten Bewohner der großen Städte wie auf dem Mond vorkämen, wenn sie sie jemals erleben würden. Doch es gibt ja auch den gegenseitigen Austausch, nicht nur in Form der Wochenmärkte in den Städten, sondern umgekehrt auch mit dem Zug vieler Städter aufs Land. Sei es in ihren Wochenendhäusern, sei es in Ausflügen und Kurzurlauben, sei es im Umzug ganz aufs Land.

Da wo die Zivilisation der Städter in die Kultur des Ländlichen immer schon schleichend überging, da wo man trotz aller Wohlerzogenheit doch auch immer wieder die einfachen Riten oder den romantischen Zugriff in die Natur auslebte, da haben wir die großen Schloßparks der zahlreichen ehemaligen deutschen Fürstentümer. Herausragend ist das preußische Arkadien in und um

Potsdam, ganz wundervoll sind aber auch die kleineren, kaum minder bedeutsamen Parks und Schlösser in Wörlitz, Dresden-Pillnitz, Schwetzingen, Nordkirchen, Ludwigsburg, Würzburg, München-Nymphenburg, Bückeburg, Schleißheim, Donaueschingen, Kassel-Wilhelmshöhe und zahlreicher anderer Orte. Bestimmte Landstriche in Deutschland sind so voll von alten Burgen, Schlössern und Herrenhäusern, daß man sich wundert, wie ein solcher kultureller Reichtum von der Subsistenzwirtschaft früherer Zeiten nur getragen werden konnte. Das Münsterland mit seinen zahlreichen Wasserburgen, Ostholstein, das Weserbergland, Unterfranken entlang des Mains oder der Kreis Meißen in der Umgebung von Dresden sind solche Gegenden.[37]

Das auch sonst wahrscheinlich schönste Bundesland Deutschlands, Mecklenburg-Vorpommern, hält trotz Nachkriegszerstörungen und Nachwendeverwahrlosungen mit über tausend immer noch bestehenden Gutshäusern, Herrenhäusern und Schlössern wohl den Rekord. Praktisch in jedem zweiten Dorf sieht man schon von einiger Entfernung einen alten, hohen Baumbestand in der Mitte der Gemarkung und kann sich fast sicher sein, daß sich hier ein alter Schloßpark mit mindestens 150-300 Jahre altem Gehölz befindet. Und eben auch das alte Gutshaus oder Schloß, mindestens aber dessen stattliche Stallungen oder hübsche, wenn auch kleine Landarbeiterhäuser. Bisweilen erlebt man da sogar noch das Idealbild einer patriarchalisch angeordneten Ansiedlung (was keine Idealisierung dieses Lebensstils bedeuten soll, die Zeiten sind eh vorbei!): Das Schloß auf einer kleinen Anhöhe, davor eine alte Eichen- oder Kastanienallee, links und rechts davon die Häuser des Gesindes und der Verwaltung, zurückgesetzt die großen Höfe mit den Scheunen und Wirtschaftsgebäuden, dann ein Dorfteich, an dessen anderem Ende die Feldsteinkirche fast wehrhaft trutzt (bei wohlhabenderen Patrimonialherren war sie verputzt und barock überformt), auf der Rückseite des Schlosses dann der Park mit Endlosvedute in die weite Landschaft hinaus. Beinahe erinnern einen solche Dörfer an die Townships der Pioniere in den amerikanischen Kolonien, mit dem entscheidenden

Unterschied, daß dort statt des Schlosses eine „Town Hall" stand und quer zum Dorfplatz in jedem Fall noch ein Schulgebäude und ein Gericht erbaut wurde.

Nach der Wiedervereinigung 1990 setzte ein kleiner, aber nicht wirkungsloser Treck vom Westen in den Osten ein, wo sich junge Familien oder auch ältere Herrschaften ihre ererbten oder ehemaligen Güter wieder aneigneten oder das, was davon übrig geblieben war und was sich der bundesdeutsche Staat nach der zweiten Enteignung (die erste geschah durch die Kommunisten, die zweite durch die Christdemokraten Kohl und de Maizière) einverleibte oder den rechtmäßigen Eigentümern gegen gutes Geld wieder überließ. Um wieder zu erwerben, was ihnen eigentlich Jahrhunderte gehört hatte, verschuldeten sie sich, sattelten um von Anwalt auf Landwirt und bauten in jahrelanger harter Arbeit mit der Hilfe vieler lokaler Handwerker und Denkmalschützer die Herrenhäuser und Schlösser wieder auf, öffneten die Parks der Allgemeinheit und brachten Leben und Optimismus in die verlassenen Gegenden. Und die Marwitz´, Arnims, Maltzahns, Solms, Finckensteins, Jordans oder Carlowitz´, sie brachten nicht nur Leben und Arbeit, sie brachten auch Kultur. In ihren wiedererstandenen Mauern fanden fortan Musikfestspiele statt, es durften Hochzeiten gefeiert werden und Kunsthandwerker wurden beauftragt, alte Skulpturen zu restaurieren oder neue in die Parks zu stellen. Im wieder privatisierten Wald durften nun nicht mehr nur Genossen jagen, sondern ein bunter Haufen von Jagdgästen von fern und nah. In viele der größeren, von einer Familie kaum noch zu haltenden Häuser nisteten sich „Investoren" oder Enthusiasten ein, die Schloßhotels daraus machten oder auch private Museen und Stätten der Kultur. Man sehe sich nur Schloß Neuhardenberg nahe des Oderbruchs an, das die Ostdeutsche Sparkassenstiftung wieder zu einem Juwel des Kulturlebens unweit der Hauptstadt gemacht hat, oder Schloß Hubertushöhe bei Storkow, das zu einem der nobelsten Hotels weit und breit umfunktioniert wurde. Auch auf diese Weise konnten viele dieser Dreh- und Angelpunkte der dörflichen Kultur und Wirtschaft wieder hergerichtet werden, nachdem sie zu DDR-Zeiten wenigstens notdürftig erhalten worden waren, indem dort Flüchtlingslager, Kliniken oder Landheime einzogen und die Mauern trocken hielten. Die Ergebnisse des Wiederaufbaus nach 1990 sind nicht immer ganz stilrein, aber meist doch sehr schön, so daß die Tourismusmarketing-Einrichtungen dieser Länder damit Werbung machen können. Für allzu viele der Häuser ist es aber fast zu spät, sie rotten vor sich hin, das Geld fehlt, die Alteigentümer kamen nicht oder wurden wieder rausgeekelt, Ideen fehlten und Engagement.

Im Westen hat man kaum eine Vorstellung davon, was dieser Treck bedeutet, welche Pionierleistungen körperlich, aber auch seelisch hier geleistet wurden. Die alte Lebensweise der Landjunker wieder zu errichten war keineswegs das Ziel, dafür haben sich Technik, Lebensstil, Bewirtschaftungsformen und Ertragsaussichten viel zu sehr geändert. Aber alte Wurzeln auf dem Lande wiederzugewinnen, auch das Leben mit der Natur, mit dem Wald, mit der Jagd, das waren und sind Hauptmotive. Im Westen gab es den brutalen Bruch nach 1945 nicht, es gab ihn schleichend in Form der Rationalisierung der Land- und Forstwirtschaft und der Verstädterung des Dorflebens bis hin zum Wegzug einer besser ausgebildeten Jugend. Aber an vielen Orten sind die alten Traditionen, die alten Häuser und der Landbesitz geblieben. Die Bentheims-Tecklenburgs in Rheda-Wiedenbrück, die Oldenburgs in Oldenburg, die Thurn und Taxis in Regensburg, die Fürstenbergs in Donaueschingen, die Schaumburg-Lippes in Bückeburg, die Sayn-Wittgenstein-Sayns in Bendorf, oder die Castell-Castells in Castell, sie residieren nach wie vor in ihren riesigen Schlössern und Burgen und sind Herren über Tausende von Hektar Wald, Äcker oder Weinberge. Ihre Anwesen sind der ganz natürliche Mittelpunkt der ländlichen Wirtschaft und oftmals auch des dörflichen, kulturellen und touristischen Lebens. Da identifiziert man sich sogar noch mit dem „Fürsten“ und der „Fürstin“, nicht nur, weil sie Arbeitgeber sind, sondern auch weil sie meist große Lokalpatrioten verkörpern und Glanz in die Umgebung bringen.

Kaum eine andere Zeitschrift in Deutschland informiert so

sinnenfroh und anschaulich über dieses ländliche Leben wie das in Hamburg erscheinende Magazin Country. Hier werden zum Beispiel die schönsten Museumsdörfer Deutschlands vorgestellt wie das Schwarzwälder Freilichtmuseum Vogtsbauernhof in Gutach, das Hohenloher Freilandmuseum bei Schwäbisch Hall, das Museumsdorf Cloppenburg, das Sächsische Agrar- und Freilichtmuseum Schloß Blankenhein oder das Fränkische Freilandmuseum in Bad Windsheim. Auch Betreiber wunderschöner Landhotels werden präsentiert wie das Ehepaar Clausen in ihrem Hotel zur Bleiche in Burg/Spreewald oder Alla und Helmuth von Maltzahn, die das in Mecklenburg-Vorpommern gelegene Schloß Ulrichshausen nach der friedlichen Revolution wieder instand gesetzt haben und seitdem erfolgreich als Hotel und Kulturstätte betreiben. Es gibt Artikel über Leute wie Andrea Kutsch, die eine Pferdeakademie im ostbrandenburgischen Bad Saarow aufgebaut hat, der ersten Ausbildungsstätte für Pferdewirte und Trainer in Deutschland, die nach den Prinzipien des amerikanischen „Pferdeflüsterers" Monty Roberts im gewaltlosen Umgang mit Pferden ausbildet. Oder Züchter von Staudenpflanzen wie Aglaja von Rumohr in Sulzburg-Laufen und Jens Claußnitzer in Rüdingsdorf bei Luckau. Oder Uli Engel, eine Wiederentdeckerin und Restauratorin der Umgebindehäuser, von denen es in der sächsischen Oberlausitz noch an die 6.500 gibt (und in den angrenzenden Gegenden Tschechiens und Polens sogar noch mehr). Terminhinweise gibt es auf Frühlingsmärkte, Rosenfeste, ländliche Reitturniere, Gartenausstellungen, Handwerkertage, Gutshoffeste, Wanderwochen, Erntedankfeste, Winterbazare oder Angel- und Jagdausstellungen. Sogar ein „Fest der vergessenen Obst- und Gemüsesorten" gibt es, allerdings bei unseren Nachbarn, im französischen Saint Jean de Beauregard.

Wenn man erst einmal eintaucht in die ländliche Welt, erschließt sich einem der größte Reichtum. Rund um den Baum zum Beispiel gibt es die eigenartigsten Dinge - weit ab von Rundholzeinschlag und Wildeinstand: Im Freizeitpark Kulturinsel Einsiedel in Sachsen schwebt das erste Baumhotel Deutschlands in den Wipfeln mehrerer Buchen, im AbenteuerPark Potsdam hat man zwischen hohen Bäumen einen riesigen Kletterwald errichtet, einschließlich einer 160 Meter langen Seilrutsche, und an einigen Orten Deutschlands (zum Beispiel Hitzacker an der Elbe, Schenklengsfeld bei Bad Hersfeld, Leeden im Münsterland oder Mönchsdeggingen bei Nördlingen) gibt es noch Tanzbäume, meist Linden oder Kastanien, in die man bis ins 19. Jahrhundert hölzerne Tanzböden eingezogen hatte, auf denen kleine Orchester und einige Tanzpaare Platz fanden. Der Bremer Architekt Andreas Wenning baut ultramoderne Baumhäuser, aus edlen Hölzern, Stahl und Glas, rund um den Globus, ob als Liebesnest, Atelier in luftiger Höhe, Baum-Bar oder geliftete Golfballabschlagterrasse für den Herrn, der schon alles hat.[38] Nur von den „tree huggers", wie es sie in Amerika gibt, haben wir hier noch nichts gehört. Das sind meist birkenstockbeschuhte Aussteiger und Hippies, die gemeinsam die dicken Segoia-Bäume umarmen und sie und sich auf diese Weise lieb haben.

Der deutsche Kulturwald und die mit ihm und der Landwirtschaft verbundene Lebensform ist vielen vieles. Der Forst ist ein bedeutender Wirtschaftsfaktor vor allem für die Möbel-, Papier- und Pappe- sowie die Bauindustrie, zunehmend auch wieder für die Energiewirtschaft. Die Jäger erwirtschaften tausende Tonnen unbelastetes Fleisch freilebender Tiere und zahlreiche weitere tierische Produkte, die gegessen und verarbeitet werden können. Als CO_2-Senke und Sauerstoffproduzent wird der Wald klimapolitisch immer wichtiger. Heerscharen von Menschen finden in ihm Beschäftigung und Erholung. Für Naturromantik oder gar mythische Entgrenzung ist hier kein rechter Platz, doch ist der Wald trotz aller Domestizierung an vielen Orten beglückend schön. In Deutschland gehört er einfach dazu.

Der Klang

Wie hat unsere Umwelt vor einhundert, vor dreihundert Jahren geklungen, oder vor tausend? Die Natur, so scheint es, klingt immer gleich, allenfalls die Menge der Singvögel im Frühling und Hochsommer mag sich wandeln. Ob es früher mehr waren? Wahrscheinlich. Aber das Sausen des Windes, das Grollen des Donners, das Zirpen von Heuschrecken oder das Rauschen von Bächen bleibt immer, was es ist. Auch die Stimmen der Menschen bleiben die gleichen, jedenfalls in ihren Tonlagen und ihrem Sprachrhythmus. Haben Menschen früher lauter gesprochen? Ja vielleicht, an den ersten Telefonen, weil die Übertragung schlecht war, oder auf Veranstaltungen und Kundgebungen, als Künstler oder Politiker noch die Massen bewegen mußten, ohne daß ihnen Ohm und Ampère zu Hilfe kamen. Klang es anders, wenn man früher durch die engen Gassen einer Stadt wie Freiburg im Breisgau oder Eisenach lief? Natürlich tat es das, denn die vor rund 250 Jahren einsetzende technische Zivilisation des Industriezeitalters hat beständig neue Maschinen in die Welt gesetzt, die ihren eigenen Klang haben, und tut es weiter. Und bis vor knapp einhundert Jahren war das Hufgeklapper von Pferden, einzeln oder vor Fuhrwerke, Droschken und Kutschen gespannt, allerorten auf dem Kopfsteinpflaster zu hören, was vermutlich nicht viel leiser war als es heutige Kraftfahrzeuge sind, aber sicher hübscher anzuhören.

Kann man ein Land nach seinen Klängen erkennen? Würde es gelingen, wenn man die Sprache einmal für gewisse Zeit ausblenden könnte? Das Anfahren von Zügen, das Klacken von Zentralverriegelungen, das Brummen von Lkw-Motoren, die Huptöne der Autos, die Sirenen der Feuerwehr, das ferne Lachen spielender Kinder, die Musik, die aus offenen Fenstern tönt, der Klingelton von Telefonen, das Rattern von Klimaanlagen, das sonore Sägen einmotoriger Propellermaschinen hoch oben über einer Sommerwiese, das Piepen oder Klopfen von Fußgängerampeln, selbst das Klackern von Schuhen auf dem Trottoir, all das können Dinge sein, die einem Signale vermitteln, in welchem Land man sich befindet. Hinzu kommen Töne von Tieren, die einem zumindest dafür ein Gefühl geben, ob man sich in einem heißen, südlichen Land befindet oder nicht. In Italien, in Spanien, in Kalifornien oder in Südchina kann man den Dauergesang von Zikaden einfach nicht abstellen, mit kurzen, unvorhersehbaren Pausen ist das ein ständiger Klangteppich, der einen bis tief in die Nacht begleitet, bis es irgendwann auch denen zu kühl wird. Auch der Vogelgesang kann so deutlich geographisch bedingt sein, daß man ungefähr hören kann, wo man ist. Das Schnalzen und Töpfern mancher Vogelarten in den Tropen zum Beispiel gibt es in Deutschland allenfalls in der Nähe städtischer Zoos.

Und wie also klingt Deutschland? Auf der Suche nach Geräuschen, die einen am ehesten deutschlandtypisch erscheinen, landet man zunächst auf jeden Fall bei den Signalgeräuschen der Blau- und Gelblichter. In der Bundesrepublik gilt hier die Vereinbarung, daß diese Folgetonhörner wie „Martinshörner" zu klingen haben, das charakteristische „Tatütata", das schon jedes Kind sehr früh erkennt und nachahmt, wenn es Polizei spielen will. Es stammt von der Firma Deutsche Signal-Instrumenten-Fabrik Max B. Martin aus Marktneukirchen in Thüringen, die 1932 dieses Signal zusammen mit Polizei und Feuerwehr entwickelte.[39] Merkwürdigerweise sagen Kinder in anderen Ländern ganz etwas anderes, wenn sie Räuber und Gendarm spielen, in Italien zum Beispiel „eeeeää-ähhh", in Frankreich „düdidütt-düdidütt" (wie übrigens auch vermeintlich allgemeinmenschliche Laute wie das deutsche „aua" in anderen Sprachräumen ganz anders klingen, „ouch" im Englischen, „aie" im Französischen oder „aż" im Polnischen). Übrigens klingt das deutsche „Tatütata" nicht immer gleich, es gibt dunklere, spitzere, volumigere oder schwachbrüstigere Ausgaben dieses Signals, aber die Grundmelodie bleibt immer die gleiche. Wenn man viel gereist ist, weiß man, daß es dieses Signal in kaum einem anderen Land gibt. Leider merkt man auch, daß es nicht gerade zu den eindrucksvollen und respektheischenden Signaltönen auf dieser Welt gehört, allenfalls zu den nervigsten. Mir waren deutsche Krimis im Fernsehen schon immer deshalb suspekt, weil am Ende, wenn es rund geht, und die Guten (Polizisten) die Bösen (Verbrecher) jagen, diese irgendwie lächerlich klingenden Martinshörner durch den Bildschirm pesen, was immer etwas von Oberinspektorenhatz im Opel Kadett durch den lauschigen Spessart an sich hat. Wieviel schneidiger, eindrucksvoller und markiger geht es in amerikanischen Krimis zu, wo die Polizeisirenen eine zentrale Rolle im symphonischen Durchweben von Gangsterstories einnehmen. Deutsche Milchkannen gegen amerikanische Whiskey Bottles. Dabei hatte eine Regierung, die man sonst nicht so mochte, die der Deutschen Demokratischen Republik nämlich, schon einmal die amerikanischen Heuler für ihre Volkspolizei-Ladas übernommen, was zwar schon aus ideologischen, und erst recht aus optischen und PS-Zahl bedingten Gründen gar nicht paßte, was einem aber immerhin auf den Straßen Leipzigs oder Magdeburgs mehr Respekt einflößte, als einem lieb sein konnte. Das amerikanische Vorbild wirkt in dieser Hinsicht übrigens auch in Osteuropa, in den arabischen Ländern und fast überall in Asien und Lateinamerika und ist damit der klare Sieger über das Martinshorn. Und wenn man dann in den USA selbst ist, können einem diese satten, heulenden Sirenen direkt ans Herz wachsen. Machen Sie mal Mittagsschlaf an einem heißen Sonntag Nachmittag inmitten Manhattans, wo man als Europäer die Fenster auf haben muß, weil man sonst an der Klimaanlage erstickt, und ihre Tagträume werden durchzogen sein von den beständig zu hörenden, langgezogenen Heultönen der Polizeisirenen oder dem kurzen Spielen auf der Synthesizer-Klaviatur der Streifenwagen. Die Kerle können da „wuopp, wuopp" machen oder „buuuit, buuuit", das ist richtig beeindruckend, das sind fast musikalische Statements inmitten der Straßenschluchten. Nichts davon in Deutschland, immer nur dieses rachitische, peinliche Tatütata. In seiner Lächerlichkeit wird es meiner Kenntnis nach nur noch vom Klang der französischen Polizeiwagen übertroffen, aber mit deren Wellblechästhetik und Straßenlage von birmanischen Sänften kann man die ja sowieso nicht wirklich ernst nehmen.

Eigentlich ein Jammer. Ich meine, das mit dem Martinshorn. Schließlich sind wir ein Land von Komponisten und Musikern. Da müßte es doch genug Leute geben, die diesem wichtigsten aller öffentlichen Klänge ein zeitgemäßeres Gepräge geben könnten. Innenminister aller Bundesländer: Laßt mal die alten Herren von Kraftwerk, laßt Dr. Motte an das Klangdesign eurer Polizei- und Feuerwehrhörner! Nicht nur das wirkungsvollste, sondern auch das schönste Polizeisignal aller Länder könnte daraus entspringen. Aber das steht wohl nicht zu erwarten, dringendere Reformen warten auf unseren Staat, gewiß.

Der Gedanke des Durchdesignens öffentlicher Klänge ist übrigens sehr reizvoll. Eigentlich komisch, daß sich dem noch niemand angenommen zu haben scheint. Da werden Millionen in Dorf- und Stadtverschönerungsprogramme gesteckt, noch mehr Millionen in das Vermauern aller Landschaften und Stadtfluchten mit unsäglichen, graffitibeschmierten Schallschutzwänden, aber daß jemand auf die Idee käme, den Geräuschteppich moderner Lebensräume bewußt zu beeinflussen und zu gestalten, das gibt es nur ganz ausnahmsweise und in Teilelementen. Ein ganz bewußtes Klangdesign zum Beispiel machen viele der Automobilhersteller. Wie Autotüren klingen, wenn sie zugeworfen werden, wie Motoren ertönen, wenn man sie anwirft und aufdreht, dem werden ungezählte Ingenieurstunden gewidmet, da die Autobauer um die psychologische Wirkung auf das Kaufinteresse und die Markentreue natürlich sehr genau wissen. Keiner tut das mit seinen Motoren erfolgreicher als die Firma Porsche aus Zuffenhausen. Wenn die Autos sonst nichts wären (aber sie sind was), dann würde es schon reichen, dem Klang ihrer Motoren zu lauschen, um viel Geld dafür ausgeben zu wollen. Wie die das hinkriegen, dieses satte, glucksende Röhren und Blabbern aus allen Zylindertöpfen, das ist schon einmalig.

Richtig öffentliche Klanggestaltung ist das natürlich nicht, ein privater Autobauer erfreut seine Fans mit Motorenlärm. Nun gut.

Etwas anderes ist es, wenn mit öffentlicher Duldung ganze Straßen und Plätze beschallt werden. Ich meine nicht die immer häufiger werdenden Remmidemmi-Veranstaltungen mit düsenjägerlauter Beschallung, zum Beispiel vor dem Brandenburger Tor, aber auch auf dem Frankfurter Römer, am Münchner Odeonsplatz oder im Bonner Schloßgarten (jede Kreisliga bekommt da inzwischen ihre Fanmeile, Jubelbühnen, Bratwurststände und Feuerwerksradau inklusive). Ich meine etwas ganz furchtbares, das ich in Deutschland Gott sei Dank noch nie erleben mußte. Es muß vor vielen Jahren in Frankreich gewesen sein, ich glaube in einer Stadt der Bretagne, möglicherweise aber auch bei Biaritz. Da waren an der Uferpromenade an jedem Laternenmast Lautsprecher angebracht, aus denen den ganzen Tag die fürchterlichste Schlagermusik in die Gegend schallte. Man konnte dem unsäglichen Musikgeschmack dieser Stadtoberen nirgendwo entrinnen. Eine wahre Folter. Sowas stelle ich mir sonst nur in Nordkorea vor. Oder Las Vegas. Aber die ständigen Lautsprecherdurchsagen in der Bahn („wir befinden uns in der Anfahrt auf…") oder auf kurzen Inlandsflügen („wir befinden uns im Anflug auf…") sind ja nicht weit davon entfernt. Oder die „Muzak" genannte Dauerberieselung ungeschlechtlicher Dudelmusik in modernen Einkaufs-„centern".

Aber das alles ist noch nicht spezifisch deutsch, es findet sich in allen industrialisierten Ländern wieder und man ist meist froh, wenn man aus der künstlichen Geräuschkulisse moderner Einkaufswelten endlich wieder daheim ist oder im Hotelzimmer abspannen kann (wenn man das Rattern der Klimaanlagen abgestellt hat und den Fernseher ebenso, der einen gerade noch persönlich begrüßte hatte, als man eintrat). Geräusche und Krach sind noch keine Klänge und schon gar nicht Musik. Wo aber das eine anfängt und das andere aufhört, das ist nicht immer eindeutig festzulegen. Wenn sich eine Million Menschen auf einer Fanmeile offenbar köstlich amüsieren, was wiegen da die paar Zehntausend Anwohner, die das stören mag. In Berlin, wo alles immer ein bißchen größer, greller und lauter ist als anderswo in Deutschland, hat man sich an diese öffentlich geduldeten, ja beförderten Radauveranstaltungen längst gewöhnt. So richtig angefangen hatte es ja mit einer sehr deutschen Musikrichtung, die Anfang der 1990er Jahre aufkam. Es war der Techno und der dazugehörige Kult der „DJs" (Disk Jockeys) und „DJanes" (der weiblichen Ausgabe dazu). Ich weiß noch wie unsere erste Begegnung damit verlief. Es war in einem der heißen Sommer 1993 oder 1994. Wir gingen, frisch verliebt, in einer der Seitenstraßen des Kurfürstendamms spazieren und hörten alsbald ein merkwürdiges Wummern aus Richtung des großen Boulevards, das uns anzog. Als wir dort ankamen, merkten wir, daß die Straße für den normalen Verkehr gesperrt war, und daß irgendwie eine sehr entspannte Feierstimmung herrschte. Viele junge Leute, lustig gekleidet, liefen herum oder hockten in Gruppen am Bordstein. In einiger Ferne bewegten sich bunt geschmückte Lastwagen langsam auf uns zu, etwa wie bei einem spontanen Karnevalsumzug. Auf den Lastwagenpritschen waren große schwarze Boxen aufgestellt, aus denen dieser unnachahmliche Drum Beat hämmerte, den die Techno-Musik kennzeichnet. Wahnsinnig hübsche Mädels in knappen Shorts und Tanktops und gut aussehende, schlanke Kerle mit braungebrannten, nackten Oberkörpern standen auf den Ladeflächen der Lastwagen und wiegten sich mit der Musik, fröhlich lachend oder halb in Trance. Es wurden freimütig Zungenküsse verteilt. Alle waren sehr glücklich und sehr nett zueinander, und auch wir, die etwas bedripsten Passanten, wurden fröhlich angelacht, so daß man sich wie in einem Sog mittragen ließ und schon bald in den gleichen, wiegenden Rhythmus kam und die Straße mit allen anderen Ravern für sich eroberte. Zehn kleinere Lastwagen waren das vielleicht und nur ein paar hundert oder tausend Menschen. Alles machte einen sehr selbstgestrickten, jedoch schon sehr entschlossenen Eindruck, eben nicht viel Aufwand, aber ein Umzug wie eine Mission.

Das war die erste oder zweite „Love Parade", die es in Berlin überhaupt gab. Wenige Jahre später versammelte „Dr. Motte", der „Gründer" und Hauptpromoter dieses Ereignisses, alljährlich im

Sommer weit über eine Million Jugendliche um sich, aus ganz Deutschland, aus Polen, aus Holland, der Schweiz, Skandinavien und Gott weiß woher, um über zwei bis drei Tage diese Love Parade zu feiern.

Die Parade war nun längst auf Berlins größte Straße, den 17. Juni, umgezogen und bewegte sich über viele Stunden mit riesigen Trucks durch den Tiergarten. Die Beschallungsanlagen hatten inzwischen etwas von einer Saturn V Mondrakete an sich. Wenn man in ihre Nähe kam und die Drum Beats so richtig losfetzten, stand zu befürchten, daß man sich ob der Schallwellen in eine Trillion flimmernde Elektroden auflösen würde. Da gab es kein Entrinnen mehr. Zehntausend halbnackte Körper im drogengeschwängerten Halbdelirium tanzten los wie ein einziges großes, zuckendes, energetisches Wesen. Angenehmerweise gingen diese narzistisch-entgrenzten Massenaufmärsche beim permissiv gesinnten Berliner Senat als „politische Demonstration" durch, so daß die Aufräum- und Putzarbeiten von der Stadt bezahlt wurden und nicht von den Ravejüngern oder Veranstaltern selbst. (In dieser Zeit fing die Berliner Stadtreinigung übrigens an, lustige Sprüche auf ihre orangenen Fahrzeuge, Abfalleimer und T-Shirts zu drucken, „Eine von 20.173 Filialen" stand dann auf den Eimern, „Für die Zigarette danach" oder „Corpus, für alle Delicti"; und auf den Fahrzeugen stand „We kehr for you" – man hatte sich ganz offensichtlich von der Coolheit der Techno-Jünger anstecken lassen). Irgendwann kommerzialisierte die Love Parade aber so stark und litt auch unter künstlerisch-musikalischer Auszehrung, daß sich diejenigen durchsetzten, die eh schon immer dagegen waren, weil es zu laut war, zu teuer und weil zu viele Leute in den Tiergarten gepinkelt hatten. 2004 war endgültig Schluß mit der Love Parade. Zu ihren besten Zeiten war sie sicher die beste Werbung für ein modernes, lebenslustiges und weltoffenes Deutschland, die man sich vorstellen konnte, eine Art Wiedergutmachung an der Weltjugend. Denn es war einfach eine unendlich amüsante Feier für eine ganze Generation Jugendlicher (und mancher jung gebliebener Älterer).

Die Techno-Bewegung und all ihre Spielarten, die sich in den 90er Jahren entwickelten (House, Rave, Electronic, Hip-Hop, Trance usw.) wäre nicht denkbar gewesen ohne ihre Großväter aus den 70er Jahren (in der Pop-Musik umfaßt ein Jahrzehnt mehrere Generationen!). Da gab es gewissermaßen ein Naturereignis in der neueren deutschen Musik, das einen Namen hatte, einen Namen wie ein Programm: Kraftwerk. Diese vier Jungs aus Düsseldorf standen plötzlich da, auf leeren Bühnen, in eng anliegenden, silbrig glänzenden Kostümen, mit regungslosen Gesichtern, über 2 Stunden fast unbewegt, sie drückten die Tasten der vor ihnen stehenden Synthesizer und spulten ihr Programm ab. Wie monadische Trabanten, die in galaktischen Nebelhaufen stur ihre einmal eingeschlagene Umlaufbahn entlangdüsen. So klang auch ihre Musik. Einmalige Klassiker darunter wie „Autobahn" („Wir fahr´n fahr´n fahr´n auf der Autobahn") oder „Computerwelt" („Interpol und Deutsche Bank/FBI und Scotland Yard/Flensburg und das BKA/haben unsre Daten da"). Das war eine musikalische Revolution, die vollkommene Antipode zur Hippiemusik und zum Britpop der 60er und frühen 70er. Dabei höchst ironisch in ihrer bierernsten Attitüde. Und weitsichtig. Da war alles drin: Futurismus, Dada, Gertrude Stein und Oskar Schlemmer. Alles auf enervierende Art verharmlosend und unverrückbar stoisch. Man wollte vor Gelächter eigentlich immer losbrüllen bei dieser Musik, aber die Disziplin war zu groß. Es waren die Urväter des Techno. Einige Jahre später kamen dann die zwei Burschen von DAF, mit ihren präzisen Haarschnitten und ihrem schwarzen, eleganten Outfit. DAF, das stand für „Deutsch-Amerikanische Freundschaft". Zu heftigen Synthie-Rhythmen sangen sie Songs wie „Wir tanzen Mussolini/wir tanzen Adolf Hitler" und indem wir dazu in Kreuzberger Fabriketagen und Hinterhofkaschemmen abzuckten, konnten wir zum ersten mal so richtig lachen über diese Schergen. Jetzt hatten die ein für alle mal verloren. Ein Kloß im Hals löste sich und die ironische Anspielung auf die im Osten hochgelobte „Deutsch-Sowjetische Freundschaft" ließ uns das Honecker-Regime gleich mit weglachen. Spätestens jetzt war klar, daß es nicht mehr anstößig sein würde, deutsch zu singen. Kann man sich das vorstellen? Das war es einmal. Kein ernsthafter westdeutscher Rock- oder Pop-Musiker in den 60er Jahren sang deutsch. Man dachte, deutsch könne man gar nicht singen zu dieser Musik, es müsse englisch sein. Die wenigen, die es taten, tat man als „Krautrocker" ab, aber das stimmte meist auch, nicht nur wegen der Sprache. Bahnbrechende Gruppen wie Can, Guru Guru oder Dunkelziffer spielten in den frühen 70er Jahren zwar einen ganz anderen, fast schon undeutschen, weil ganz internationalen, ekstatischen Rock, aber sie blieben immer etwas für kleine Insiderkreise. Udo Lindenberg war dann wohl der erste wirklich erfolgreiche Sänger, der sich nicht um das Englische scherte, und dessen nölige norddeutsche Stimme mit eingängigen Melodien den Massengeschmack traf und in gewissem Sinne stilprägend wurde. Ein furchtbarer, irgendwie „schwuddeliger" Typ, dieser Lindenberg, und heute, wie so viele Altrocker, nur noch peinlich, aber das war seine Tat. Kraftwerk sang auch deutsch, neu bei DAF war dann, daß die auch inhaltlich mit den alten Tabus aufräumten ohne große intellektuelle Ansprüche zu haben und ohne dabei irgendwie revisionistisch zu wirken, „Politisch unkorrekt", diesen Ausdruck gab es damals noch nicht und deswegen war man es gerne und oft. Man lachte auch noch über Herrenwitze.

Mit Udo Lindenberg verbindet sich übrigens eine unglaubliche Geschichte, die ich neulich mal von einem Unternehmer aus Wustermark bei Berlin hörte, der heute Photovoltaikmodule erfolgreich in alle Welt verkauft. Kurz nach dem Mauerfall gab Lindenberg offenbar ein Konzert in der Westberliner Deutschlandhalle, wohin an jenem Abend besonders viele Ostdeutsche strömten, denn in der DDR war er ganz besonders beliebt gewesen und einer der wenigen westdeutschen Rockmusiker, den das Regime in „Erichs Lampenladen" (den wegen seiner überbordenden Kristalleuchterausstattung von DDR-Bürgern nach ihrem Staatsratsvorsitzenden Erich Honecker so benannten „Palast der Republik") hatte auftreten lassen. Unser späterer Unternehmer war gerade Anfang zwanzig und ebenfalls ein glühender Lindenberg-Fan, hatte aber keine Karte erwischt. Um in die Deutschlandhalle reinzukommen, schmiß er sich in eine schwarze Lederjacke, zog einen Schlapphut auf und eine dunkle Sonnenbrille, stellte sich an den Künstlereingang der Halle und wartete ab, bis die Limousine von Lindenberg vorfuhr. In dem allgemeinen Durcheinander von Musikern, Groupies, Wachpersonal, Pressefritzen usw. die sich nun auf den Eingang zubewegten, reihte er sich mit klopfendem Herzen ein und tat so, als wenn er dazugehöre. Und es gelang, keiner hielt ihn an, und er lief einfach mit dem allgemeinen Troß bis in den Raum, wo die Band sich sammelte. Dort nahm er sich nochmal ein Herz, sprach den echten Udo Lindenberg an, sang ihm einige Takte von dessen Liedern vor, die er jahrelang bis zur Perfektion eingeübt hatte, einschließlich des nöligen Hamburger Tonfalls, und brachte so die versammelte Crew zum Staunen und Lachen. Man ließ den jungen Mann zunächst hinter der Bühne am Konzert teilnehmen, in einer Pause kam Lindenberg nach hinten und meinte, so, das nächste Lied solle er, der junge Ostdeutsche, auf der Bühne singen, wo er ihn doch so gut nachmachen könne. Und so kam es, daß die Konzertbesucher über die Dauer eines ganzen Stückes sich an einem unechten Lindenberg berauschten und es nicht merkten und unser junge Mann die Heldentat seines Lebens begangen hatte. Knapp 20 Jahre später saßen wir mit diesem falschen Udo Lindenberg gemeinsam in einer netten Runde in einer Weinbar im herrlichen Tel Aviver Ausgehviertel Neve Tzedek, als er uns diese Geschichte zum Besten gab, und da er zum Beweise anfing, so zu reden wie Lindenberg und auch zu singen, glaubten wir ihm gerne und konnten es doch nicht fassen.

Nach Lindenberg, DAF und anderen Sternen oder Sternchen gab es dann alsbald überhaupt keine Grenzen mehr. Es durfte über alles und in jedweder Form „Musik" gemacht werden, avanti dilettanti war die Devise und sie wirkte, wenn sie nur selbstbewußt und schräg genug vorgetragen wurde. Die „Einstürzenden Neubauten" waren nicht nur eine Band, die mit ihrem Namen instinktiv die richtige Parole für die ästhetischen Hinterlassenschaften der 60er und 70er Jahre Architektur gewählt hatten und damit dem neuen Zeitgeist Anfang der 80er Jahre entsprachen, sondern die gleichzeitig auch durch eine übertriebene, punkig-schäbige Anverwandlung dieses Stiles schon wieder Teil davon wurden. Lange bevor die 70er Jahre in den Nullerjahren des beginnenden 21. Jahrhunderts erneut Mode wurden. Die Einstürzenden Neubauten um den künstlerischen Autodidakten Blixa Bargeld waren musikalisch eine einzige Nullnummer, das war einfach nur Krach, aber mit einer Arroganz und Vehemenz vorgetragen, daß die Feuilletons und Goethe-Institute Kopf standen und meinten, das neue Deutschland nun endlich in die Welt hinaustragen zu können. Mit einem befreundeten Rundfunkredakteur erlebte ich mal ein Interview mit diesen Leuten, Anfang der 80er Jahre. Auf einer wilden Party mit der Frauenband „Malaria", in der Fabriketage des Merve-Verlags in der Schöneberger Crellestraße, waren wir mit denen verabredet, launig-wichtigtuerisch wurde uns der Ort des Interviews auf dem Klo zugeraunt, woraufhin wir uns gegen Mitternacht zu einer Autobahnauffahrt an der Berliner Stadtautobahn begaben und dann, nachdem die Band tatsächlich erschienen war, in das Innere der stählernen, brückenartigen Rampe kletterten. Drinnen wurden Kerzen angezündet und wir sahen ein paar Knochen herumliegen und metallene Gegenstände, man saß gekrümmt vom stählernen Trog umgeben, über einem ratterten die Autos auf die Rampe. Jemand pustete die Kerzen aus, es war stockfinster und Bargeld begann - ohne daß mein Freund auch nur eine einzige Frage gestellt hatte, mit dem „Interview", indem er einfach nur aus vollem Halse schrie „Alleeees iiiiiist gesaaaaaagt!", die Worte dabei endlos in die Länge ziehend. Dann folgte noch "Uaaaah - Deutschlandfunk". Das war originell, muß man zugeben. Dazu schlugen die anderen mit den Tierknochen auf den Brückenstahl, so daß es dumpf schepperte und natürlich sehr unheimlich wirkte. Nach einer Weile verstummten unsere Gastgeber, von denen wir nichts mehr sahen, und wir merkten, daß wir wohl nicht mehr erwünscht waren und kletterten tastend aus dem Dunkel wieder auf die Autobahnauffahrt. Nun ja, das waren dann so die kleinen Exzesse der „Neuen Deutschen Welle“, die Anfang der 80er Jahre über den Westen Deutschlands hinwegfegte.

Die Neue Deutsche Welle: Eine Aufbruchstimmung, wie man sie sich heute kaum mehr vorstellen kann. Naja, vielleicht ähnlich der Zeit Mitte der 90er Jahre, als die Jugend im Tresor oder im WMF abtanzte, zu House, Hip-Hop und Techno. Unvergeßliche Hits waren zum Beispiel die Stücke „Berlin“ von Ideal, „Geschichte wird gemacht, es geht voran“ von Fehlfarben oder „Fred vom Jupiter“ von Andreas Dorau. Das komische an der NDW war, und auch der Unterschied zu späteren Wellen, daß sie im allgemeinen nicht nur eine Angelegenheit der Jugend war, sondern daß sie überall in die Hitparaden einschlug. Viele Bands hatten kurzzeitig einigen kommerziellen Erfolg, die meisten waren aber doch Eintagsfliegen. Nur wenige reüssierten später wieder, zum Beispiel Inga Humpe von Ideal, die mit der Band 2Raumwohnung 20 Jahre später ein Revival erlebte. Anfang der 1980er Jahre war NDW zum erstem Mal fröhliche, tanzbare Musik mit deutschen Texten, witzig und auch politisch, Meilen entfernt von dem abgeschmackten Schunkelgraus, der „Volksmusik“ genannt wird, oder von den Schlagern, die die ZDF-Hitparade ausfüllten und die immer deutsch geblieben waren. Wenn man die Lieder der NDW heute wieder hört, kommen sie einem noch weitaus harmloser vor als damals, aber der Erfindungsreichtum und die Lockerheit, mit der das alles passierte, das muß man anerkennen, es war ein Zeitenwechsel in der deutschen Populärmusik. Eigentlich sind solche Bands seitdem immer unter uns gewesen, in den 2000er Jahren gab es dann nochmal einen deutlichen Aufschwung. Jetzt mit größerem Variantenreichtum, sogar mit deutsch gesungenem Rap, auch Deutsch-Türken und Deutsch-Araber kamen jetzt zu größerem Erfolg, mit ihrer an Ghetto-Amerikanisch erinnernden Unterschichtenlyrik, voller Gewalt, Drogen und Sex, aber auch witzig und wortgewandt. Deutschland ist bei alledem eine Brutstätte neuer elektronischer Musik und Ableger des Techno geblieben.

Daraus entstanden dann im frühen 3. Jahrtausend solche sensationellen Electronic-Sound Kompositionen wie „ReComposed" von Carl Craig und Moritz von Oswald.

Der stetige Anstieg und die große Ausdifferenzierung der deutschen Popmusik seit den frühen 1970er Jahren ist natürlich nur die eine Seite des musikalischen Geschehens in Deutschland. Eine, die sehr viele junge Leute dazu bringt, eine Gitarre in die Hand zu nehmen, auf einem Schlagzeug herumzukloppen oder erste Schritte einer Gesangsausbildung zu absolvieren, also eine Begegnung mit Musik zu machen. Zehntausende junge Leute machen es, und erleben ihre Kreativität, Anerkennung im kleinen oder großen und ganz einfach viel Spaß. Die andere Seite der Musiknation Deutschland, das ist die lebendige Tradition der klassischen Musik. Schwer zu sagen, was mehr gemacht wird, Popmusik oder Klassik. Ich vermute Klassik, also die E-, die ernsthafte Musik. Der Musik, wo man zu gar nichts kommt, wenn man nicht Noten lernt und viele Jahre jeden Tag eisern übt. Das tun bei uns Millionen. Eigentlich kaum faßbar, wo wir doch in einer überbordenden Konsumwelt leben, in der man sich eigentlich zu nichts mehr anstrengen muß, und die einen ständig dazu einlädt passiv zu sein, weil man Glücksversprechen nur noch aus dem Verbrauch, nicht mehr der Eigenproduktion vermittelt bekommt. Aus irgendeiner geschichtlichen Ironie des Schicksals heraus scheint das Gegenteil einzutreffen, jedenfalls bei den kreativen Disziplinen. Immer mehr junge Leute wollen ein Instrument spielen, und immer mehr tun es. Das liegt einerseits am gestiegenen Wohlstand, dann an den vervielfältigten Karriereerwartungen durch die Inflation der Übertragungskanäle und -technologien (jedem seine eigene CD, jeder ihre eigenen 15 Minuten Berühmtheit auf YouTube), und schließlich liegt es auch an dem überaus lebendigen Musikleben.

Für E-Musik ist Deutschland immer noch ein wahres Traumland. Nirgendwo gibt es relativ gesehen so viele Orchester, so viele Chöre, so viele Musikschulen und so viele Konzerte und Musikfestivals. Mit dem Schleswig-Holsteiner Musik Festival, das der

Pianist Justus Franz in den 80er Jahren ins Leben rief, fing es an, daß die Ernste Musik auch aufs Land kam, in alte Schlösser, Kirchen, Scheunen und sogar in Ruinen unter freiem Himmel. Festivals wie das seit 1934 im englischen Glyndebourne bestehende mögen Vorbild gewesen sein, das übrigens als seinen ersten Direktor und als seinen ersten Chefdirigenten zwei deutsche Flüchtlinge aus Nazideutschland anstellte, Fritz Busch aus Dresden und Carl Ebert aus Berlin. Die Vielfalt und Breite der Festivalaktivitäten macht uns heute wohl keiner mehr nach. Inzwischen gibt es den Brandenburger Musiksommer, das Musikfest Mecklenburg-Vorpommern, die Schwetzinger Festspiele, die Musikfestspiele Saar, das Rheingau Musik Festival, den Musiksommer Herrenhausen, die Ludwigsburger Schloßfestspiele, das Moritzburg Festival und viele mehr, an die fünfhundert sollen es sein.[40] Etwas aus der Reihe fällt das Musikfest „Verschwende Deine Jugend" in der für ihre Trendsetterrolle bekannten Rheinmetropole Erftstadt, aber es ist ja auch nur eines von Hunderten Rock- und Jazzfestivals, die es ebenfalls gibt. (Woodstock war schließlich auch Provinz.) Unter den großen, weltweit renommierten Musikfestivals für die E-Musik sind die Donaueschinger Musiktage, die es schon seit 1921 gibt, die aber erst in den 1950er Jahren eine größere Wirkung entfalteten, sicher eines der bedeutensten. Wie der Deutsche Musikrat auf seiner Webseite sagt, haben „so gut wie alle namhaften Komponisten der letzten fünfzig Jahre… ihre internationale Laufbahn in Donaueschingen begonnen oder dort entscheidende Förderungen erfahren." Fast so einflußreich waren und sind die „Ferienkurse der Neuen Musik", die 1946 (!) vom Darmstädter Kulturdezernten Wolfgang Steinecke ins Leben gerufen wurden, vor allem in den 1950er Jahren eine bahnbrechende Veranstaltung, mit Namen wie Strawinsky, Nono, Leibowitz oder Stuckenschmidt; [41] Komponisten wie Bartók, Boulez und Stockhausen brachten dort schon seit 1952 die „Serielle Musik" zu Gehör, John Cage hatte seine ersten großen Auftritte. Die Berliner Musik-Biennale, die von 1967 bis 1989 in Ost-Berlin bestand, widmete sich ebenfalls besonders der zeitgenössischen Musik. Sie ging nach der

Wende in die Trägerschaft der Berliner Festspiele über. Die bayerische Landeshauptstadt, von jeher ein Ort zeitgenössischer Kunst und Kultur, hat seit 1988 ihre Münchner Biennale, in den ersten Jahren von Hans Werner Henze geleitet, dem Doyen der deutschen Gegenwartsmusik.

Musikbegeisterte aus aller Welt streben in Deutschlands Musikschulen und Orchester, die voller Japaner, Koreaner, Amerikaner oder Litauer sind. Der Öffentliche Rundfunk der Bundesländer tritt als ganz großer Mäzen nicht nur der Alten Musik auf, sondern vor allem auch der zeitgenössischen E-Musik. Programme wie Bayern 4, SWR 3, WDR 3, HR 3, NDR 3, Kulturradio RBB usw. Sie bieten der modernen Klassik eine Bühne und ihren Komponisten ein Auskommen, das sie ansonsten wohl kaum hätten. Es wäre Musik, die zumeist einem sehr kleinen, eingeschworenen Publikum überlassen bliebe. Dabei hat sie soviel zu bieten. Was Deutschland der Welt musikalisch gegeben hat, das braucht man ja eigentlich nur mit drei Namen zu benennen, und es reichte aus bis in die Ewigkeit: Bach, Beethoven und Wagner. Das weiß jeder. Das überraschende ist nur, daß es auch im 20. Jahrhundert, ja sogar in seiner zweiten Hälfte zahlreiche Komponisten gab und gibt, die großartige Werke geschaffen haben. Sie sind einem breiten Publikum nur oft nicht bekannt, was wohl auch daran liegt, daß ihre Musik nur live wirklich zur Geltung kommt und erträglich ist. Konzerte von Karlheinz Stockhausen, Georg Katzer oder Wolfgang Rihm – um nur einige der arriviertesten Komponisten der zweiten Hälfte des 20. Jahrhunderts zu nennen – sind tatsächlich meist ein außerordentliches Klangerlebnis, aber auch so schräg, disharmonisch und unmelodiös, daß es einem die Schuhe auszieht. „Experimentalmusik" ist dafür oft der richtige Ausdruck. Wenn man aber in einem Konzertsaal den verrückten Klängen eines Bernd Alois Zimmermann lauscht, wie er ein Riesenorchester von bald 80 Musikern, darunter allein acht Perkussionisten mit ganzen Batterien von Kesselpauken, Gongs, Xylophonen und Becken, in oft wahnwitziger Dynamik und Klangfülle durch die Partitur treibt, dann ist man zutiefst getroffen von dieser zeitgenössischen Musik. In Zimmermanns „Sinfonie in einem Satz für großes Orchester" von 1953 wechselt irisierendes Schweben und aufpeitschender Triumph mit polterndem Witz und dräuendem Rumoren. Ihre Ausdrucksvielfalt reicht – wie er es selbst nannte – „von apokalyptischer Bedrohung zu meditativer Versenkung".[42] Mindestens genauso aufregend, fast schon bombastisch, ist das „Requiem für großen Chor" des Deutsch-Russen Alfred Schnittke. Ein anderes Beispiel für die fantastische Wirkung moderner Klassik, wenn man sie live hört, passiert regelmäßig in unserer Kirche, einer dieser typischen, großen, backsteinernen Hallenkirchen im neogotischen Stil der Wilhelminischen Zeit. Nach dem Sonntagsgottesdienst spielt der Organist dort immer noch ein kurzes Stück aus dem neueren Repertoire, vielleicht improvisiert er auch ein bißchen. Jedenfalls bleibt etwa die Hälfte der Meßgänger sitzen und genießt den Klang der Orgel. Und was für ein Klang. Der Mann an den Pedalen und Zügen haut dermaßen rein, als wenn sein Leben davon abhinge. Chromatische Gewitter donnern auf die Zuhörer hernieder, es ist, als würde der Himmel aufreißen und ein goldenes Spektakel freigeben. Es zackt und blitzt, aus tiefsten Schluchten grollt es heran, ein Klangtornado umtost die hohen Gewölbe des römisch-katholischen Gotteshauses, klirrend-vibrierende Akkorde werden atemlos gehalten bis sie im Horizont verschwinden. Wenn es dann vorbei ist, klatschen die Leute begeistert, und es sind junge und alte dabei, einfache wie hochgebildete. Es ist schlichtweg Musik, der man näher ist, als vielem aus dem klassischen Kanon. Man ist ihr näher, dieser zeitgenössischen Musik, weil sie unsere Zeit reflektiert, das Gebrochene, den Zitatenreichtum, die Beschleunigung, die Regelverletzung, die in ihr steckt.

Zimmermann ist der Vertreter einer Generation, die Ende der 40er, Anfang der 50er Jahre anfing, wie in allen anderen Künsten auch, nach den zwölf Jahren der gesamtgesellschaftlichen Umnachtung wieder an die guten Traditionen Deutschlands und Mitteleuropas anzuschließen und sie weiterzuentwickeln, wie es sich in lebendigen Kulturen gehört. Wer den wunderbaren Geist dieser beschwipst glücklichen Epoche in nuce spüren will, die so viel ehrlicher, radikaler und freier war, als die Realitätsferne, die Geschichtsvergessenheit und die Intoleranz der sogenannten „1968er" Generation, der muß sich nur die Anfangsszene einer der Folgen des großartigsten Fernsehfilms Deutschlands, den es je gegeben hat, anschauen, des 50 Stunden Epos „Heimat" von Edgar Reitz. Hermann Simon, ein vielversprechender Abiturient aus dem Dorf Schabbach im Hunsrück geht 1960 zum Musikstudium nach München und erlebt dort in einem der Säle der Musikhochschule wie ein Ensemble in einer experimentellen Anordnung von Schlagzeug, Marimba und anderen Instrumenten halb atonal, halb jazzig in einer Art losfetzen, daß man die ganze Seeligkeit über die Befreiung und die tiefe Begeisterung über den Aufbruch zu neuen Möglichkeiten in der schwerelosen Leichtigkeit des Dargebotenen in jeder Sekunde verspürt. Hermann, in Rollkragenpullover und Kordjacket, trifft dann im säulenumstandenen Treppenhaus der altehrwürdigen Institution auf seine spätere Liebe, Clarissa Lichtblau, und im Hintergrund hört man weiterhin diese befreiten Klänge der jungen Künstler. Die lebenshungrige Jugend, beseelt von Freiheit und Rhythmus, umgeben von der Pracht des 19. Jahrhunderts – es ist, als würden sich das alte und das neue Deutschland sich hier zum ersten Male treffen, und man ist glücklich.

Wer vom Musikleben in Deutschland in den letzten Jahrzehnten spricht kommt nicht vorbei an einem einzigartigen Phänomen, nämlich dem Plattenlabel ECM. Labels gibt es viele, die Deutsche Grammophon etwa ist ein Garant für höchste Qualität in der klassischen Musik. ECM jedoch – das Kürzel steht für „Edition of Contemporary Music" – ECM ist etwas anderes. Vom Musiker, Produzenten und Inspirator Manfred Eicher 1969 in München gegründet, wurde es in den 70ern schnell berühmt für das makellos, modern-abstrakte Design seiner Plattenhüllen, die unbestechlich präzisen Aufnahmen und, natürlich, vor allem, für seine Künstler. Der größte unter ihnen der amerikanische Jazzpianist Keith Jarrett. Für uns Pennäler in den frühen 70er Jahren war das eine Offenbarung. Eben noch mit den Zähnen in Jimi Hendrix elektrischer Gitarre hängengeblieben, gerade erst dem bedeutungsschwangeren Kosmospop von Pink Floyd entronnen, berauschten wir uns an jeder neuen Platte des Labels („eine ECM!") und pilgerten andächtig in die Konzerte der Stars wie Jarrett oder Jan Garbarek, Meredith Monk und Pat Metheny. In Kalifornien wurde ich einmal in einer Runde von kiffenden Russian River Valley Hippies wie ein Mensch von einem anderen Stern bewundert, weil ich in persona beim „Köln Concert" im Januar 1975 dabei gewesen war, dessen Live-Aufnahme sich bis heute sagenhafte 3,5 Millionen mal verkauft hat (mit meinen Klatschern inmitten der Beifallsstürme!).[43] Es war die Zeit, in der wir uns von unserm mühsam Zusammengesparten die ersten wirklich ernstzunehmenden Hifi-Anlagen kauften, Bose Boxen so groß wie halbe Kühlschränke, die noch heute, 35 Jahre später, ihre hervorragenden Dienste tun. ECM feierte 2009 sein vierzigjähriges Bestehen, immer noch mit Eicher an der Spitze, seine Musikpalette ist wesentlich breiter geworden, nicht nur Modern Jazz, sondern auch Klassik, Weltmusik, Fusion. Alles ist nach wie vor zeitlos schön, begehrt und verehrt auf der ganzen Welt.

Der Deutsche Musikrat mit Sitz in Bonn behauptet von sich selbst, daß er der größte Kulturverband Deutschlands ist und der größte seiner Art weltweit. Da er angibt, über acht Millionen musikbegeisterte Menschen in Deutschland zu vertreten, möchte man ihm gerne glauben. Der Verband führt das Deutsche Musikinformationszentrum, das hervorragende Statistiken zum Musikleben in Deutschland bereithält.[44] Danach gab es 2008 zum Beispiel 3.520 freiberufliche, in der Künstlersozialversicherung versicherte Komponisten, 21.053 freie Musiklehrer (fast 4.000 mehr als noch 2004), und 4.323 Jazz-, Free- und Rockmusiker, 6.359 Hersteller von Musikinstrumenten und ca. 30.000 Beschäftigte in Theatern, Opernhäusern und Konzerthallen (90 % davon in öffentlichen Einrichtungen). Die Städte Frankfurt/Main, Leipzig, Karlsruhe, Mannheim, Stuttgart und Halle gaben im Jahr 2007 die meisten öffentlichen Kulturausgaben pro Einwohner aus (nämlich zwischen 144 und 202 €). Der Anteil nationaler Single-Produktionen ist in den Top 100 Charts von 29,2 % im Jahr 1990 auf fast konstant über 50 % in den Jahren seit 2003 gestiegen. Baden-Württemberg, Nordrhein-Westfalen und Thüringen hatten laut Lehrplan 2008 die meisten Schulstunden (Gymnasien) in Musik, Berlin, Bremen und Mecklenburg-Vorpommern die wenigsten. Im Jahr 2006 gab die öffentliche Hand 2,4 Mrd € für das Musikleben aus, das meiste davon für Musiktheater (1,3 Mrd €), Musikschulen (394 Mio €), Orchester (244 Mio €) und Musikhochschulen (203 Mio €). 163 professionelle Orchester gab es in Deutschland in dem Jahr, allerdings waren das 35 weniger als noch 1992, was vor allem mit einem Rückgang und mit Zusammenschlüssen in den neuen Bundesländern zu tun hat. Die Zahl der ausgewiesenen Musikerplanstellen in den Orchestern ging seit 1992 von 12.159 auf 9.922 im Jahr 2010 zurück. Die Einspielergebnisse und Eigeneinnahmen sind sowohl in den verschiedenen Sparten (Musiktheater, Konzert usw.), als auch regional sehr unterschiedlich. Im Durchschnitt liegen sie bei etwa 17 Prozent des Etats. Die Zahl der Aufführungen stieg von 5.344 in der Spielzeit 1993/94 auf 8.711 2007/2008 und die Zahl der Besucher in den von Berufsmusikern bestrittenen Orchesterkonzerten stieg im selben Zeitraum von 3,341 auf 4,020 Millionen. Dazu kamen noch einmal 3.723 musikpädagogische Veranstaltungen (Kinder- und Jugendkonzerte, Schülerkonzerte, Workshops in Schulen), eine Zunahme um 75 % gegenüber 2003/2004! Insgesamt werden jährlich über acht Millionen Besucher in den Aufführungen der Musiktheater in Deutschland gezählt.

Diese nackten Zahlen sind erst einmal beeindruckend. Doch spiegelt die Statistik die Realität nur allzu abstrakt wider. Das intensive Musikleben in Deutschland beginnt ja schon im Vorschulalter. Immer mehr Eltern setzen Wert auf „frühkindliche Musikerziehung“. Die typische musikbegeisterte Familie, in der nicht nur beide Eltern ein Instrument spielen, sondern in der auch alle Kinder von früh an dazu angehalten werden und deshalb schon bald Hauskonzerte zu allen möglichen und unmöglichen

Gelegenheiten spielen – es gibt sie noch. Längst weiß man um die intelligenz- und sozialverhaltensfördernde Wirkung von Musik. Das von Sir Simon Rattle und seinem Choreographenfreund Royston Maldoon umgesetzte Experiment, Schüler aus mehreren Hauptschulklassen aus einem sozial stark benachteiligten Viertel Berlins dazu zu bringen, das Ballett „Le sacre du printemps" von Igor Strawinsky zusammen mit den Berliner Philharmonikern aufzuführen, wie es in dem grandiosen Dokumentarfilm „Rhythm is it" festgehalten wurde, zeigt, wozu Musikerziehung fähig ist. Dutzende Jugendliche, denen vorher scheinbar alles egal war, die keine Perspektive für sich sahen, die nie jemand richtig ernst genommen hatte und die deshalb auch keine Ansprüche an sich selbst gestellt hatten, erlebten das berauschende Erlebnis, daß man mit Übung, Disziplin und Teamgeist vorher vollkommen Unerwartetes erreichen kann.

Es muß ja nicht immer gleich eine Anne-Sophie Mutter dabei herausspringen, der ihre Eltern mit fünf Jahren eine Geige in die Hand gegeben hatten, und die sofort wußte, daß dies ihr Instrument sein würde, als wenn es ein Teil von ihr selbst wäre. Auch andere „Wunderkinder" gibt es, aber es sind die Ausnahmen und sich an ihnen zu orientieren wäre nur frustrierend. Aber es gibt ja auch zwei Arten sich mit Musik zu beschäftigen: als Zuhörer und als Spielender. Wie in anderen Dingen gilt auch hier: Man hört mehr, wenn man mehr weiß. Insofern kann ein Instrument zu spielen ein Augenöffner für Musik sein, aber nicht immer. Wieviel Spielmannszüge gibt es, in denen Jung und Alt fröhliche Weisen schmettern, aber nie zu aufmerksamen Hörern von Klassik oder Jazz werden, also von E-Musik. Und wieviel Untalentierte gibt es, die kein Instrument spielen, ja nicht einmal Noten lesen können, aber begeisterte Hörer des klassischen Kanons sind. Eine Ausnahmemusikerin wie Anne-Sophie Mutter läßt das natürlich nicht gelten. Sie beklagt die aus ihrer Sicht stetig schlechter werdende Grundlagenbildung in der Musikerziehung, den immer geringer ausfallenden Nachwuchs in Orchestern (überdeckt durch den Zuzug junger Musiker aus dem Ausland), die Sparorgien bei

Musikschulen und die weit verbreitete Unkenntnis der Musikliteratur. Sie ist traurig darüber, daß Eltern in Deutschland ihre jungen Kinder kaum in klassische Konzerte mitnehmen, eigentlich gar nicht, während das in Asien vollkommen normal ist - und den Kindern dort offenbar auch Spaß macht.

Wer Kinder hat, ist gleichwohl erstaunt, wieviele Lieder heutzutage doch noch in Kindergärten und (Grund-)Schulen gelernt werden und daß es vielfach genau dieselben Lieder sind, die man selber mal vor 30 oder gar 40 Jahren von seinen Eltern und Lehrern gelernt hat. „Fuchs, Du hast die Gans gestohlen", „Amsel, Drossel, Fink und Star", „Backe, Backe Kuchen" oder „Wiede wiede wenne, sagt meine Puthenne", das sind Klassiker, die sich von Generation zu Generation vererben. Natürlich kommen auch eine ganze Menge neue Lieder hinzu, denn immerhin sind in der zweiten Hälfte des 20. Jahrhunderts in beiden Teilen Deutschlands zusammen an die 1.500 Kompositionen für Kinder entstanden. Speziell die überlieferten Kinderlieder sind, genauso wie die Kindermärchen und manche Kindergedichte, wahrscheinlich die deutlichsten Unterscheidungsmerkmale zwischen den Nationen, die es noch gibt, und es sind welche, die keine Globalisierung einebnen wird. Jemand, der sie nicht mitbekommen hat, wird sich in anderen Kulturräumen immer ein wenig fremd fühlen. Wer zum Beispiel nicht schon als Kind den Filmklassiker „The Wizzard of Oz" mit Judy Garland gesehen hat, und all die Lieder darin kennt, der wird die Amerikaner von heute niemals ganz verstehen, viele ihrer Anspielungen und Witze nicht. Wer nicht „Pooh the Bear" oder „Alice in Wonderland" und die „Nursery Rhymes" als Kind in sich aufgesogen hat, wird in einer Gruppe erwachsener Engländer manchmal einfach nicht verstehen, wovon die nun gerade reden.

So ist es auch mit den deutschen Kinderliedern, wenn auch die Schulen und Kirchen in den vergangenen Jahrzehnten ihr bestes gegeben haben, ständig Neues, Zeitgeistigeres erlernen zu lassen, so daß kaum noch ein gemeinschaftlich geteilter Kanon mehr dabei herauskommen konnte. Dafür braucht es dann „DSDS" -

„Deutschland sucht den Superstar" - das sehen und trällern Millionen. Nur nicht Leute, die noch bei Troste sind. Die gehen eher zu den öffentlichen Aufführungen eines Wettbewerbs wie „Das Lied - International Song Competition", der unter Leitung von Thomas Quasthoff seit 2009 an der Hochschule für Musik Hanns Eisler in Berlin stattfindet. Das ist die zeitgemäße Fortsetzung des Wartburgischen Sängerstreits und des Sängerkriegs der Heidehasen (wo der Herr Direktor Wackelohr gegen Hase Lodengrün antrat, um die Hand der Tochter des Heidehasenkönigs Lamprecht VI. zu ergattern) – alle drei überdeutliche Beweise dafür, daß Deutschland ein Land der Lieder ist.

Vom Rauschen des Waldes, vom Plätschern des Baches über Martinshörner und Bahnhofslautsprecherdurchsagen bis hin zu Electro-Dance und der gelebten Klassik von tausend Chören, das Land ist voller Töne. Der Klang der Sprache bleibt das charakteristischste an den akustischen Erlebnissen in Deutschland. Die Lieder der Kinder und die Sangesfreude von Wanderergruppen oder Karnevalisten jeder Provenienz, das kommt dann wohl gleich danach - als typisch deutsche Klangwelten des Alltags. Musik hat einen hohen Stellenwert im privaten und öffentlichen Leben, die überlieferte Klassik wird genauso gepflegt wie die Neugierde auf die Kompositionen zeitgenössischer Tonsetzer. Wenn die jungen Leute nur ihre weißen Stöpsel aus den Ohren nähmen, dann würden sie das auch hören.

Die Speise

Kann es Köstlicheres geben als Königsberger Klopse? Ja, okay, kann es. Aber so richtig Hunger hat man doch nur auf solche Sachen. Erst eine richtig schöne Gemüsebrühe kochen, dann das Gehackte mit Meerrettich, Zwiebeln, Sardellen, Senf, Kapern und eingeweichten Brötchen kneten, zu Klopsen formen und sieden, schließlich die Klopse in der Brühe köcheln, Brühe mit Mehlschwitze andicken, Weißwein und Zitronensaft zugeben, würzen und dann zu bißfesten Salzkartoffeln servieren. So schmeckt Heimat.

Wie konnte das nur in Vergessenheit geraten? All die Umwege, die unsere Küche die letzten 30, 40 Jahre hinter sich gebracht hat. Aber es war ja nötig. In meiner Jugend in den frühen 70er Jahren wurden exotische Speisen gerade Mode: Toast Hawaii zum Beispiel oder Pastete mit Hühnerragout („Ragout fin"), das waren gewagte Rezepte. Zu besonderen Anlässen köchelte man Fondue. Endlich keine Linsensuppe mehr oder Griesbrei mit Kompott. Die italienische Raffinesse hielt Einzug in Form von Miracoli-Nudeln, mit vorgefertigtem Tomatenmark und einer Kräutermischung, die so dreist war, daß ihr Geschmack noch heute fest in den Tiefenschichten des Gehirns gespeichert ist und schon das Wort „Miracoli" genau diesen unsäglichen Geschmack heraufbeschwört. Manchmal - in junk-food- Stimmung - esse ich das heute noch gerne.

Dann kam die Nouvelle Cuisine. Das war wirklich Kunst. Nur war immer zu wenig auf dem Teller. Eine ganze Generation lernte daran. Essen konnte mehr sein als satt werden, und frische Zutaten, die nicht überkocht wurden, das war etwas Neues. Langsam aber sicher tröpfelte die eine oder andere Flasche kaltgepreßten Olivenöls in die Haushalte, meist von genießerischen Eltern aus den großen Ferien in Italien oder Südfrankreich mitgebracht. Wer etwas auf sich hielt, kochte mit „Kräutern der Provence". Daß man in arrivierten Kaffeehäusern und Museumsdestillen jetzt auch „Café au lait“ oder in anspruchsvollen Bäckereien auch Baguette-Stangen bekam, gehörte ebenfalls zu dieser von Frankreich herkommenden, neuen Lebensart. Beim „Griechen um die Ecke“ konnte man den Balkangrill fast schon vergessen, der Geruch von Moussaka und Souvlaki erinnerte einen an die ersten Ferien auf Kreta. Salatsoßen ohne Joghurt und Zucker anzumachen, war ein Zeugnis für weltmännische Lebensart. Rührend bemühte Hausfrauen wurden mit dem Spruch „Wolfram Siebeck würde es so machen...“ angespornt. Siebeck war der Gourmetpapst der ZEIT. Als ich viel später einmal in seinem wunderbaren, aristokratischen Anwesen oberhalb der Rheinebene, gegenüber dem Elsaß, zu Gast war, meinte er, alle Welt glaube, so ein Feinschmecker wie er esse zu Hause immer nur die allerfeinsten und aufwendigsten Sachen. Aber das stimme gar nicht, meistens speise man bei ihm zu Hause ganz einfach. Und wie zum Beweis gab es Pellkartoffeln mit Salz und Butter, dazu grüne Bohnen mit geraspeltem Parmesan und einen spritzigen Elsässer Weißwein. Es war ein Gedicht.

Nun wandelte sich die deutsche Küche weiter. Es schwappten andere Wellen und andere Moden über die Küchen der Republik. Nicht immer zum besseren. Das „TV-Dinner“ für „Singles“ galt vordem als Astronauten-Nahrung, die man nur in Amerika erwerben konnte. Mitte der 70er Jahre wurden die ersten McDonalds in Westdeutschland eröffnet, das „Heute bleibt die Küche kalt, wir gehen in den Wienerwald“ bekam Konkurrenz, und es mußte verlieren. Aber es kamen auch die Italiener, und die Chinesen. Aus den einfachen Pizzabäckern und Pasta-Bolognese-Stuben wurden ordentliche Restaurants, in denen man nicht nur freundlich bedient wurde, sondern immer auch ein bißchen das Gefühl vermittelt bekam, zur Familie zu gehören. Bei den Chinesen dauerte es zwar recht lange, bis die volle Dosis Glutamat etwas abebbte, aber so lange dauerte es auch, bis die Deutschen lernten, mit Stäbchen zu essen. Später, in den 90er Jahren wurde die amerikanische Küche - in Maßen - modern, vor allem die Süßspeisen.

Das kam im wesentlichen von der gleichzeitig aufkommenden Mode der neuen Kaffeehäuser. Die alten Tchibo-Röstereien hatten ausgedient, und das als „Cappuccino", „Café Latte" oder, höchste Steigerung des kenntnisreichen Italienischsprechers beim Bestellen, „Latte Macchiatio" in „tall", „medium" oder „large" Portionen dargebotene braune Heißgetränk konnte man jetzt nicht nur in cool designten „Coffee-Shops" zu sich nehmen, sondern in großen Pappbechern auch auf die Straße mitnehmen und noch in der U-Bahn schlürfen. Dazu gab es ganz plötzlich all die kleinen Delikatessen, die man in Deutschland immer vermißte, wenn man von Besuchen, Ferien oder von der Arbeit aus den USA zurückkam: Brownies, Cinnamon-Rolls, Donuts, Muffins, Chocolate Chip Cookies und selbst Bagels. Zuerst in Videoläden, dann auch in eigenen Bars, bekam man nun auch die köstlichen amerikanischen Eissorten Häagen-Dasz und Ben & Jerry´s. Aus Amerika kam auch die schöne und vorher fast ungekannte Sitte, daß man als Gast in Restaurants von einer hübschen Platzanweiserin begrüßt wird, vor der man notfalls gerne ein bißchen Schlange steht und die einen mit einigen höflichen Gesten an den Tisch begleitet. In den späten 90er Jahren schwappte zudem die nächste Asiatenwelle über Deutschland. Das waren vor allem die vietnamesischen Restaurants, die plötzlich überall entstanden und meist völlig den Geruch von ranzigem Öl und das durch Fächer und Troddellampen aufgemotzte Interieur deutscher Eckkneipen verloren hatten, das den Asia-Imbißstuben früher wohl aus Unbeholfenheit anhaftete. Vietnamesische Küche stand jetzt für frisches, nur angegartes Gemüse, exotisch gewürzte Suppen, kurz gebratenes, dünnes Fleisch und zierlich-hübsche, mandeläugige Kellnerinnen mit ihrem freundlichen und schnellen Service. Viele Restaurants spezialisierten sich auch auf einen panasiatischen Stil, wie er in Kalifornien entstanden war, also einer Mischung aller möglichen Einflüsse, aus Vietnam, Thailand, China und sogar Indien.

Und was machte die deutsche Küche diese ganze Zeit? Die schlief natürlich auch nicht. Deutschland ist heute zwar immer noch kein Land des allgemein guten Essens. In Italien schmecken Käse, Wurst und Tomaten aus jedem x-beliebigen Supermarkt besser als in der Freßetage vom KaDeWe. Im Elsaß kocht jede Dorfkneipe besser als die Restaurants der gehobenen Klasse in deutschen Großstädten. Kein Volk Europas gibt so wenig Geld als Anteil ihres Nettoeinkommens für Essen aus wie die Deutschen. Dabei geht es nicht unbedingt darum, wieviel man fürs Essen ausgibt, sondern wieviel man ißt und was. Gibt man mehr für weniger Essen aus, lebt man in der Regel glücklicher und gesünder. Die kürzlich veröffentlichte „Nationale Verzehrsstudie II" der Bundesregierung,[45] die von 2005-2007 rund 20.000 Deutsche befragte, zählt die Folgen falscher Ernährung auf: Mehr als 66 % der erwachsenen Männer sind zu dick und 51 % der Frauen, zudem sind immer mehr junge Menschen „adipös" (zu dick), 10 % der jungen Mädchen aber auch zu dünn. Gesundheitsschäden und wirtschaftliche Ausfälle summieren sich auf 8-14 Mrd € pro Jahr. Insgesamt gesehen essen wir Deutschen zu wenig Vitamin- und Mineralstoffreiches wie Gemüse, Obst und Fisch, dagegen zu viele fett- und zuckerreiche Lebensmittel wie Fleisch, Wurst und Süßigkeiten. Die Unterschichten leben ungesünder als die Mittel- und Oberschichten. Männer essen ungesünder als Frauen, Jüngere ungesünder als Ältere. Eigentlich alles nicht überraschend.

Und doch, und doch – es hat sich etwas gewandelt. Dazu trug auch die Bio-Welle bei, die mit der grünen Bewegung Ende der 70er Jahre ganz langsam einsetzte, aber erst in den 90ern aus ihrer Häkelpullover-, Dinkelbrot- und Birkenstocksandalen-Phase herauskam. Die Biobauern brachten den Deutschen wieder bei, wie eine in der Sonne gereifte Tomate schmeckt, wie Gurken mehr sein können als grüne Wasserscheiben und daß man nicht zu jeder Jahreszeit alle Früchte essen können muß. Inzwischen führen alle großen Supermarktketten ihre eigenen Bio-Produkte, und es gibt längst riesengroße Bio-Supermärkte und sogar kleine Ketten. Das verwundert insofern, als daß die biodynamisch angebauten und schonend verarbeiteten Produkte meist viel teurer sind als die normalen Nahrungsmittel. Allerdings sind es meist gar nicht die

Wohlhabenden, die sich Bioprodukte leisten, sondern die mehr oder weniger gut verdienende Mittelschicht, oft mit akademischem Hintergrund. Diese Leute legen Wert auf gesunde Nahrung, Geschmack und auch eine halbwegs artgerechte Tierhaltung als Grundlage für Eier, Milch, Wurst und Fleisch. Ziemlich überraschend ist, daß laut Nationaler Verzehrsstudie von 2008 immer hin 30 % derer, denen max. 750 € Einkommen pro Monat zur Verfügung stehen, ebenfalls Bioprodukte kaufen.

Zur gleichen Zeit hat sich aber auch ein ganz anderer Trend in Deutschland durchgesetzt, den man in dieser Radikalität und Schärfe in kaum einem anderen Land kennt. Gemeint sind die sogenannten „Discounter", Läden, in denen Nahrungsmittel konkurrenzlos billig verkauft werden und die auf schicke Regale oder hübsche Käsetheken keinen Wert legen. Die meisten Waren werden noch in ihren Kartons präsentiert, um ja keinen unnötigen Aufwand mit Auspacken und Einräumen zu erzeugen. Den Kunden ist es recht, die Sache ist einfach und ehrlich. Die erfolgreichste Kette ist Aldi, deren Gründer, die Brüder Albrecht, binnen zwei Jahrzehnten zu den reichsten Männern Deutschlands wurden. Aldi ist so omnipräsent und hat eine solche Nachfragemacht, daß sich sogar die Verpackungsindustrie nach ihnen richtet. Will Aldi neue Verpackungen mit einem Gas, dem der Sauerstoff entzogen ist, und in die Saugmatten gelegt werden, damit Fleisch einerseits länger hält, andererseits Blut aufgesaugt wird, um die Ware frischer aussehen zu lassen, schwenken die Kunststoffspritzer der Republik allesamt um und zwingen auch die anderen Discounter, nachzuziehen. Der Wettbewerb zwischen den Discountern Aldi, Plus, Netto, Lidl und Penny ist so groß, daß die Margen im Geschäft extrem gering sind. Immer wieder ist man verblüfft, wie es überhaupt möglich ist, sagen wir, für 33 Cent eine 200ml Packung frische Sahne von der Kuh über die Fabrik und das Zentrallager bis ins Regal zu bringen und auch noch die Kassiererin davon zu bezahlen. Die Masse macht´s und der hohe Umsatz. Merkwürdigerweise tragen diese Billigläden zwar dazu bei, daß die Deutschen den Wert von Nahrungsmitteln im allgemeinen für gering halten, daß sie auf der anderen Seite aber mehr und mehr sogar von Zeitschriften wie „Öko-Test" Bestmarken für Qualität und Frische bekommen. Aldi ist gewissermaßen zu einer deutsche Ikone und zu einer Institution geworden, die Arm und Reich gleichermaßen nutzen: man trifft dort den Rentner, der von 500 Euro im Monat leben muß, und den Yuppie, der seine 4.000 netto nach Hause bringt. Vor einigen Jahren erschien sogar ein witzig gemachtes Kochbüchlein mit Rezepten, die mit Aldi-Waren funktionieren, „Al di dente" hieß es, in Anspielung auf den Markennamen des Discounters und auf die Vorliebe vieler Deutscher für die italienische Küche.

In Wahrheit gehören Bio-Markt und Discounter schon mehr zusammen, als es viele wahrhaben wollen. Es gibt nämlich den hybriden Verbraucher. Der schafft es für 20 Euro einen ganzen Einkaufswagen bei Aldi zu füllen, und geht dann um die Ecke zum französischen Käsehändler und kauft für dieselbe Summe zwei Stücken Gruyére und ein Schälchen kernbelassene Oliven, da diese ihr Aroma besser halten als die entkernten. Das sind dieselben Leute, die einmal im Monat für 200 Euro essen gehen, aber zu Hause pappige Weißbrotscheiben mit Käse überbacken konsumieren. Natürlich gibt es auch eine gut verdienende Mittelschicht, die eigentlich immer wählerisch einkauft und alles vom Besten haben will. Für diese Klientel gibt es mittlerweile überall, sogar in Kleinstädten oder gar Dörfern, das richtige Angebot. Früher hießen sie „Feinkostläden", heute sind es eher Läden mit italienischen Namen wie Apulia Sapori, Mani di Fata oder Sotto Sopra und sie führen auch ein eher südliches Sortiment, mit Salami statt Mettwurst, Parmesan statt Emmentaler und Chianti statt Perlwein. Oder es sind eben die Bioläden.

Eine ganze eigene Art des Nahrungsmittelkaufs gibt es ebenfalls überall, selbst in den kleinsten Städten: das sind die Wochenmärkte, auf denen die Bauern aus dem Umland und manche anderen Kleinanbieter ihre Waren in Direktvermarktung verkaufen. Ohne Werbung, aber dafür mit umso inbrünstigerer Marktschreierei. Dafür gibt es sogar Wettbewerbe, bei denen die lustigsten, kreativsten und erfolgreichsten Marktschreier miteinander konkurrieren. So ein Wochenmarkt wärmt einem das Herz, denn es ist ein kunterbuntes Treiben, die Früchte und Gemüseberge sehen frisch aus, zwischendurch kann man eine Bratwurst essen oder einen Espresso schlürfen, Leute gucken, sich ein Stück Schweizer Käse zum Probieren reichen lassen und sich freuen, daß man an Sonnabenden nicht so früh aufstehen muß wie die Marktverkäufer. Nur im Herzen Münchens gibt es einen Markt, der jeden Tag (außer Sonntags) von früh bis spät aufmacht, den unvergleichlichen Viktualienmarkt mit seinen festen „Standl", wie die Münchner sagen - hübschen, grün gestrichenen, altmodisch wirkenden Häuschen mit grauen Blechdächern, deren Auslagen aufgeklappt werden oder in die man sogar hineingehen kann. Am Faschingsdienstag tanzen dort die Marktweiber um den Maibaum herum, etwas verfrüht, gewiß, aber dafür eine Gaudi, um das schlechte Wetter vergessen zu machen. Meist sind es bezaubernde Plätze, auf denen die Wochenmärkte gastieren, um Kirchen und Kathedralen herum, an Kanalufern entlang, auf breiten Grünstreifen und natürlich auf den ihrem ureigensten Zweck nach benannten „Marktplätzen", die vor allem in Landstädten noch allerorten so heißen. Wo man in den Innenstädten heute kaum noch die lokalen Dialekte hört, sondern immer nur Hochdeutsch (oder Schwäbisch), sprechen die Bauern die Mundart der jeweiligen Umgebung und man hat plötzlich wieder so ein gewisses geerdetes Gefühl. In den Adelsstand der Marktbesucher gelangt man, wenn man – so nach 15 oder 20 Jahren regelmäßiger Besuche – von den Marktfrauen mit Nachnamen angesprochen wird.

Richtig gute deutsche Küche gab es eigentlich immer schon im Südwesten des Landes, mit einigen löblichen Ausreißern auch in den größeren Städten anderswo, in München, Hamburg oder Frankfurt/Main, seit der Wiedervereinigung auch in ganz Berlin, in Dresden oder Leipzig. Je näher man an Frankreich ist, desto besser ist im allgemeinen auch heute noch die Küche. Das hat auch etwas mit dem Weinanbau zu tun. Der ist nun einmal hauptsächlich im Südwesten und Südosten Deutschlands beheimatet, an den sich romantisch windenden, in steile Täler eingegrabenen Flüssen Nahe, Ahr, Mosel, Rhein, Saar, Ruwer, Main und Tauber, auf den Hängen Rheinhessens, des Rheingaus, der Pfalz, Frankens und Südbadens. Inzwischen ist das Genießertum auch wieder an den wunderschönen, alten Weingütern im Saale-Unstrut-Gebiet in Sachsen-Anhalt und dem Elbtal bei Dresden eingezogen. Die leichten, sortenrein ausgebauten Weine dieses Ursprungs können sich wieder sehen lassen, und selbst einer der nördlichsten Weißweinhänge Deutschlands, der Werderaner Wachtelberg aus dem seenreichen Gebiet um Potsdam, zieht einem nicht mehr die Zähne vor lauter Säure. Wer Wein trinkt, achtet eher auf feineres Essen, weil beides irgendwie besser zusammen paßt. Zu einer derben Schweinshaxe trinkt man keinen moussierenden Nahe-Weißwein, wohl aber zu einer in Zitronenscheiben eingelegten Maispoularde aus dem Backofen.

Deutsche Weißweine galten einmal als unübertrefflich, wenn es darum ging, schwere, süße Dessertweine oder vollmundige Rieslings zu trinken, die in keinem anständigen Weinkeller in London, Paris, Buenos Aires oder Washington D.C. fehlen durften und von den großen Handelshäusern in Bremen und Hamburg per Schiff in alle Welt gebracht wurden. Um die Wende vom 19. zum 20. Jahrhundert erzielten sie ebenso hohe Preise wie die besten französischen Rotweine. Die Nachkriegszeit, vor allem jedoch die maßlosen, traditionsvergessenen 1960er und 1970er Jahre haben auch hier großen Schaden angerichtet, weil man mittels Flurbereinigung auf Masse machte und nicht selten dem Wein auch noch künstlichen Süßstoff zusetze. Die Marke „Liebfrauenmilch" ruinierte den Ruf des deutschen Weins nachhaltiger als alles andere vorher. Ein weiterer Niedergang schien nicht mehr möglich. Da wechselte ein Panschskandal den nächsten ab, und selbst Gifte wurden seinerzeit einigen Weinen beigemischt. In den späten 1970ern besannen sich endlich immer mehr Winzer auf alte Tugenden, und eine neue Generation machte sich auf zu neuen Ufern. Das Pendel schlug in die andere Richtung aus. Jetzt sollten die Weine alle so trocken wie möglich sein, man vergaß dabei, um wieviel tiefer und differenzierter Weine schmecken können, die einen höheren Öchslegrad haben, also einen höheren natürlichen Zuckergehalt, der sich nun einmal bei Auslesen oder gar Beerenauslesen auf Grund der längeren Reifezeit und Sonnenbestrahlung erst so richtig einstellen kann. Solche Weine dürfen nach deutschem Weingesetz nicht mit Zucker „angereichert" werden. Mein persönliches Erweckungserlebnis hatte ich in dieser Beziehung im berühmten Weinkeller des Bremer Rathauses, einem der ältesten und bestbestückten überhaupt. Wir wurden dort Ende der 1990er Jahre an 300 Jahre alten Weinflaschen vorbeigeführt, auf denen der Staub in dicken Schichten lag, deren Etiketten verschrumpelt, deren Korken von Pilzen übersät waren und deren Flaschengrößen noch keiner heutigen Norm folgten, die aber Genüsse und auch Gerüche erahnen ließen, wie sie vermutlich nur das Paradies bereithält. Wir durften dann einen lieblichen Wein kosten, nicht ganz 300 Jahre alt, dessen Name ich vergessen habe, an dem der uns führende Sommellier aber deutlich machen wollte, welche reichen Aromen ein solcher Wein bietet, der länger gereift, länger gelagert und im Alkoholgehalt schwerer ist, - vorne auf der Zunge, in der Mitte des Gaumens und hinten, im „Abgang".

Ob trocken, halbtrocken lieblich oder süß, heute gibt es in allen Geschmacksrichtungen hervorragende Ergebnisse. Die führenden Rebsorten in Deutschland sind der Riesling (weiß), Müller-Thurgau (weiß), Spätburgunder (rot), Dornfelder (rot), Silvaner (weiß), Blauer Portugieser (rot), Grauburgunder (weiß) und Kerner (weiß). Die wichtigste Sorte, der Riesling, ist eine Rebe, die vom Rhein stammt und dort aus mehreren Kreuzungen entstanden ist, darunter der Traminer, den die Römer nach Germanien gebracht hatten. Es ist die deutsche Rebsorte schlechthin – ein leichter bis mittelschwerer Wein, den man frisch, stahlig, rassig und mineralisch empfindet. Die feine Säure des Riesling perlt wohlig im Mund, hervorragend eignet er sich für späte Lese, wobei die Spätlesen, Beerenauslesen, Trockenbeerenauslesen oder gar Eisweine fast schon petrolschwer sind, wie hochgezüchteter Honig, den man als Höhepunkt zum Abschluß eines üppigen Mahles genießt oder als sparsam ausgeschenkte Wohltat an einem nicht enden wollenden Abend der Gespräche oder des gemeinschaftlichen Lauschens von Musik.

Der britische Weinpapst Hugh Johnson nennt den deutschen Weißwein „den besten Weißwein der Welt", mit einem Charakter, den „kein Wein der Welt nachahmen kann".[46] Das, was den besonderen Charakter der deutschen (Weiß-)Weine ausmacht, sind natürlich die Faktoren, die auch andernorts die Qualität des Weins bestimmen: die Rebsorten, die Bodenbeschaffenheit, das Klima und die Lage des Weinbergs, die Lese, und die Behandlung nach der Lese, die Gärung und die Reifung. Hugh Johnson hält die Ausgewogenheit zwischen Zucker- und Säuregehalt für das „Geheimnis" des deutschen Weins, das ihn in guten Jahren so unwiderstehlich „wie ein großes Kunstwerk" mache. Durch die „vollendete Verschmelzung der Extraktstoffe und des Bodengeschmacks" sei die „Rasse" der deutschen Weine besonders ausgeprägt. Sie verfügten nicht über einen „üppigen Körperreichtum", doch träten ihre Geschmacksnuancen „glänzend hervor", und entfalteten in ihrer Mehrzahl einen „großartigen Bukettfächer".[47] Deutsche Spitzenweine werden selten „verschnitten" - so nennt man das Mischen des Mostes verschiedener Rebsorten, was zum Beispiel bei den Neue-Welt-Weinen üblich ist, um gleichmäßigere Ergebnisse von Jahr zu Jahr zu erhalten. Deutsche Weine sind somit typischerweise sortenrein.

Die deutschen Weine wachsen auf oftmals kleinparzellierten Weinhängen, in teilweise absurd steilen und verwinkelten Lagen, die viele Jahrhunderte alt sind und deswegen etwas Altehrwürdiges ausstrahlen. Die Rebstöcke selbst können bis zu 400 Jahre alt sein. Steillagen bieten günstige Winkel für den Sonneneinfall, selbst wenn die Sonne flacher am Himmel steht, und sie lassen Kaltluft schneller abfließen. Kleine Treppchen, mühsam aufgeschichtete Mäuerchen aus Schiefergestein, Eisenhandläufe und sandsteinerne Pavillons sehen nicht nur romantisch aus, sondern zeigen auch an, daß hier alles Kulturlandschaft ist und der Wein von Menschenhand den Hängen abgerungen wird. Das Verwinkelte der ganzen Anlage vieler Weinlagen führt auch zu einer ungeheuren Vielfalt an Herkunftsbezeichnungen mit so herrlichen Namen der Weine wie „Appenheimer Hundertgulden", „Hattenheimer Pfaffenberg" oder „Monzinger Frühlingsplätzchen".

Die Schar der deutschen Qualitätswinzer ist fast unübersehbar geworden. Die Deutsche Landwirtschafts-Gesellschaft e.V. (DLG) prämiert auf Bundesebene jährlich die besten Weine, wobei nur solche teilnehmen dürfen, die schon an einer Gebietsprämierung erfolgreich teilgenommen haben und amtlich geprüft wurden. Der Internetseite der DLG kann man entnehmen, daß im Jahr 2009 für den Jahrgang 2008 allein 453 Weine den Goldenen Preis der DLG bekommen haben, weitere 1.783 Weine den Silbernen oder Bronzenen Preis. Die besten fünf Weingüter über die letzten Jahre waren das Weingut August Ziegler aus Maikammer (Pfalz), der Winzerkeller Hex vom Dasenstein aus Kappelrodeck (Baden), die Vier Jahreszeiten Winzer eG aus Bad Dürkheim (Pfalz), das Weingut Albert Kallfelz GbR aus Zell-Merl (Mosel) und das Weingut Erich und Eric Manz aus Weinolsheim (Rheinhessen).[48] Weingüter wie Meyer-Näkel, Fritz Haag, Piesport, Joh. Jos. Prüm, Dr. Loosen, Robert Weil, Hermann Dönnhof, Knipser, Domäne Schloß Johannisberg, Markus Molitor, Klaus-Peter Keller, Josef Leitz, Dr. Bürklin-Wolf oder Bernhard Huber stehen für teilweise jahrhundertealte Familientraditionen und zugleich Erstklassigkeit in der Gegenwart.

Besonders der deutsche Riesling ist weltweit wieder sehr gefragt. Während die führenden europäischen Weinländer – Frankreich, Italien und Spanien – in den letzten zehn Jahren kontinuierlich an Weltmarktanteilen verloren haben (an Neue-Welt-Produzenten wie Südafrika, USA oder Australien), ist der Anteil Deutschlands gleich geblieben, allerdings bei schmalen 4 %. Mit etwa 10,5 Millionen Hektolitern Produktion, die durch etwa 80.000 Winzer angebaut werden, stand Deutschland im Jahr 2007 an siebter Stelle der weinproduzierenden Länder, hinter China(!), aber vor Südafrika, Griechenland oder Moldawien. Rund ein Drittel der deutschen Weine werden exportiert, Hauptabnehmerländer sind Großbritannien, die Niederlande und die USA.[49] Auch wenn die Weißweine hervorstechen und man Deutschland als Rotweinland bislang eigentlich nicht unbedingt kannte, beträgt der Anteil des Rotweins an der deutschen Anbaufläche schon 35 % und wächst weiter – mit Blauportugieser und Spätburgunder als den wichtigsten Reben und mit den Anbaugebieten Baden und Nahe als prädestinierte Lagen. Manche dieser Rotweine können es offenbar schon mit den besten französischen aufnehmen.[50]

Zum guten Wein kommt die gute Küche. Über die Jahre hat es immer wieder Spitzenköche in ganz Deutschland gegeben und es gibt offenbar immer mehr von ihnen – ein Zeichen dafür, daß das Publikum nach erlesenen Speisen verlangt. So wie es eine internationale Kunstszene gibt und so wie sich Rock- und Popmusik gar nicht ohne den ständigen globalen Austausch der Stile denken läßt, so ist es auch mit der Küche bestellt. Insofern kann man eigentlich gar nicht mehr sagen, es gäbe „die" deutsche (Spitzen)Küche. Einflüsse erhält sie von überall, ebenso wie unsere Sprache. Dennoch kann man sagen, daß es einen ganz klaren Trend gibt, nämlich die Zutaten zu den Speisen mehr und mehr im eigenen Umfeld zu beziehen. Spitzenköche suchen sich ihr Gemüse, ihr Fleisch und ihre Früchte von ausgesuchten Lieferanten in der Nähe. Natürlich gibt es auch die Belieferung mit Trüffeln aus Frankreich oder Kaviar aus Rußland, in Kühlkisten per Flugzeug gebracht. Aber das wird eigentlich weniger, nicht nur aus Gründen des Klimaschutzes, sondern weil man wieder schätzt, was aus der Nähe kommt, von Bauern und Gärtnern, die man kennt. Dazu bedurfte es zweier Seiten: der, die es nachfragt, und der, die es anbietet. Auf der Anbieterseite hat es in Deutschland in vielen Regionen lange gehapert. Die Ökobauern haben dem, wie gesagt, ein erfreuliches Ende bereitet, und andere, die sich nicht unbedingt als solche verstehen wollen, sind nachgezogen (oder haben es ohnehin schon immer anders gemacht).

Bei den diversen Auszeichnungen durch die großen Restauranttester gibt es für unsere Verhältnisse schon fast eine Inflation:

In der Ausgabe 2010 des Guide Michelin erhielten neun Restaurants drei Sterne,[51] 18 zwei Sterne und 184 einen Stern. Das Restaurant Bareiss in Baiersbronn (Claus-Peter Lumpp), das Restaurant Amador in Langen (Juan Amador) und das Gästehaus Erfort in Saarbrücken (Klaus Erfort) erhielten die drei Sterne zum wiederholten Mal, alle anderen Dreisterner mindestens zum zweiten Mal. Übrigens befinden sich nicht wenige dieser Restaurants in recht geschmäcklerischen Hotels und sehr biederen Gegenden, aber das tut ihrer Kochkunst keinen Abbruch. Neben dem Guide Michelin ist auch der Gault-Millau einflußreich und begehrt. Dieser Restaurantführer vergab 2010 insgesamt elfmal die höchste Note, die vier „Hauben", für deutsche Restaurants. Das waren überwiegend die gleichen wie die, die vom Michelin drei Sterne erhielten, und zusätzlich die Residenz Heinz Winkler in Aschau im Chiemgau (Heinz Winkler), La Vie in Osnabrück (Thomas Bühner), Steinheuers Restaurant zur alten Post in Bad Neuenahr-Ahrweiler/Ortsteil Heppingen (Hans-Stefan Steinheuer) sowie das Fischers Fritz im Ritz-Carlton in Berlin (Christian Lohse) und das Überfahrt in Rottach-Egern (Christian Jürgens). Eine solche Anzahl von Hauben und Sternen hatte es zuvor in Deutschland in dieser Vielzahl noch nie gegeben, doch schon 2008 war Deutschland hinter Frankreich und vor Spanien das Land mit den besten Michelin-Bewertungen überhaupt. Immerhin heißt es, daß solche Spitzenrestaurants regelmäßig von ein bis zwei Prozent der deutschen Bevölkerung besucht werden.[52] Das wären zwischen 800.000 und 1,6 Millionen Menschen, Kundschaft gibt es also genug. Der FAZ-Gourmetkritiker Jürgen Dollase begründet den Erfolg der deutschen Restaurants damit, daß die „Globalisierung in der Kochwelt" erst in den vergangenen Jahren zu „einer Neubesinnung, einer Veränderung der Küchenstile und zu einem neuen Selbstbewußtsein unserer besten Köche" geführt habe: Heute könne man von einer „Neuen Deutschen Schule" sprechen, die sich „undogmatisch und kreativ, aber eben mit dem großen Vorteil ihres entwickelten fachlichen Könnens als eine echte Küchenmacht" darstelle.[53]

Anspruchsvolles Kochen scheint zu einem regelrechten Volkssport geworden sein. Geht man zu einem normal sortierten Zeitungshändler an Hauptbahnhöfen, so findet man dort leicht über 30 Spezialzeitschriften zur Kulinarik und mehrere Dutzend Kochbücher der verschiedensten Provenienz, nach Krimis und der Psychoratgeberliteratur die am besten bestückte Buchecke. Kochbücher werden dabei vor allem zu Weihnachten gekauft und verschenkt, und zwar hauptsächlich von Männern. Nach dem Fest geht der Absatz von Kochbüchern dann meist rapide zurück, und es werden wieder mehr Diät- und Gesundheitsratgeber gekauft, diese aber fast nur von Frauen, wohl als Abbitte zu den vereinnahmten Genüssen. Statistisch kauft sich jeder deutsche Haushalt drei bis vier Kochbücher und Gesundheitsratgeber im Jahr. Dazu kommen seitenweise Rezepte und Restaurantkritiken in Frauenzeitschriften und Illustrierten, in Life Style- und Einrichtungsmagazinen, in Wochen- und sogar in Tageszeitungen. Die beliebtesten Kochportale im Internet verzeichnen über acht Millionen Besucher im Monat. Im Fernsehen gelten Kochshows als Renner, längst nicht mehr nur im Frühstücksfernsehen.[54] Man fragt sich wirklich, wer das Zeug alles liest und sieht, beziehungsweise, wer Zeit und Geld hat, das alles nachzukochen. Aber darum geht es wohl nicht primär. Kochen gilt als unterhaltsam, man schaut gerne zu und läßt sich vielleicht hier und da inspirieren. In jedem Fall kann es der allgemeinen Bildung über Kulinarisches nicht schaden. Und die Hersteller von Küchenmöbeln und -geräten freuen sich.

Die Kochkünstler haben natürlich auch ihre eigene Sprache entwickelt. Anspruchsvolle Mahlzeiten haben anspruchsvolle Titel, Beschreibungen, die gewissermaßen auf der Zunge zergehen. Die Hauptspeise einer der derzeitigen Spitzenköche, Hans-Stefan Steinheuer aus Bad Neuenahr-Ahrweiler (Rheinland-Pfalz), nennt sich zum Beispiel „Poltinger Lamm mit Schulter und Ducca, Bries mit Orangen-Thymian-Nocken, Pimento“ und wird vom „Freßkritiker“ Jürgen Dollase wie folgt beschrieben:[55] „Klar im Zentrum steht das makellose, wiederum sehr natürlich à point gegarte Lamm. Zugeordnet sind kleine Elemente wie die Nocken mit einem Hauch Orange, das Bries mit einer zurückhaltenden Ducca-Aromatisierung (eine Gewürzmischung mit prominentem Anteil von Korianderkörnern und Kreuzkümmel), ein bestechend zartes, aber nicht überaromatisiertes Stück Schulter aus Vakuumgarung, genau proportionierte Pimento-Stücke und etwas leicht angesäuertes Auberginenpüree. Die sensorische Feinabstimmung gerade dieses Gerichtes hat ohne Zweifel Vorbildfunktion." Lieblingswörter Dollases und zugleich die Hauptkriterien für seine Beurteilung der Spitzenküche sind *Aroma* (jedem Bestandteil sein eigenes, Soßen und Gewürze möglichst zur Steigerung desselben), *Struktur* (der Aufbau einer Speisenfolge und das Zusammenfügen der Bestandteile zu einem Gericht), *Sensorik* (das Ertasten und Spüren der Speise mit Zunge und Gaumen, natürlich auch ihre Gerüche), *Textur* (das natürliche Webmuster der Nahrungsmittel, und die Art wie ihre Verarbeitung dieses verändert hat) und *Akkord* (das stimmige Zusammenspiel der Bestandteile). Gute „Freßkritiken" sind immer auch ein sprachlicher Genuß, fürwahr!

Viel wichtiger als das, was die Spitzenköche mit äußerstem und erfreulicherweise immer weiter verbreitetem Raffinement zustandebringen, ist aber doch, was man alltags zu sich nimmt, wo man es kauft und wie man es zubereitet - das, was meist abschätzig als „Hausmannskost" bezeichnet wird. Es steht aber auch zu befürchten, daß diese in der Masse der Haushalte nicht gerade höheren Ansprüchen genügen kann. Restaurants, die mit dem Anspruch werben, „gutbürgerlich" zu kochen, können tatsächlich eher als abschreckend gelten. Und doch: In der Hausmannskost liegt bei rechtem Licht betrachtet der wahre Schatz der deutschen Küche begraben. Das Alltagsdeutschland ist sozusagen ein Kochparadies im Wartestand, langsam wird es entdeckt. Alles, was es braucht, sind gute, frische Zutaten und eine Zubereitung, die Gemüse nicht blaßkocht, Fleisch nicht mit immer derselben „braunen" (Braten-) Soße überdeckt und kleingehackte Petersilie nicht für das alleinseligmachende Gewürz hält.

Die einfache, gute deutsche Küche fängt mit dem Frühstück

an. Das idealtypische deutsche Frühstück besteht aus frischen Brötchen mit Butter, Marmelade, Käse, Wurst und einem weich gekochten Ei. Spannend ist dabei immer, welcher Fraktion jemand angehört: der, die das Ei mit einem gekonnten und mutigen Schlag des Messers köpft, oder der, die die Eierschale im oberen Drittel abpellt. Ob man daraus schon auf den Charakter eines Menschen schließen kann, darf bezweifelt werden, die Sache hat eher etwas mit der Eßästhetik zu tun. Dazu gibt es frisch gebrauten schwarzen Kaffee (Milch oder Sahne sind erlaubt). Alles muß frisch sein, die Brötchen selbstverständlich nicht aufgewärmt und auch nicht aus der industriellen Pappeproduktion. Zu Hause ist das alles keine Frage, da genießt man dieses einfache, nicht zu üppige, aber auch nicht zu schmalbrüstige Frühstück, zumindest an Sonntagmorgenden, und sehnt sich danach, wenn man zu lange woanders ist. Selbst in Italien, wo man die unnachahmliche Kombination eines Cafè und eines Cornetto im Stehen an der Bar um die Ecke zu sich nimmt - was ganze fünf Minuten dauert, es sei denn man palavert noch mit der hübschen Kassiererin oder beobachtet staunend das händische Ballett der Kellner hinterm Tresen, die Geschwindigkeit und Behendigkeit, mit der zehn Bestellungen auf einmal abgewickelt werden und jedem Gast noch ein freundliches „Buon giorno!“ entgegen - und ein „Buona giornata, Dottore!“ hinterhergerufen wird. Und man sehnt sich sogar in den 5-Sterne Hotels dieser Welt nach dem heimischen Frühstück, wo man üppige Frühstücksbuffets mit Zutaten aus aller Herren Länder zur Auswahl bekommt, aber schnell lernt, daß der durchschnittliche deutsche Magen gewohnheitsmäßig nicht darauf eingestellt ist, morgens schon gebratene Würstchen, gebackene Bohnen, drei Spiegeleier, riesige Berge Pancackes mit Maple-Sirup oder ganze Ananasstauden in Joghurt-Kreationen zu degustieren, ganz zu schweigen von Miso-Suppen und Reisbällchen.

Nach dem Frühstück kommt das Mittagessen. Wer den Luxus genießt, daß zu Hause gekocht wird, für die aus der Schule kommenden Kinder, oder am Wochenende für die ganze Familie, der hat hier eine breite Auswahl an wiederum einfachen, herzhaften

Mahlzeiten, die zumindest an Festtagen aus Vorspeise, Hauptspeise und Nachtisch bestehen. Als Vorspeisen werden gerne Suppen gekocht, die manchmal so gehaltvoll sind, daß sie als ganze Mahlzeit dienen: Linsensuppe, Erbsensuppe, Kartoffelsuppe. Die eigentliche Hauptspeise besteht dann meist aus Fleisch oder Fisch, Kartoffeln und Gemüse oder Salat. Natürlich in allen Varianten: Bratwurst oder Brühwurst, Königsberger Klopse, Falscher Hase, Kassler Rippchen, Gefüllte Schmorgurken, Bouletten, Leberkäse, Wiener Würstchen mit Kartoffelsalat, Brathähnchen, Spargel mit gekochtem Schinken und Sauce hollandaise, Forelle blau, Bismarckrollen oder Heringssalat. Andere Hauptspeisen wären, vor allem in ländlicheren Gegenden, Wildbret, also Hirschfilet, Rehrücken oder Wildschweinragout, jeweils mit Preiselbeeren und Pilzsoße. Ganz Wagemutige mögen auch Nieren, Leber, Schweinshaxe oder Rinderzunge. Zu Fleisch oder Fisch gibt es eigentlich immer Kartoffeln, ob als Salzkartoffeln, Pellkartoffeln, Kartoffelbrei, Kroketten oder Bratkartoffeln. Alternativ gibt es Klöße jedweder Art, Spätzle oder Reis. Als Gemüse mag man dazu jede Form von Kohl - Sauerkraut, Rotkohl, Rosenkohl, Blumenkohl, Grünkohl -, sowie Karotten, Wirsing, Spinat, Teltower Rübchen, Rote Beete, Gurken, Erbsen, Bohnen oder Salate unterschiedlichster Art. Regionale Spezialitäten wären zum Beispiel das „Herrgott´s Bescheisserle“ (Maultaschen) aus dem Schwabenländle, „Rode Hieringsalot“ (Heringssalat) von der Waterkant oder Kartoffeln mit Stippe aus der Mark Brandenburg, also Salz- oder Pellkartoffeln, die man mit angerührtem Quark ißt, am besten noch mit ein paar Tropfen Lausitzer Leinöl. Oder Himmel und Erde (Kartoffelpuffer mit Apfelmus), Kirschmichel oder Griesbrei. Das waren und sind auch veritable Hauptspeisen, zu denen man kein Fleisch braucht. Ursprünglich waren diese Speisen sogar ein sogenanntes „Arme-Leute-Essen“, heute, bei dem Überangebot an hochgezüchteten Kochrezepten oder exotischen Mahlzeiten, sind sie wegen ihrer deftigen Einfachheit etwas ganz Exquisites geworden. Arte povera für den Gaumen, Erholung für die überreizten Sinne. Typische Nachtische der gutbürgerlichen Küche sind Obstsalat, Rote Grütze, Armer Ritter, Apfel Charlotte, Birne Helene, Banane im Schlafrock, Apfel- oder Zwetschgenkompott und im Winter Bratäpfel.

Zur deutschen Küche gehören selbstverständlich auch eine Vielzahl ausländischer Rezepte, Nudeln vor allem, auch Pizza, Asiatisches aus dem Wok und hier und da auch ein selbstgemachter Hamburger mit Salat, Tomaten, sauren Gurken, Ketchup und Zwiebelringen. Die österreichische Küche wird überhaupt nicht mehr als ausländisch betrachtet (was sie historisch, als es das Heilige Römische Reich deutscher Nation noch gab, ja auch gar nicht war): Flädlesuppe, Wiener Schnitzel, Marillenknödel, Topfpalatschinken oder Kaiserschmarrn.

Hat man das Mittagessen überstanden, ist der Höhepunkt des Nachmittags nicht mehr fern: Kaffee und Kuchen. Kann es eine deutschere Sitte geben? Vielleicht nur noch der Frühschoppen im Biergarten. Aber Kaffee und Kuchen ist eine eigene Kunstform und als solche eigentlich nur im deutschsprachigen Ausland ebenfalls bekannt. In England hat man die „Tea time“ kultiviert, zu der traditionellerweise kleine Canapées serviert werden, am liebsten mit Gurke belegt, aber auch kleine süße Sünden. In Italien ißt man zu dieser Uhrzeit gar nichts, in den USA wird vielleicht noch ein Kaffee getrunken, aber der Kuchen gehört nicht so recht dazu. In Deutschland trifft sich - wer Zeit hat - ab etwa 16 Uhr zu ebendiesem Kaffee und Kuchen. Wie der Kaffee ist, ist dabei nicht so wichtig. Manchmal ist es auch gar keiner, sondern Tee. Das Entscheidende sind in jedem Fall die Kuchen. Und hier gibt es wahre Schlachten. Ein ganzer Berufsstand, der der Konditoren, lebt davon. Da bekommt man vor allem Torten, je dicker, je sahniger und je gehaltvoller, desto besser: Schoko-Creme-Torte, Schwarzwälder Kirschtorte, Sachertorte, Himbeertorte, Erdbeer-Schmand-Torte, Prinzregententorte und so weiter. Beliebt sind auch Käsekuchen, mit oder ohne Rosinen, und Kuchen aus verschiedenen Teigsorten wie Sandkuchen, Bienenstich, Baumkuchen, Christstollen, Kalter Hund, Windbeutel, Apfelstrudel oder Pfannkuchen. Es gibt eine schier unübersehbare Vielfalt. Und man kauft sie nicht nur beim Konditor (oder schiebt sie als Fertigkuchen aus der Schachtel in den Ofen), sondern backt vor allem auch selbst, endlos viele. Ich bin immer wieder verblüfft, wie hervorragend deutsche Hausfrauen Kuchen backen können. Wenn wir alle arbeitslos würden, könnten wir uns wenigstens gegenseitig noch Kuchen backen. Das können viele fast besser als die Konditoren. Selbstgebackene Kuchen schmecken eben meist frischer und authentischer als solche aus dem Geschäft, und glücklicherweise bekommt man sie bei vielen Gelegenheiten: bei Schulfesten, Straßenfesten, Betriebsfeiern, Geburtstagsfesten und natürlich bei Einladungen zum nachmittäglichen Kaffee oder zum Fünfuhrtee.

Schließlich kommt das Abendbrot. „Abendbrot", welch schönes Wort; es sagt eigentlich schon alles: Es wird Brot gegessen, mit Aufschnitt, also Wurst, Griebenschmalz und Käse, dazu saure Gurken, Tomaten oder auch kleine Salate. Alles steht und fällt mit der Qualität des Brots. Ist es ein Graubrot und ist es frisch, kann man drei, vier oder mehr Scheiben verdrücken, da reicht schon nur Butter oben drauf (die berühmte „Butterstulle"). In gut geführten Haushalten bekommt man zum Abendbrot bisweilen auch sogenannte „Restesuppen", das sind Suppen, die aus dem gemacht werden, was vom Mittagessen übrig blieb, sogar vom Vortag noch. Das wird dann in eine Brühe geschnippelt, in vielen Variationen miteinander kombiniert, manchmal noch im Mixer homogenisiert, und durch Beilagen verfeinert. Aber Kern des Abendbrotes bleibt das Brot mit Butter.

Denn das Brot, das ist in Deutschland etwas ganz eigenes. Mehr als 800 Sorten gibt es und es werden ständig neue erfunden (geschuldet der Körnermode und den Ernährungsforschern bei Großfirmen wie Liekens oder Kamps). Am besten schmeckt das gute alte „Graubrot". So traut es sich heute kaum einer noch zu nennen, jedenfalls in den Großstädten. Da heißt es neuerdings etwas verschämt „Landbrot". Grau soll wohl nichts mehr sein, in unserer Glitzerwelt. Das aber tatsächlich graufarbene Graubrot ist ein Roggenmischbrot, also eine Roggenmehlbasis, gemischt mit Weizenmehl. Das ergibt einen immer noch leichten, aber doch schon gehaltvollen und enorm aromatischen Sauerteig, mit einer hellbraunen oder doppelt gebackenen, dunkleren Kruste. („Kruste“…, was für ein schönes, lautmalerisches Wort.) Die eigentliche Krönung der deutschen Brotsorten ist aber das Schwarz- oder Vollkornbrot. Fast schwarz ist es, voller ungemahlener Körner und jeglichem Öko-Gesundheitsfanatismus unverdächtig. Einfach nur gut. Auf der Ostseeinsel Hiddensee (gleich westlich von Rügen) gibt es einen Bäcker namens Kasten, der das dichteste und härteste Vollkornbrot der Republik backt. Eine Woche lang kann man es ohne jegliche Abstriche an Frische und Aroma essen, dann wird es langsam so hart, daß man eine Flex bräuchte, um es in Scheiben zu sägen. Aber es ist ja vorher meist schon weggegessen. Beim Bund hatten wir ein Schwarzbrot in der Einsatzpackung, das war wesentlich weniger genüßlich, aber genauso hart (da es für Wochen und Monate eßbar bleiben sollte), und wir nannten es deshalb „Panzerplatte“. Wenn es kalt war und man nachts draußen Wache schieben mußte, gab es nichts Köstlicheres, denn man konnte auf einem Bissen viele Minuten kauen, bis er langsam weich wurde. Dann entfaltete auch die Panzerplatte durchaus ihr Aroma.

Dem deutschen Brot habe ich eine besonders schöne Geschichte zu verdanken. Ich war Student im westlichen Massachusetts und zog nach kurzem Intermezzo in einem der Studentenwohnheime auf dem Campus in eine Wohngemeinschaft in einem alten Holzhaus im schönen Ort Northampton. Dort gab es nicht nur den schönsten „Americana“-Laden weit und breit (Levi´s Jeans 505 für zwölf Dollar, bretthart, Holzfällerjacken, Eisenbahnerstiefel und so weiter), sondern es gab auch eine „German Bakery“. Als ich sie das erste mal betrat, sah ich in der Schlange vor mir ein wunderschönes Mädchen, mit langen rotblonden Haaren und braunen Knopfaugen. Puh, dachte ich, der Ort war ja bekannt für seine hübschen Mädels, denn es befand sich dort das Smith College, eines der besten Colleges für die höheren Töchter der amerikanischen Gesellschaft. Aber diese hier, die stach da noch heraus. Sie hatte etwas ganz Apartes, Zivilisiertes an sich, schon der Blick von halbhinten offenbarte das. Ich achtete genau darauf, was sie bestellte und wie sie es sagte. Ein fast gehauchtes, klares Amerikanisch, hyperfreundlich. Beim Herausgehen erhaschte ich einen Blick. Ob ich *die* jemals kennenlernen würde? Ich wagte es nicht zu hoffen. Wenige Tage später trampte ich bei dunkler Nacht und eiskaltem Wetter in den Nachbarort Amherst, um dort in ein Oscar-Petersen-Konzert zu gehen. Ein alter Straßenkreuzer hielt an und nahm mich mit. Wenig später hielt er noch einmal, der Wagen schlidderte ein wenig in Richtung Straßengraben, weil es so glatt war. Zwei vermummelte Mädchen hatten ihren Daumen geschwenkt; sie quetschten sich auf die Rückbank, eine von ihnen war *sie*! Zuerst unterhielt ich mich mit dem Fahrer, einem jungen, netten Kerl. Bald mischte sie sich ein, und zu meinem beglückten Erstaunen stellte sich heraus, daß sie auch aus Deutschland kam. Noch ahnte ich es nicht, aber es war der Beginn einer leidenschaftlichen Beziehung, aus der am Ende zwar nichts Dauerhaftes wurde; dafür heiratete mein Bruder ihre Schwester, und ich habe drei wunderbare Nichten und Neffen aus dieser Verbindung. Alles wegen des deutschen Brotes.

Neben dem Brot gibt es einen weiteren Beitrag zur kulinarischen Gegenwartskunst, auf den wir Deutschen besonders stolz sind: auf das Bier. Und tatsächlich, Deutschland ist ja gar nicht vorstellbar ohne das gute Bier. Wir sind das einzige Land, in dem noch das Reinheitsgebot von 1516 gilt. Ans Bier darf nur Gerste, Hopfen, Hefe und Wasser. Das heißt, eigentlich gilt dieses Gebot ja nicht mehr, denn die Europäische Kommission hat es aufgehoben, weil es den Wettbewerb beschränkt. Aber wer will, kann noch danach brauen, Importbiere müssen sich nicht daran halten. Egal, jetzt erst recht. Obwohl natürlich auch komische Biere jetzt Mode werden: Tsingtao aus China (vor langer Zeit mal kurz eine deutsche Kolonie oder besser gesagt: ein Protektorat; es reichte, um dort eine deutsche Brauerei aufzubauen, also ist es ja eigentlich „unser Bier"), Corona aus Mexiko (die bauen immerhin gerade die größte Brauerei der Welt, sechsmal so groß wie die größte deutsche Brauerei – die von Beck´s in Bremen – aber mit deutscher Technik und zwar vom über 150 Jahre alten Familienunternehmen Ziemann aus Ludwigsburg, wieder so ein Weltmarktführer im Stillen); und es wird wahrscheinlich nicht lange dauern, dann importieren wir auch welches aus Dubai, mindestens aber aus Indien. Andere Länder haben eben auch Bier. Die Belgier lieben ihr Bier, die Holländer ihres, die Amerikaner lieben ihre Schraubverschlüsse und die „Miller Time“ (was bei uns der Feierabend ist). Japaner sind ganz verrückt nach Sapporo und Kirin; von den Tschechen und ihrem süffigen Gerstensaft gar nicht zu reden. Engländer trinken sogar warmes Bier (bähhh!) und schwören auf ihre unendlich vielen „micro breweries“. Also, wir haben die Liebe zum Bier nicht gepachtet. Aber irgendwoher kommen muß es doch, daß alle Welt das deutsche Bier kennt und lobt. Weil wir die dicken Bierbäuche vor uns hertragen und das in anderen Ländern als Beweis des Genießertums und der Männlichkeit verstanden wird? Wohl kaum. Es kommt schlicht und ergreifend daher, daß das deutsche Bier so gut schmeckt und daß es soviele Sorten davon gibt und daß die Deutschen selber so gerne davon trinken, überall und zu jeder Zeit (im Schnitt pro Kopf 115 Liter im Jahr, nur Tschechen trinken mehr).[56] Als vor sechs, sieben Generationen hunderttausende Deutsche jedes Jahr das Vaterland verließen, um in den Vereinigten Staaten ein neues, ein besseres Leben aufzubauen, fingen sie an, in ihren Dörfern und Stadtvierteln Sonntags morgens Frühschoppen für die ganze Familie einzuführen. Da saßen sie dann alle zusammen, die sonnengegerbten Landarbeiter, die Honoratioren, die Turner, die Damen in ihren weißen Sommerkleidern, die barfüßigen Lausbuben und die niedlichen Mädels mit ihren Schürzenkleidchen und langen Zöpfen. Auf den Tischen die dicken Maßgläser, schaumbedeckt. Ort: Ausflugslokal „Zum frommen Hirschen“ in Milwaukee, Wisconsin. Für die „Yankees“, also die angelsächsischen Amerikaner, ein Grauen und Anlaß zu mancher Gesetzesinitiative oder gar Handgreiflichkeit. Aber daher kommt dieser Ruf: Die Deutschen lieben ihr Bier, und das schon zum Frühstück. Aber wenn man mal ehrlich ist, so schmecken einem durchaus nicht alle Biere. Es gibt da große Unterschiede, natürlich nicht so viele und auch nicht so fein ausdifferenzierte wie beim Wein, aber Bier ist doch nicht gleich Bier. Geschmacksmoden wechseln auch hier, und der Bierbrauer hat endlose Möglichkeiten, die Geschmacksrichtungen zu variieren. So trinkt man eigentlich immer möglichst die lokalen Biere und kann sich stets aufs neue überraschen lassen. (Übrigens empfehle ich dringend, auch im Ausland nicht ausschließlich „Beck´s" oder „Radeberger" zu bestellen, sonst könnte man ja gleich zu Hause bleiben.)

Kein Bericht über die deutsche Eßkultur wäre komplett ohne typisch deutsche Orte zu erwähnen, wo es stattfindet, dieses Delektieren. Sie sind berühmt auf der ganzen Welt, auch wenn es im Ausland sehr selten gelingt, diese Orte nachzuahmen. Wenn es überhaupt in den großen Städten dieser Welt Restaurants mit deutscher Küche gibt, dann sind es meist etwas peinliche Etablissements nach dem Muster „Old Heidelberg", in denen alles gemixt wird, was irgendwie deutsch sein könnte: Löwenbräu-Bier, Kellnerinnen im Dirndl, laute Blasmusik oder Schifferklavier, und im Menü ein krude Mischung von Bismarckrolle, Jägerschnitzel, Schweinshaxe und Kaiserschmarren. Das ganze umgeben von Fachwerkoptik, Butzenscheiben, Sauerkrautdünsten und Schummerlicht.

Zu Hause freilich sieht das ganz anders aus. Nein, natürlich nicht ganz anders, aber echter. Das ultimative deutsche Restaurant ist nun einmal tatsächlich die ganz große Bierschänke, in der man sich in Gewölben, Hinterstuben und Zapfmeilen verlieren kann. Nicht nur auf Japaner oder Spanier wirken diese wie ein Kulturschock, wenn man sie zum ersten Mal betritt. Ich beschwöre, daß ich zwar inmitten einer deutschen Großstadt aufgewachsen bin, aber bis zu meinem – na sagen wir – 23. Lebensjahr nie eine solche Dampfnudelhöhle betreten habe. Das erste Mal war dann ganz sicher in München. Hofbräuhaus, Franziskaner, Paulaner und wie sie alle heißen. Das ist der absolute Wahnsinn. Man ist fassungslos. Schwere Holztische, auf denen Dutzende Maßgläser oder Humpen stehen, eilige Kellner mit ledernen Lendenschürzen, die pfannengroße Teller mit riesigen Schnitzeln, Leberkäsen oder Nürnberger Würsten, komplett mit Knödeln, Sauerkraut und brauner Soße (und garantiert einem kleinen Petersilienstrunk als Deko) durch die Gegend tragen, feiste Stammkunden, die an ihren Stammtischen wie angewachsen erscheinen und laut herumgranteln, dazwischen natürlich auch die Schicki-Mickis mit ihren alpen- oder höhensonnengebräunten Gesichtern, gelichteten Scheiteln und langen Haartollen im Nacken, Rauchschwaden über allem und bei alledem der Eindruck, daß sich die ganze Stadt hier befindet, so endlos groß und schichtenübergreifend bevölkert sind diese Lokale. Man taucht voller Lust ein und wundert sich, daß man spätestens am frühen Nachmittag schon einen sitzen hat. Später lernte ich solche Lokale auch in anderen Städten kennen, wobei deren Ausgabe zum Beispiel im Rheinland zwar ähnlich aussieht, aber doch eine andere Stimmung vermittelt. Beispielsweise in Köln am Rhein: Ob im „Früh“, im „Päffgen“ oder im „Sion“, hier heißen die Kellner „Köbes“, tragen blaue Baumwollschürzen und stellen einem in der Sekunde, in der man sich hinsetzt, unaufgefordert und wortlos die erste Runde „Kölsch“ auf den Tisch, die sie „stangen“weise in blauen Tabletts herumtragen und ständig erneuern, sobald man eine Stange ausgetrunken hat. Das geht schnell, weil das Zeug süffig ist und das Glas nur 0,2 L umfaßt. Wieviel von der Flüssigkeit man wirklich zu sich genommen hat, merkt man erst, wenn man die Anzahl der Striche auf dem Bierdeckel sieht oder wenn man aufsteht und dann nicht mehr ganz gerade zum Klo wankt. Dazu ist die Kost nicht ganz so derb wie im Bayerischen, der „halve Hahn“ ist ein mit Käse belegtes Brötchen, auch mit Mett und Zwiebeln belegte Backware ißt man gerne, verschiedene Sorten Pfannkuchen oder, wenn die Lokalität etwas mehr auf sich hält, auch einmal elsässischen Flammkuchen. Der Kölner grantelt nicht wie der Münchner, er fraternisiert. Grundsätzlich. Aus dem Gefühl heraus, daß man doch am besten sich und den anderen den Tag zu einem schönen machen sollte. Und so geht die Unterhaltung schnell und flüssig über die Tische hinweg. Im Karneval gibt´s da noch ganz andere Sachen. Solche Traditionslokale gibt es in den meisten deutschen Großstädten, ob Leipzig, Hannover, Düsseldorf, Stuttgart oder Bremen, mal heißen sie „Ratskeller“, mal „Zum Deutschen Haus“ oder „Gasthof zur Post“. Jedes von ihnen weist seine örtlichen Besonderheiten auf; was sie alle eint, ist eine ungeheure Größe, die vollkommen trendresistente Ausstattung, ein professioneller Service durch Berufskellner, die „gutbürgerliche“ Küche und, natürlich, der hohe Bierkonsum. Und noch eines: Jeder geht hin, jeder ist willkommen.

Das jahreszeitliche Gegenstück im Sommer dazu sind die Biergärten, die ebenfalls eine deutsche Eigenart sind, auch wenn manche Nachbarländer ähnliches haben und das Konzept eine Art Exportprodukt geworden ist. Allein schon diese wunderbare Kombination der Worte: „Bier“ und „Garten“. Man könnte auch sagen „Bierhain“, aber das wäre wohl zu altgriechisch-bukolisch. Tatsache ist, daß hier die Biertische und -bänke meist unter Bäumen, Kastanien, Ulmen oder Rotbuchen stehen, rotweiß karierte Tischdecken haben, und daß man Ausblick hat auf ein Gewässer, einen Park, ein Schloß, eine Gebirgswand oder alles zusammen. Der Geschmack von Brezeln, Leberkäse und süßem Senf liegt einem auf der Zunge, die Kinder freuen sich über Langnese-Eis, Germknödel oder Apfelstrudel mit Vanillesoße.

In den Weingegenden Deutschlands findet man ähnliche Freiluft-Lokalitäten, nur kleiner und meist auch feiner, denn der Weinkonsum, in Maßen genossen, verfeinert in der Regel die Sinne, was auch an den erleseneren Speisen auf den Weingütern zu bemerken ist, oft herrschaftlichen Villen und kleinen Schlössern, die niemals landesherrlichen Zwecken dienten, sondern einfach Ausdruck des Wohlstandes und der verfeinerten Lebensart der Winzerfamilien sind. Die etwas einfachere Variante wären dann die „Straußwirtschaften“, wozu nicht viel mehr gehört, als ein paar Tische und Stühle, ein weinberankter Innenhof, der eigene Weinberg und Mutters Kochkünste. In den sächsischen Weingebieten an Elbe und Saale war es zu DDR-Zeiten geradezu ein Volkssport, daß man seinen eigenen Wein kelterte, in Kleinstbetrieben, und dann in den warmen Monaten mehr oder weniger halbprivat, halboffiziell ausschenkte und auch Wochenendgäste auf der Ritze schlafen hatte. Denn die großen Güter produzierten vorwiegend für die Nomenklatura oder für den Export, und gereicht hat es sowieso nicht. Aber nicht viel anders ging und geht es in den kleinen Dörfern der Pfalz oder des Rheingau zu, wo man an jeder Ecke Wein schlürfen kann und woher auch der Begriff der Straußwirtschaft kommt.

Das Beschaulich-Nette dieser Wirtschaften hat in den Städten sein Pendant in den Eckkneipen, die es allerdings immer weniger gibt – zu sehr zieht überall die Coffeeshop- und Lounge-Kultur ein. Die typische Kneipe aus den 60er oder 70er Jahren, aber auch manches moderne Pendant der 90er Jahre, ist für viele unter uns ja nun wirklich auch eine ästhetische Herausforderung und man macht normalerweise einen weiten Bogen um sie. Schon von weitem strömen diese Etablissements den Charme vergangener Zeiten aus, als Schnitzel noch aus der Friteuse kamen, Kuchen mit Sahne aus der Sprühdose serviert wurde und übergewichtige Gäste sich in Monoblockstühlen unter Coca-Cola-Sonnenschirmen räkelten. Nach Einführung eines weitgehenden Rauchverbots in öffentlichen Einrichtungen und Restaurants haben diese Art der Kneipen, wenn sie denn Raucherlokalität bleiben wollen, wohl nur noch eine Zukunft als Fußball- oder Pferderennspelunken. Manchmal aber, wenn die Kneipen wirklich noch ursprünglich sind, also ohne die Überformungen des Plastikzeitalters und den sonstigen Butzenscheiben-und-Spitzendeckchen-Spießerkram auskommen, können sie anstandslos zu absoluten In-Lokalen werden, wo die junge Stadtbohème sich authentisch und geerdet vorkommen darf. Das „Bötzow privat“ in Berlin Mitte ist so ein Beispiel. Dort trinkt man dann Rothaus-Pils aus Grafenhausen im Schwarzwald und ißt Wiener Schnitzel und Bratkartoffeln oder heiße Bouletten mit Senf. Nur in wenigen Fällen gibt es Eckkneipen, wo sich die Schichten und Alter mischen - ganz anders also als in Biergärten, Brauereilokalen, ländlichen Meiereien oder

Weinwirtschaften. Diese, nicht die Kneipen, sind die wahren deutschen Pendants zu den wundervollen englischen Pubs und Landgasthäusern, die ganz selbstverständlich ihren überlieferten Stil bewahrt haben und wo sich sogar Familien wohlfühlen.

Der Weg der deutschen Küche wird weitergehen, immer auch ein Abbild der wirtschaftlichen und gesellschaftlichen Gegebenheiten, sowie der technologischen Möglichkeiten. Globalisiert waren die Küchen Deutschlands lange bevor das Wort Einzug in den allgemeinen Sprachschatz fand.[57] Ist Essen – wie der Aktienmarkt – ein Frühindikator für Späteres? Ganz sicher nicht im Sinne von Spekulation oder Selbstsuggestion. Aber vielleicht im Sinne von Soziologie und Spaßfaktor. Auf der einen Seite gibt es eine gesundheits- oder auch traditionsbewußte Mittelschicht, die eine neue Einfachheit in überlieferten Gerichten und schmackhaften Frischwaren sucht. Auf der anderen Seite ein immer höherer Standard, mit einer schwindelerregenden Kreativität der Spitzenköche, immer aufwendigeren Küchen und hochgeschraubten Erwartungen einer betuchten Klientel, die gar nichts anderes mehr kennt, als auszugehen. Und schließlich die Fast-Foodisierung einer breiten Masse, die ihren Kindern klebrig-süße Müsliriegel in die Schule mitgibt und sich wundert, warum die Blagen immer dicker werden. Fast eine Parallele zu den drei Deutschlands im Erscheinungsbild: das alte Deutschland, das neue, und das Zwischen-Deutschland. Bei den Speisen wären es: das Deutschland der Hausmannskost, das Deutschland der Gourmetküche und das Deutschland der geschmackseingeebneten Industrienahrung. Letztere kann einem die Lust verderben. Aber erstere beiden harmonieren prächtig miteinander, jede zu ihrer Zeit. Sei es wie es wolle. In 20 Jahren essen wir sowieso alle nur noch asiatisch. Wohl bekomm´s!

Die Feier

Gefeiert wird in Deutschland praktisch unaufhörlich, denn irgendetwas gibt es immer zu feiern. Taufen, Geburtstage, Hochzeiten oder Jubiläen, Premieren, Preisverleihungen oder Ausstellungseröffnungen, Erstkommunionen, Konfirmationen oder deren bemühter Atheistenersatz, genannt „Jugendweihe", Kirmes, Fasching oder Karneval, Straßenfeste, Stadtteilfeste oder Oktoberfeste, Weinfeste, Erntedankfeste oder Laubenpieperfeste – der Reigen des Feierns hört nie auf. Von Strandpartys, Abi-Bällen, Kaffeeklatschs, Staatsempfängen, Operngalas, Benefizkonzerten, Vernissagen oder Finissagen erst gar nicht zu reden.

Nicht jede Feier muß ein Freudenfest sein, eine Party. Im Gegenteil. Feier heißt, daß man etwas feierlich begeht, und am einfachsten ist das, wenn man einem überlieferten Ritual folgt, so daß man nicht lange überlegen muß, wie man was macht, und so daß auch die Gäste ihre Rolle kennen und sich geziemend benehmen. Dies vereinfacht die Dinge ganz ungemein. Im Zuge des Verlustes vieler Traditionen wird das in Deutschland zunehmend schwieriger. Feierlichkeit, die mit Pathos verbunden ist, wird seit dem Mißbrauch kollektiver Gefühle durch die Nationalsozialisten in Deutschland zumindest auf öffentlicher Ebene scheel angesehen. Überhaupt haben wir in Deutschland Schwierigkeiten, Emotionen öffentlich zu zeigen. Wir mißtrauen schnell denen, die das mit uns machen wollen. Und doch finden Emotionen auf Feiern natürlich statt. Ob bei der alljährlichen Wahl der Sportler des Jahres in Baden-Baden, ob bei der Verabschiedung verdienter Mitarbeiter in Betrieben, ob bei den Hochfesten in der Kirche. Bei Veranstaltungen wie diesen gibt es durchaus Momente, die einen stark berühren und es fließt manche Träne, ob aus Freude, Ergriffenheit oder Trauer.

Einen der seltenen Momente staatlich begleiteten, echten Pathos anläßlich einer Feierlichkeit habe ich bei der Trauerfeier für

Willy Brandt erlebt, die Anfang der 1990er Jahre im noch unrenovierten Reichstag in Berlin stattfand. Wir waren nicht unter den geladenen Gästen, sondern standen mit einigen hundert Menschen auf der Rasenfläche vor dem Reichstagsgebäude, wo damals sonst gern Fußball gespielt wurde. Die Berliner Mauer war erst vor kurzem abgerissen worden, die ganze Gegend war noch eine relativ große Einöde, die sie auf Grund der Teilung jahrzehntelang gewesen war. Es war bedeckt und kühl, die Menschen vor dem Reichstag warteten mehr oder weniger ergriffen an einer Absperrung auf dem Rasen. Ich meine zu erinnern, daß die Ansprachen drinnen im Gebäude nach draußen übertragen wurden. Aber da hörte man nicht groß hin. Auf einmal öffneten sich die Pforten des Gebäudes und Soldaten mit Stahlhelmen trugen den von einer deutschen Fahne bedeckten Sarg auf das Vestibül oberhalb der Treppe des westlichen Haupteingangs. Eine Abordnung des Musikcorps der Bundeswehr, die unten auf dem Rasen quer zu den Zuschauern stand, spielte einen Trommelwirbel. Dann stiegen die Soldaten, den Sarg auf den Schultern tragend, langsam gemessenen Schrittes die Stufen der Freitreppe hinab. Zu jedem Schritt schlug eine Pauke. Tumm, …tumm, …tumm… Sonst war es ganz still. Die Gedanken überkamen einen, man dachte an den Mann, der in dem Sarg lag, an seine Stationen vom Flüchtling aus dem Nazi-Reich bis zum Bundeskanzler, an seinen Kniefall vor dem Mahnmal des Warschauer Ghettos, an sein Wort zur wiedergefundenen deutschen Einheit, die zusammenwachsen ließe, was zusammengehöre. Man spürte, daß diesem zutiefst pazifistischen Staatsmann nun die letzte Ehre gebührenderweise durch das Wachbataillon der Bundeswehr gegeben wurde, in einer historischen Situation, die ihn in seinen letzten Jahren glücklich gemacht haben muß. Die Ehrengarde der sargtragenden Soldaten machte ein paar ruhige, perfekt eingeübte Schwenks. Dann setzte sich das gesamte Wachbataillon dahinter in Bewegung, das Musikcorps spielte eine Hymne (ob es die Nationalhymne war, erinnere ich nicht mehr). Man war ergriffen. Es hatte nicht viel bedurft, keine Fanfarentöne, keine aufpeitschenden Worte, nur eine einfache

Zeremonie, würdig und (relativ) bescheiden. Vielleicht einer der großen Höhepunkte des bundesdeutschen Staatszeremoniells.

Mit einer anderen staatlichen Feier, der eigentlich wichtigsten, die das gegenwärtige Deutschland zu bieten hat, hat es etwas merkwürdiges an sich. Gemeint ist der „Tag der Deutschen Einheit“ (im behördeninternen Jargon inzwischen „TdDE“ genannt), also der Nationalfeiertag, an dem die wiedergewonnene staatliche deutsche Einheit vom 3. Oktober 1990 gefeiert wird. Man hat sich inzwischen ein bißchen an diesen Tag gewöhnt und nimmt ihn gerne als freien Tag entgegen, besonders wenn er auf einen Donnerstag oder Dienstag fällt, weil man dann mit dem dazwischen liegenden „Brückentag“ einschließlich des Wochenendes davor oder danach einen regelrechten Kurzurlaub nehmen kann. Aber im Bewußtsein der Deutschen ist er noch nicht als ein Tag angekommen, den man mit tiefen Gefühlen, Stolz und Patriotismus begeht. Das liegt nicht daran, daß wir uns nicht über die friedliche Revolution, das beendete sozialistische Experiment DDR und die staatliche Einheit freuten, es liegt vielmehr an seinem Zustandekommen. Am 3. Oktober passierte nämlich nichts. Jedenfalls nicht im Jahr 1989. Ich arbeitete 1990 im Deutschen Bundestag in Bonn und das Gerücht ging durch die Gänge, der wahre Grund für dieses Datum sei, daß der damalige westdeutsche Außenminister Hans-Dietrich Genscher in seinen Terminkalender geschaut und festgestellt habe, daß er an diesem Tag im Jahr 1990 noch nichts besseres vorhatte. Sicher hatte auch Helmut Kohl ein Wörtchen mitzureden, und es sprachen auch sonst einige Gründe dafür, ein konkretes Datum zu setzen: Der 3. Oktober wurde gewählt, weil dieser Tag zum einen nach dem Abschluß der Verhandlungen Bonns und (Ost-)Berlins zur staatlichen Souveränität mit den vier Kriegs-„Alliierten“ (die „2+4“-Verhandlungen) lag, und zum anderen noch mit genügendem Abstand zur ersten, für den 2. Dezember 1990 vorgesehenen gesamtdeutschen Bundestagswahl - eine reine Verwaltungsentscheidung also, die dann auch eine Vorgabe aus Bonn war, der die DDR-Volkskammer am 23. August in frühmorgendlicher Abstimmung zustimmte. Auch der

Einheitsvertrag zwischen der DDR und der Bundesrepublik war im Laufe des Frühjahrs und Sommers 1990 in ein Stadium getreten, wo man ein baldiges Datum brauchte, um seinen Abschluß auch formal zu begehen. Und sicher: Es gab dann am 3. Oktober 1990 ein großes Fest rund um Reichstag und Brandenburger Tor, komplett mit Nationalhymne, Feuerwerk und Würstchenbuden. Aber das ganze war merkwürdig künstlich, es war kein Tag, der an ein bestimmtes Ereignis erinnerte und der Emotionen hätte aufkommen lassen können. Es haftete ihm (und haftet ihm immer noch) etwas bürokratisch Gesetztes an, wie das Wort von der an diesem Tag „vollzogenen" Einheit in schönstem Beamtendeutsch schon vermuten läßt. Den Tag des Mauerfalls in der Nacht vom 9. auf den 10. November 1989, und damit den Tag, der allen Deutschen (und vielen anderen auf der Welt), die ihn damals mit Bewußtsein erlebt haben, unauslöschlich in Erinnerung bleibt, wollte die politische und mediale Klasse nicht als Nationalfeiertag küren, weil auch unselige Erinnerungen aus der jüngeren Geschichte mit diesem Datum verbunden sind. Am 9. November 1918 fand die Novemberrevolution im Deutschen Reich statt, der Reichskanzler Prinz Max von Baden übergab sein Amt an Friedrich Ebert und verkündete eigenmächtig die Abdankung des Kaisers, Philipp Scheidemann rief aus einem Fenster des Reichstages die Republik aus, es gab große Demonstrationen und alsbald an manchen Orten die Übernahme der Macht durch kommunistische „Arbeiter- und Soldatenräte". Am 9. November 1923 putschten Hitler und Ludendorff in München gegen die Republik, scheiterten aber. Am 9. November 1938 schmissen Nazis Brandsätze in über 1.400 Synagogen in ganz Deutschland, zerstörten mehr als 7.000 jüdische Läden, drangsalierten, schlugen und töteten hunderte Deutsche jüdischen Glaubens, weitere 30.000 wurden inhaftiert und deportiert. Es war die im Volksmund sogleich spöttisch (und damit auch teils ablehnend, teils verharmlosend) genannte „Reichskristallnacht". Es wird also wohl noch eine gewisse Zeit dauern, bis man den 9. November entspannter sehen kann; die Feier aus Anlaß der 20jährigen Wiederkehr des Mauerfalls am 9. November 2009 wurde jedenfalls so fröhlich und würdig begangen, daß man denken könnte, alle Welt habe diesen Tag nun doch schon als den heimlichen „Tag der Deutschen" akzeptiert.[58] Vielleicht brauchen wir uns also gar nicht erst an den 3. Oktober als TdDE gewöhnen. Und auch auf seine eher uninspirierte Feier, die ja in allen Landeshauptstädten reihum alle 16 Jahre einmal begangen wird, könnten wir dann verzichten, einschließlich seiner staatstragenden Reden, Gottesdienste und Kostümumzüge. Gut, daß noch niemand Straßen nach ihm benannt hat.

Das künstliche Datum des 3. Oktober 1990 machten die Regierenden wenige Jahre später mit einem spektakulären Fest wieder gut, das in den Augen eines seiner Initiatoren, des Deutsch-Amerikaners Michael Cullen, so etwas wie das eigentliche Fest der Wiedervereinigung war - an hochsymbolischer Stelle, mit tiefen und freien Emotionen, ein Fest das jeder, der dabei gewesen ist, nie vergessen wird. Die Rede ist von der genau zwei Wochen währenden Verhüllung des Reichstagsgebäudes durch das bulgarisch-französische Künstlerehepaar Christo und Jean-Claude Ende Juni/Anfang Juli 1995. Cullen, der einer der wichtigsten Kenner der Geschichte des Reichstags ist, hatte die Idee dazu schon in den frühen 1970er Jahren gehabt und die Künstler schnell davon überzeugen können. Über 20 Jahre hat es dann gedauert, bis sich eine ausreichende Mehrheit im Bundestag dafür fand. Der Moment dazu war ideal, denn das Gebäude stand nun nicht mehr hart am Eisernen Vorhang in einer Art Niemandsland, sondern inmitten des gerade wieder zusammenwachsenden Berlin. Und vor dem Umzug des Bundestages von Bonn nach Berlin sollte der Reichstag vollständig renoviert und neu ausgebaut werden, so daß er sowieso eine Metamorphose durchmachen würde. Bevor die Bauwagen und -kräne heranrückten, kam es also zur Verhüllung. Von der positiven Entscheidung des Bundestages bis zur Umsetzung dauerte es ein gutes Jahr, schließlich mußten 100.000 Quadratmeter silberglänzender Stoff genäht und so an der Fassade angebracht werden, daß keins der wenigen, noch verbliebenen Ornamente Schaden erleiden würde. Als dann die Verhüllung stand, kamen Hundertausende. Und es gab eigentlich keinen, der nicht vollkommen begeistert war. Ich habe nie eine so entspannte, friedliche und sinnenfrohe Menge Menschen gesehen wie in diesen strahlend schönen Sommerwochen. Man kam, pflanzte sich auf die Rasenflächen vor dem Reichstag nieder, aalte sich in der Sonne, picknickte, blinzelte abwechselnd in den Himmel und gegen das silberne Monument, die Geschichte schien aufgehoben, alles wieder gut gemacht zu sein, ein neuer Anfang gewagt, Menschen aus aller Herren Länder waren glücklich vereint, ohne jeglichen Kommerz, ohne Event-Agenturen und Promi-Zelte. Das erstaunlichste an der Sache war zum einen, wie es den Künstlern gelungen war, in einer Art basisdemokratischer Bewegung über so viele Jahre hinweg an dem Projekt dranzubleiben, immer mehr Menschen dafür zu gewinnen und so viel Geld zu sammeln, daß sich alles ohne öffentliche Mittel umsetzen ließ. In den 1980er Jahren erlebte ich einmal einen Vortrag Christos in der Berliner Urania über sein Vorhaben. Als in Teilen des Publikums eine gewisse aggressive Antistimmung hochkam, trat er ruhig an die Bühnenrampe, schaute die Krakeeler mit unendlich freundlichem Blick direkt in die Augen und beantwortete ihre Fragen und Vorwürfe mit sanften, klaren Worten. Eine genialere Art, auf Einwände gewinnend einzugehen, habe ich selten erlebt. Die andere erstaunliche Sache an der Verhüllung war, daß man den seit den Kriegszerstörungen und Nachkriegsschlichtheiten nicht mehr so recht geliebten Reichstag zum ersten Mal wieder richtig sah, in dem Moment, wo er nicht mehr zu sehen war. Es wurde klar, daß man nur hier, an dieser Nahtstelle von Ost und West, das neue Deutschland politisch vertreten würde können. Und schließlich war als drittes so erstaunlich, daß die Hunderttausenden kamen, weil es etwas Schönes zu sehen gab, ein funkelndes Juwel gigantischen Ausmaßes, ein Bild, an dem man sich nicht satt sehen konnte, besonders auch deshalb, weil es nur ganz vorübergehend existieren würde. Es war ein wahres Fest der Demokratie, der Völkerverständigung und der Ästhetik.

Noch einige Jahre später war dann die vollkommen spontan

entstandene Hochstimmung im Traumsommer der Fußballweltmeisterschaft 2006 in Deutschland, in der auf Plätzen, Straßen, in Kneipen und zu Hause nahezu vier Wochen lang echte Feierlaune herrschte, vielleicht der Moment, in dem das wiedervereinte Deutschland überall im Land zum ersten Mal vollkommen unbeschwert sich und andere feierte. Das konnte nicht verordnet werden, und da mußte man gar nicht mehr Weltmeister werden. Viele, sehr viele Menschen, gerade die Weitgereisten und Höchstqualifizierten der mittleren Generation, gaben freimütig zu, daß sie erstmals in ihrem Leben die schwarz-rot-goldene Fahne geschwenkt oder sich diese Farben auf die Wangen gemalt hätten (zuerst noch mit etwas mulmigem Gefühl, dann irgendwie erleichtert, begeistert). Es kam einfach alles zusammen: eine hervorragende Vorbereitung durch das Organisationskomitee, schöne, moderne Stadien, eine erfrischende und erfolgreiche junge deutsche Mannschaft, fantastisches Wetter und die Flachbildschirmtechnik, die erst die sogenannten „public viewings" auf Plätzen und in Straßencafés möglich machte und so ein ungeahntes Gemeinschaftsgefühl schuf. War das die Geburt eines neuen Nationalismus? Paperlapp! Nach Abschluß der Weltmeisterschaft wurden die Fahnen hübsch eingerollt und man ging wieder zur Tagesordnung über.

Staatszeremoniell hin, Fußballbegeisterung her – am wichtigsten sind im Festereigen unseres Landes ganz sicher immer noch die christlichen Feiern, denn die großen Wegmarken des Jahres sind nun einmal Weihnachten, Ostern und Pfingsten, egal, ob man gläubig ist oder nicht. Man kann gar nicht anders, denn diese christlichen Hochfeste gehören zum Kanon der vom Staat geschützten Feiertage. Sie geben dem Jahr Rhythmus, auf sie lebt man hin, und wenn es nur willkommene Unterbrechungen des Alltags sind. Auch die Industrie hat sich ihrer aufopfernd angenommen, denn immer rechtzeitiger stehen schokoladene Weihnachtsmänner oder Osterhasen in den Regalen der Supermärkte, immer ausgefeilter und üppiger werden Geschenkideen und -angebote.

Nun ist die Säkularisierung der Gesellschaft soweit gediehen, daß die meisten nur noch beim Begriff „Weihnachten“ in etwa wissen, was da laut Bibel passiert ist. Fragt man nach der christlichen Bedeutung von Ostern oder gar von Pfingsten, so wird es schon eng. Was vor 2.000 Jahren in Judäa geschehen ist, warum man diese Tage feiert, das weiß kein Mensch mehr. Etwas übertrieben, aber doch irgendwie wahr. Dennoch nutzt man gerne diese kirchlichen Feiertage, denn es sind Gelegenheiten für einen Kurzurlaub, ideal für Berufstätige vor allem deshalb, weil es trotz der Kalenderverschiebungen immer so ist, daß Ostern mit Karfreitag beginnt und Ostermontag noch darauf folgt. Macht schon mal vier Tage. An Pfingsten hängt immer der Pfingstmontag dran, mit dem freien Sonnabend also drei Tage.

Die anderen christlichen Feiertage werden weithin nicht mehr so recht wahrgenommen und nur noch in ländlichen, vor allem katholischen Gegenden richtig gefeiert. Christi Himmelfahrt, zum Beispiel (als lästerliche Jugendliche sagten wir immer „Jesus´ sky trip“), ist heutzutage stärker als „Vatertag“ in Mode, vor allem in Nord- und Ostdeutschland wandern dann tatsächlich Männerkumpanen in kleinen Grüppchen, ein paar Kästen Bier in einem Bollerwagen hinter sich herziehend, über Land, singen und besaufen sich. Der Buß- und Bettag wurde in allen Bundesländern außer in Sachsen als Feiertag abgeschafft, weil man mit dem einen Tag Mehrarbeit Mehreinnahmen generieren wollte, die man brauchte, um die (neue) Pflegeversicherung mitzufinanzieren. Der Effekt ist längst verpufft, die Abschaffung des christlichen Feiertages blieb. Der Reformationstag gilt nur einigen nördlichen, protestantischen Bundesländern noch als Feiertag, ist aber überall in Gefahr, vom amerikanischen Halloween verdrängt zu werden. „Süßes oder Saures“ rufen dann die Kinder, die als Vampire verkleidet in Scharen zu Nachbarn und in die Läden laufen und sich von verblüfften Erwachsenen beschenken lassen. Eine erstaunliche Erfolgsgeschichte einer Sitte, die vor zehn Jahren noch so gut wie unbekannt in Deutschland war. Getrieben durch die Kinder, die Süßstoffindustrie und dankbare Eltern, die diejenigen unter ihren Kindern, die den St. Martinsumzügen mit der Laterne entwachsen sind, wieder mit irgendetwas beschäftigen können. Sogar Jugendliche nutzen Halloween inzwischen als Gelegenheit, etwas über die Stränge zu schlagen, als Vampir oder Zauberer verkleidet durch die Straßen zu ziehen und Geisterparties mit Trinkgelagen zu feiern.

Solchen Trends hat die Kirche, jedenfalls kurzfristig, kaum etwas entgegenzusetzen. Aber sie kann da geduldig sein und Langmut zeigen. Ihre wesentlichen Traditionen sitzen doch viel fester, als es die ach so aufgeklärte Gesellschaft merkt. Wenn auch der christliche Ursprung und Sinn vieler Feiertage nicht mehr von allen erkannt wird, so geben diese Tage dem Jahr doch einen Rhythmus und inneren Halt. Weihnachten und Ostern werden ausgiebigst begangen, meist im Familienkreise. Mit Weihnachten hat es dabei natürlich seine ganz besondere Bewandtnis. Ein kluger Soziologe hat einmal die ganze weltliche, ungeheure Bedeutung des Weihnachtsfestes für die Gesellschaft beschrieben: Es gebe eben nur diesen einen Tag im Jahr, ja sogar nur eine einzige, lang gedehnte Stunde, nicht mehr, an dem das ganze Land „zur Ruhe kommt", um die sich das gesamte Jahr gewissermaßen drehe. Diese Stunde sei die Zeit von etwa vier bis fünf Uhr Nachmittags am Heiligen Abend, also dem 24. Dezember. Es sei die Zeit, auf die im Grunde das ganze Jahr über alles hinarbeite, in der dann der Motor einer ganzen Gesellschaft fast bis zum Stillstand komme, nach der dann aber schon bald wieder merklich alle „Systeme hochgefahren" würden.

Ein faszinierendes Bild, und irgendwie sehr wahr. Denn es ist die Stunde, in der fast in allen Häusern und Wohnungen, aber auch in Altersheimen, in Krankenhäusern oder in den Leitwarten von Kraftwerken Menschen zusammenkommen und für einige Augenblicke in sich gehen, besinnlich sind. Und in den meisten Familien wird Bescherung gefeiert. Es ist die Stunde, die besonders die Kinder ein ganzes Jahr immer wieder voller Vorfreude herbeisehnen, für die die Eltern schon Wochen und Monate vorher Besorgungen gemacht, Einladungen ausgesprochen, Geschenke gekauft, verpackt, verschickt oder versteckt haben, bis sie

sie unterm Weihnachtsbaum plazieren. Es ist der Nachmittag, an dem alles bereitet ist, an dem man auch in unmusikalischen Familien ein paar Lieder singt und an dem der Lichterglanz die Älteren an das Strahlen in ihren Gesichtern erinnert, das sie als Kinder genauso gehabt haben wie jetzt ihre eigenen Kinder oder Enkel.

Weihnachten in Deutschland ist dabei nicht völlig anders als in Amerika, Frankreich oder England, aber in Nuancen doch. Der Reigen der Vorbereitungen beginnt mit dem 1. Advent, wenn die Kinder den alten Reim aufsagen „Advent, Advent, ein Lichtlein brennt, erst eins, dann zwei, dann drei, dann vier, dann steht das Christkind vor der Tür". Viele Familien haben sich dann einen Adventskranz aus Tannenzweigen gekauft oder selbst geflochten und holen sich so den schönen Tannenduft und den gemütlichen Glanz der Kerzenlichter ins Haus. Nach amerikanischer Sitte hängt man inzwischen hier und da auch kleine Kränze mit roter Schleife an die eigene Haustür, um Nachbarn und Passanten zu erfreuen. Die Kinder haben einen Adventskalender - inzwischen auch Adventssäckchen oder beides -, an dem sie jeden Tag ein Türchen öffnen. Früher freute man sich über hübsche Bildchen hinter den Türchen, heute stecken dort meist kleine Schokolädchen oder sogar kleine Geschenke, am 24. natürlich das größte.

Pünktlich zum 1. Advent sind auch die Hauptstraßen der Städte mit Lichterketten und Leuchtfiguren ausgeschmückt, die abends einen warmen Glanz auf die an sich ja kalte Jahreszeit werfen. In Firmen, in Vereinen und in Kindergärten werden schon in den ersten Dezembertagen Weihnachtsfeiern abgehalten, ganze Belegschaften rücken in Restaurants ein und machen es sich gemütlich. Es gibt Kaffee und Kuchen, Reden und manchmal Aufführungen, zu späterer Stunde oft auch noch Tanz. Zwei bis drei Wochen vor Weihnachten schickt man sich gedruckte, handsignierte Weihnachtskarten, mit einem schnellen Spruch wie „Danke für die gute Zusammenarbeit im Jahr 2000 und „Alles Gute für 2001". In den kinderreichen Familien der oberen Mittelschicht findet ein reger Austausch von auf farbigen Kartons aufgeklebten Fotos der ganzen Brut statt, die man auf Kaminsimsen oder Konzertflügeln aufstellt oder an roten Bändern aufhängt und um Türen oder Wandbilder drapiert. Ein bißchen ist das auch ein Wettbewerb: wer bekommt wohl die meisten dieser Karten und hat damit das weitgespannteste Verwandten- und Freundesnetz? Das macht man aber nur solange die Kinder nicht erwachsen sind, danach ebbt dieser aus Stolz und Freude geborene Eifer ab. Was auch immer die Motive sein mögen – zweifellos freut man sich über solche persönlichen Karten. Denn man weiß: die anderen erinnern sich noch an einen, und über die Jahre sieht man, wie die Kinder der Verwandten und Freunde heranwachsen. In den Foyers großer Banken oder Theater, in den Lichthöfen der Kaufhäuser und selbst in kleinen Amtsstuben oder Wachhäuschen stehen schon bald kleine Tannenbäume, diese deutscheste aller deutschen Gemütspflanzen. Familien, die etwas auf sich halten, kaufen möglichst große Bäume, die dann über drei Meter hoch in ihren Ständern in den Wohnzimmern stehen und mit mundgeblasenen, hauchdünnen Glaskugeln, echten Kerzen und anderem Zierat behängt werden. Aber das passiert erst kurz vor dem 24. Dezember. Vorher gibt es noch manch andere Freuden in der Vorweihnachtszeit. Mit dem 1. Advent haben nämlich auch die Weihnachtsmärkte aufgemacht, die es in Städten an jedem größeren Platz und oft auch noch in kleineren Gäßchen der alten Innenstadtviertel gibt. Man wundert sich dann über das Meer von Buden und fragt sich, was die Zuckerwattenverkäufer, Lebkuchenbäcker, Kerzendreher, Kunstschnitzer, Glasbläser, Spielzeugmacher oder Drehorgel-Gustavs sonst so das ganze Jahr über machen, daß sie so plötzlich nur für diese knapp vier Wochen bis Weihnachten die Zeit haben, die ganzen Tage auf den Weihnachtsmärkten zu verbringen. Es gibt Weihnachtsmärkte, die im Grunde nichts anderes sind, als ein mit Tannenzweigen geschmückte Rummel, durch deren Budengassen dann auch penetrant säuselnd die ewigen „Power-Hits“ der Weihnachtslieder plärren. Dann gibt es aber auch wirklich romantische Weihnachtsmärkte, in denen alles ein wenig mehr handgestrickt ist, wo der

Glühwein noch aus gutem Wein und echten Nelken gemischt wird, wo Liebhaber weihnachtsaffine Waren aus aller Welt erstehen können, geschnitzte Krippen, gestickte Puppenkleidchen oder kleine Messingglocken aus alten Glockengießereien.

Diese Weihnachtsmärkte sind im späten Mittelalter entstanden, eigentlich um den Bürgern der Städte die Möglichkeit zu geben, sich Waren für den Winter einzukaufen. Alsbald wurden daraus aber auch Märkte für Geschenke, Gewürze oder Weihnachtsschmuck. Die ältesten sind die in Bautzen (1384) und Frankfurt am Main (1395). Mit über 300 Ständen soll der größte Weihnachtsmarkt der in Dortmund sein, Dresden hat 250 Stände, der Markt rund um den Kölner Dom soll mit schier unfaßbaren fünf Millionen Besuchern der populärste sein, zu den berühmtesten zählt der Nürnberger „Christkindlmarkt", wie es in Süddeutschland heißt, vielleicht weil besonders Japaner gerne dorthin fahren.[59] In sehr vielen Städten könnte die Umgebung für die Weihnachtsmärkte nicht romantischer sein: Besonders schöne Beispiele finden sich in der Quedlinburger Altstadt mit ihren über 1.000 historischen Fachwerkhäusern, in der ebenfalls am Rande des Harzes gelegenen alten Kaiserpfalz Goslar, in der Barockstadt Ludwigsburg, in Tübingen, Freiburg oder Erfurt, dazu praktisch in allen Kleinstädten. Die Weihnachtsmärkte sind zudem ein echtes Exportprodukt. Nicht nur, daß sie von den deutschsprachigen Ländern und Regionen ausgehend (auch der Elsaß, die Schweiz, natürlich Österreich, Südtirol und Böhmen haben schon lange Weihnachtsmärkte) in weitere Nachbarländer Europas gerückt sind, nach Skandinavien, nach Holland und nach Polen, sondern sie werden als Teil der Deutschlandwerbung in Übersee zunehmend auch in größeren Städten der USA oder Japans (Osaka) eingerichtet. In Chicago findet seit 1995 der „German Christmas Market" statt, der zwar eine private Initiative ist, aber vom dortigen deutschen Generalkonsulat und von der Deutschen Tourismus Agentur unterstützt wird. Seit den 1990er Jahren hat die deutsche Tradition auch in England Fuß gefaßt, der größte Weihnachtsmarkt ist in Birmingham, andere findet man in Bristol,

Manchester, Edinburgh oder Leeds. Weihnachtsmärkte dürften nach dem Oktoberfest der bekannteste deutsche Beitrag zur globalen Festkultur sein.

Gleichwohl: Weihnachtsmärkte sind nicht nach jedermanns Geschmack. Meine Familie meidet sie, wo es nur geht, denn die Mischung von „Stille Nacht, heilige Nacht"-Gedudel aus der Konserve, klebrigen Mandeln, übersüßten Bratäpfeln, Christbaumkitsch, Bratwurstdünsten und Menschenmassen kann einen übellaunig stimmen. Eigentlich schon ärgerlich, daß das Deutschlandbild im Ausland fast immer nur mit solchem „stimmungsvollen", altfränkischem Gedöns in Verbindung gebracht wird, wobei bei vielen noch schnelle Autos, Franz Beckenbauer und Kukucksuhren hinzukommen. Der deutsche „way of life" ist in Wirklichkeit wesentlich bunter, und die Feierkultur allemal. Auf der anderen Seite kann man ja auch ganz froh sein, daß gerade die großen öffentlichen Feste – sei es die Weihnachtszeit, der Karneval oder das Oktoberfest – so beliebt sind. Besser als andere Arten von Aufmärschen großer Massen („Ham´ wa allet schon mal jehabt", würde der Berliner sagen).

Ein Fest, das in Deutschland anders als in den meisten anderen Ländern der Welt gefeiert wird, ist die Hochzeit. In seinen Grundzügen ist die Hochzeit zwar fast überall gleich, schließlich geht es ja um die Vereinigung von Mann und Frau, um das gegenseitige Versprechen, sich zu lieben, zu respektieren und eine Familie zu gründen, und das ist allen Gesellschaften durch alle Zeiten gleich geblieben. Speziell in christlichen Gesellschaften dürften auch die einzelnen Rituale fast überall die gleichen sein, ob in Korea, in Chile oder in Dänemark. Ich habe mal eine Hochzeit auf den Philippinen miterlebt. Fremd war mir da nur die Bekleidung des Bräutigams und der philippinischen Männer, die statt eines dunklen Anzugs oder eines Cuts ein weißes, durchbrochenes Seidenhemd mit Stehkragen trugen. Außerdem wurde jeder Mucks des Brautpaares von Anfang bis Ende auf Videofilm gebannt und von professionellen Agenturen dann zu einem abendfüllenden Partylangweiler geschnitten. Aber sonst fühlte ich mich fast wie zuhause. Das, was Hochzeiten in Deutschland entscheidend von Hochzeiten andernorts unterscheidet, sind: der Polterabend und die Theateraufführungen.

Zugegeben, der Polterabend kommt ein wenig aus der Mode. Die Leute haben keine Zeit mehr, der Aufwand ist zu groß, und der Einladungen sind es eh schon zu viele. Aber hier und da gibt es ihn noch, vor allem auf dem Lande. Eingeladen ist man dann für Freitag abend, die Kleidung ist leger, das Essen eher einfach. Typische Örtlichkeiten sind große Landgasthöfe, auch Scheunen, Gemeindesäle und sogar Turnhallen oder Ausflugsdampfer. Der Kern der Feier ist das „Poltern“: die Gäste schmeißen mitgebrachte Teller und Tassen aus Keramik auf den Boden, wodurch ein oftmals stattlicher Haufen Scherben zustandekommt. Diese Handlung ist an sich schon eine Gaudi. Dann aber bekommt der Bräutigam einen großen Besen in die Hand gedrückt und muß die Scherben auffegen, was nicht ohne viel Gejohle, Lästern sowie mit Hinweisen auf seine bevorstehenden häuslichen Pflichten abgeht. Doch damit nicht genug: Dem baldigen Ehemann wird dann von einigen forschen Jungs unter seinen Gästen noch die Zukünftige „entführt“, so daß er sie suchen gehen muß – ein erneuter Anlaß für alles mögliche Hallodri und Gejauchze. Auf Dörfern, die noch einen guten und traditionsbewußten Zusammenhalt haben, wird schließlich noch ein Bollerwagen voll mit Kuhmist auf dem Dachfirst des zukünftigen Hauses der beiden Eheleute angebracht und ein lebendes Schwein am Türeingang festgebunden. Wahre Herausforderungen also für den Zukünftigen und Zeichen echter Zuneigung seiner Kumpanen, die ihn jetzt an sein häusliches Eheglück „verlieren“.

Früher veranstalteten Verwandte und Freunde am Polterabend zudem häufig das, was heutzutage meist zum Hauptinhalt der eigentlichen Hochzeitsfeiern geworden ist, nämlich das Aufführen von Sketchen, die in halb anzüglicher, halb zugeneigter Form Lustiges, Typisches und Bemerkenswertes aus dem Leben der beiden Brautleute berichten. Da werden dann bekannte Lieder umgetextet und zum Besten gegeben, alle möglichen „Szenen aus dem

Leben" meist in ganz übertriebener Form und witzigen Verkleidungen nachgespielt, und selbst vor dem Albtraum aller reformtheatergeschädigten Kulturbürger, dem Mitmachtheater, schrecken die Gratulanten manchmal nicht zurück. Oft sind diese Aufführungen sehr gelungen, wahre Theater-Talente tun sich auf und insbesondere für die Eingeweihten unter den Gästen und für die Brautleute ist es ein Riesenspaß. Leider sind diese Theatereinlagen häufig allzu zahlreich, was dazu führt, daß man als einfacher Hochzeitsgast ein bis zwei Stunden nach dem Dessert nur dasitzt und eine Aufführung nach der anderen über sich ergehen lassen muß. Dabei gestalten sich nicht alle so gelungen, wie man sich das wünschen würde, sind aber immer lieb gemeint. Wenn man damit vom anstrengenden Gespräch mit langweiligen Tischherrn oder Tischdamen befreit wird, soll es einem recht sein; bevor dann jedoch der Tanz anfängt, ist meist schon Mitternacht vorüber. Nun ja, so ist es dann eben, Aufführungen gehören zur Hochzeit in Deutschland wie die Reden der Brautpaarväter und der Walzertanz des neuen Paares. Wundersamerweise findet dies in einem Land statt, wo die Menschen ihr theatralisches Talent nicht gerade immer offen vor sich hertragen. Und in einem Land wie Italien, wo auch Giuseppenormalverbraucher mit dem festen Glauben aufwächst, er, und nur er, sei in Wahrheit für die Bühne geschaffen, in einem solchen Land kennt man diese Sitte gar nicht. Unsere römischen Freunde waren jedenfalls vollständig entgeistert, als wir, die transalpine Seite der Familie, zum Anlaß einer deutsch-italienischen Hochzeit zu diesem Mittel der Volksbelustigung anhoben.

Deutsche Festkultur hat einen solch hohen Stellenwert, daß sogar im größten Land der westlichen Welt das Wort dafür aus dem Deutschen übernommen wurde. In den Vereinigten Staaten spricht man nämlich immer nur von „Fest" und eigentlich kaum von Party, besonders wenn es sich um größere Exemplare der Gattung handelt und wenn es besonders zünftig zugeht. Das kommt nicht von ungefähr. Die größten öffentlichen Feste finden wahrscheinlich in Deutschland statt, und hiermit sind nicht einmal

Turnfeste und auch nicht Kirchentage gemeint, obschon die Millionen auf die Beine bringen. Das größte der großen – sogar das größte Volksfest der Welt - ist das Oktoberfest in Bayerns Landeshauptstadt. Die offizielle Webseite berichtet, daß das erste Oktoberfest im Jahr 1810 zu Ehren der Hochzeit des bayerischen Kronprinzen Ludwig mit Prinzessin Therese von Sachsen-Hildburghausen stattfand. Damals begannen die Feierlichkeiten am 12. Oktober 1810 und endeten am 17. Oktober, übrigens mit einem Pferderennen. Man wiederholte Pferderennen und Fest in den Folgejahren und fand soviel Gefallen daran, daß es zur Tradition wurde. Daher also der Name Oktoberfest, auch wenn sein Beginn wegen des besseren Wetters in späteren Jahren in den September vorverlegt wurde. Jährlich zieht es vom dritten Sonnabend im September, an dem „angezapft" wird (bayerisch: „O´zapft is´!"), drei Wochen lang bis zu sechseinhalb Millionen Besucher unter die von der Bavaria-Statue bewachte Ruhmeshalle. Viele, sehr viele kommen aus dem Ausland, denn auch für Biertrinker aus Japan, Amerika, Italien und Gottweißwo ist es das Mekka schlechthin. Das ist wie für Wagnerianer: Einmal in Bayreuth gewesen zu sein, auf den Festspielen am Grünen Berg, ist Wunsch und Ziel für ein ganzes Leben. Auf das Oktoberfest kommt man leichter, aber auch nicht unbedingt an die besten Stellen, in die besten Zelte. Die „Wies´n", wie die Münchner zu ihrem riesigen Oktoberfestareal auf der Theresienwiese sagen, sind nämlich kein gewöhnlicher Rummelplatz, obwohl es den dort auch gibt, mit Geisterschloß, Doppel-Looping-Bahnen, Freifallturm (70 m freier Fall in fünf Sekunden) und anderen der modernsten und furchterregensten Jahrmarktfahrgeräten, die man sich vorstellen kann. Nein, das wichtigste am Oktoberfest sind die Bierzelte. Die fassen bis zu 10.000 Menschen gleichzeitig – man stelle sich eine Wirtschaft vor, die so groß wäre! Wenn die Wies`n gefüllt sind, und sie sind es wenige Minuten nach neun Uhr morgens, wenn sie aufmachen, sind es zusammen ungefähr 100.000, die da gleichzeitig feiern. Und Zelte sind oft auf Jahre hinaus reserviert, manche Konzerne mieten sich hunderte von Plätzen und auch sonst gibt es feste Stammbelegschaften. Es ist also trotz all der Größe schwierig, in die Zelte der wichtigsten und pompösesten Brauereien hineinzukommen, wenn man nicht zu den Auserwählten zählt. Hat man aber einen Zugang und kommt man von draußen, von der breiten Wirtsbudenstraße auf dem Areal in eines dieser Zelte hinein, glaubt man seinen eigenen Augen und Ohren nicht. Wirklich. Das ist einer der größten Kulturschocks, die ein nicht aus Bayern stammender Mitteleuropäer in hiesigen Gefilden je erleben kann: Vor ihm tut sich ein Meer von Menschen auf, die dicht gedrängt an langen Holztischen auf Holzbänken hocken, vor sich litergroße Bierhumpen und Riesenteller mit deftig-derben Speisen, die Luft ist rauch- und biergeschwängert, ein tosendes Stimmengewirr und auch Gebrüll von mitsingenden Gästen ist zu hören, und im Mittelpunkt des Ganzen steht eine Empore, auf der eine Blaskapelle schunkelige Volksmusik posauniert. Man ist erst einmal benommen von dem Anblick so vieler schwitzender, offenbar erheiterter, in wilden Verrenkungen gestikulierender Menschen, dem aus prallen Dirndl hervorlugendem Fleisch, von der bisweilen wahrhaft dionysischen Atmosphäre und der verbrauchten, zum Schneiden dicken Luft.

Manche Festgäste blicken auch schon dumpf vor sich hin oder wanken, ganz offensichtlich betrunken, zu den Massenpissoirs außerhalb der Zelte, um Aufnahmefähigkeit zu schaffen für die nächste Maß. Hat man erst einmal einen Platz gefunden, das erste Bier bestellt, einen Leberkäse mit süßem Senf und eine salzige Brezel vertilgt, dann fühlt man sich schon viel wohler. Spätestens nach anderthalb Litern Gerstensaft fängt man an, mitzuschunkeln, dem Nachbarsweibe, wenn es denn halbwegs ansehnlich und anlehn- ungsbedürftig ist, um die Hüfte zu packen und den Gassenhauer der Saison, von dem man vorher noch nie etwas gehört hat, mitzujohlen. Je nach Standhaftigkeit dauert es dann nicht mehr sehr lange, bis man anfängt, auf den Tischen zu tanzen und auch als Norddeutscher auf bayerisch zu fluchen – oder es zumindest zu versuchen. „Kruzitürken“ ist heutzutage sicher nicht mehr politisch korrekt, aber „Saupreissen“ kann man immer noch gefahrlos schimpfen, während man von rotwangig strohblonden Uckermärkerinnen oder Anhaltinerinnen im Dirndl bedient wird, die als Saisonarbeiter aus dem armen Osten hier ihr Brot verdienen (wenn es nicht gleich Ukrainerinnen oder Rumäninnen sind). Das Unglaubliche an der Sache ist, daß dieses Fest das wichtigste gesellschaftliche Ereignis Bayerns und einer der größten Exportartikel deutscher Volkskultur überhaupt ist. In Osaka feiert man inzwischen genauso Oktoberfest wie in Milwaukee, Qingdao oder Blumenau, wo es – nach dem Karneval in Rio – sogar das größte brasilianische Volksfest ist. Nicht einmal vor dem Roten Rathaus in Berlin, gewissermaßen der Schaltzentrale des Antibayern schlechthin, hat das Oktoberfest Halt gemacht. Dort stellt die Löwenbräu-Brauerei zur bewußten Zeit seit einigen Jahren nun auch ein solches Zelt auf, aber nur eines und doch viel kleiner als die in München, und die Berliner interessiert es nicht wirklich. („Dit ignoriern wa´ jar nicht erst", sagen die dann.)

Noch größer als das Oktoberfest ist dann nur noch der Karneval, allerdings findet der an Tausenden von Orten gleichzeitig statt, ist also eine wahre Volksbewegung. Ganze Landstriche gehen hier geschlossen auf die Straßen und Feste. Hochburgen sind die Städte am Rhein, Köln an erster Stelle, Düsseldorf und Mainz (obwohl es da schon „Fassenacht" heißt), aber eben auch in vielen, vielen anderen Städten und Orten – selbst im protestantischen (oder mittlerweile besser: atheistischen) Osten gibt es jahrhundertalte karnevalistische Traditionen in Städten wie Cottbus, Radeburg und Köthen, mit Kostümfesten, berlinernden oder sächselnden Büttenrednern und Umzügen. In anderen Gegenden, zum Beispiel in Bayern, heißt es „Fasching", und im Südwesten haben wir einen gänzlich anderen Karneval, die schwäbisch-alemannische „Fastnacht", die von Umzügen in urigen, waldschratigen Verkleidungen lebt und eher wie ein mystisches Spektakel abläuft. Alles ganz nett, aber nicht vergleichbar mit dem Rheinland. Karneval paßt eigentlich nur dorthin, denn es gehört eine Mentalität dazu, die das Feiern als eigentliche Bestimmung und Lebensform des Menschen wahrnimmt und schon von der Sprache her nichts anderes im Sinn hat, als sich über alles und jeden lustig zu machen. Nicht-Rheinländer können das wohl nur selten nachvollziehen, besonders wenn sie den Karneval nur aus dem Fernsehen kennen. Der eigentliche, wahre Karneval findet nämlich ganz sicher nicht in den Festsälen mit den „Honoratioren" und ihren lächerlichen Narrenkappen und auch nicht während der großen, vom Fernsehen übertragenen Rosenmontagsumzüge statt. Der wahre Karneval spielt sich auf den Straßen und Gassen, in kleinen und in großen Kneipen und auf unzähligen privaten Parties ab, auf denen sich die Rheinländer ausgiebigst vergnügen – vom „Wieverfastelovend" (Weiberfastnacht), einem Donnerstag, bis zum Aschermittwoch. Fast eine ganze Woche herrscht also Ausnahmezustand. Dazu gehören tolldreiste Verkleidungen, mit denen man auch tagsüber ungeniert überall herumlaufen kann, spontane Zusammenrottungen, Rumknutscherei und Anmache ohne Ende. Die Polizisten haben es am besten. Im Zeichen der zu Karneval herrschenden „Knutschfreiheit" sind unsere Freunde und Helfer willige Opfer, wenn sie am Wegesrand der Umzüge stehend, laufend „Bützchen" verpaßt bekommen, wobei die Frauen stets versuchen, ihnen die Schirmmützen zu stibitzen. Karneval, das ist trotz aller Kommerzialisierung auch ein breiter gesellschaftlicher Zeitvertreib über Monate hinweg, denn am 11.11. eines Jahres um elf Uhr elf fängt er offiziell an und baut sich mit Sitzungen und Bällen langsam auf. Die Büttenreden werden eingeübt, die Kostüme der Funkenmariechen geschneidert, die Wagenfiguren aus Pappmaché zusammengekleistert. Die Karnevalsprinzen und -jungfrauen müssen traditionell immer Männer sein, der eine, Prinz Karneval, ist „Seine Tollität", der andere, die Jungfrau, stellt „Ihre Lieblischkeit" dar, in einer Kombination von altrömischen Gewändern und Walhalla-Kleidern, mit blonder Zopfperücke und behaarten Oberarmen; ein „Boor" (Bauer) gesellt sich dazu und zusammen bilden sie das Kölner Dreigestirn. Die Kölner Jecken sagen zu ihnen mit Recht auch „Ihre Feuschtfröhlischkeiten".

Kunst, Karneval und (katholische) Kirche, das paßt in Köln

alles auf das beste zusammen, was kein Wunder ist, denn die Stadt ist, wie eingefleischte Kölner gerne von ihr sagen, „wie dat allte Rom". Man fühlt sich dem Italiener, besser noch, dem Lateiner „an und für sisch", nahe verwandt und da der Karneval sich wohl von spätantik-römischen Winter- und Frühlingsfesten herleitet[60] und dann über die mittelalterlichen Feste in Venedig und Verona seinen Weg über Frankreich nach Deutschland fand, schlug er logischerweise dort sein Hauptquartier auf, wo die meisten römischen Gene noch in der Bevölkerung harren: in der im Jahre 50 n. Chr. von Kaiserin Agrippa der Jüngeren und Mutter des späteren römischen Kaisers Nero zur Colonia Claudia Ara Agrippinensium erhobenen Ubierstadt. Diese Tradition verband sich im späten Mittelalter nahtlos mit dem Drang, vor der kirchlichen Fastenzeit, die am Aschermittwoch beginnt, noch einmal so richtig auf die Pauke zu hauen. Später war es dann ein willkommener Anlaß, sich über die diversen Besatzungsmächte auf Maskenbällen und im Straßenkarneval ungeschoren lustig machen zu können: erst über die napoleonischen Truppen, dann über die Preußen. Aus der Zeit stammen auch die Uniformen der diversen „Garden", ihre silbernen Zöpfe, langen Rockjacken und Kniebundhosen oder die Dreispitze der Tanzmariechen. Nicht wenig rheinische Phantasiemaskerade obendrein.

Oktoberfest und Karneval sind sicher die größten Volksfeste, aber beileibe nicht die einzigen. Die Cannstatter Wasen in Stuttgart bringen an die vier Millionen Menschen auf die Beine, das Schützenfest in Hannover auch an die zwei Millionen. Doch die großen öffentlichen Feste sind nicht jedermanns Sache. Nüchterne Norddeutsche sind vom bajuwarischen Schrumtata beim Oktoberfest eher abgestoßen. Im manchmal sperrigen Osten kann man die spontane Heiterkeit der Rheinländer zur Karnevalszeit nicht immer nachvollziehen, und Schützenfeste sind außerhalb Niedersachsens irgendwie anrüchig: Trotz der Feierlaune, die auch knorrig-rotwangige Landwirte aus dem Oldenburgischen nach einigen „Lüttje Lage" verbreiten, stoßen dennoch die vielen Uniformen, die Paraden und die dahinter hervorlugende Schäferhundidylle bei vielen Zeitgenossen auf Ablehnung.

Gottlob treibt es die Jugend häufig ganz anders. Das ist spätestens seit dem Rock´n Roll der 50er Jahre und Elvis Presley so. Ging man bis in die späten 1980er Jahre zum Tanzen noch in die „Disco", kamen im Jahrzehnt danach wieder „Clubs" und „Bars" in Mode. Wer in den 90er Jahren Anfang 20 war und nicht älter als 30, der muß eine unglaublich aufregende Zeit erlebt haben. Jedenfalls in den großen Städten, und in keiner mehr als im wiedervereinten Berlin. Hier traf eine erlebnishungrige und partysüchtige Jugend auf unendliche Möglichkeiten, in Kellern, Lofts, leerstehenden Ladengeschossen, Hinterhofwohnungen, aufgelassenen Fabrikgebäuden oder Kraftwerken Musik zu machen, zu DJ-Klängen abzutanzen, in die Nächte hinein zu feiern und bis in die Vormittage zu raven. Legendär war der „Tresor", der heißeste Club der frühen 90er Jahre. Tatsächlich im ehemaligen Geldschrank des Kaufhauses Wertheim am Leipziger Platz zu finden, das oberirdisch längst abgetragen war, und dessen Kellerräume unterhalb des Grenzstreifens Jahrzehnte, unweit des abgesoffenen „Führerbunkers", im Tiefschlaf gelegen hatten und jetzt den abgetakelten Charme meterdicker Betonmauern und stählerner Türen ausstrahlten. *Die* Stahlgewitter, die man dort mitbekam, bestanden aus zuckenden Strobolights und Technoklängen, die sich mit Höllenlärm wie eiskalte Hämmer in die Gehörwindungen der Tänzer hineinbohrten und ihre Körper in eine wabernde Masse verwandelten, die wie ein riesiges, vielarmiges Meerungeheuer schweißüberströmt ihr letztes gab. Das „WMF", ein weiterer der berühmten Clubs dieser Zeit, lag in einem alten Werksgebäude dieses Besteckfabrikanten, das ebenfalls einen Dornröschenschlaf hinter sich hatte und jetzt den morbiden Flair vergangener Tage ausstrahlte, den die Partyjugend nur noch als leichten Schauer ihres ganz in der Gegenwart aufgehenden Selbstbildes spürte, aber auch brauchte. Zu Beginn des neuen Jahrtausends kamen dann Etablissements wie das „Watergate", das „Berghain", das „Lido" oder das „E-Werk" in Mode, große, teils äußerst schicke, ultramoderne, teils mit Industrieromantik oder Originalspießigkeit der

1970er Jahre spielende Locations, in denen regelmäßig auf mehreren Etagen getanzt, gegessen oder gechillt werden kann. Die Trends, die Stile, die Orte, die jeweils in sind - man kann ihnen kaum folgen. Wenn sie veröffentlicht werden, sind sie meist schon wieder out. Manchmal geht das innerhalb einer Nacht, da das leicht zu langweilende Partyvolk sich über Handys und SMS schnell verständigen kann, wo mehr los ist, wo es richtig abgeht oder wo nur die Insider reinkommen. In nur einer Nacht schwappt die Stimmung von einem zum anderen Club, größere Trupps angeheiterter Partygänger ziehen in den In-Vierteln Prenzlauer Berg, Friedrichshain und Mitte von einem Lokal zum anderen, bevölkern die Straßen, Plätze und U-Bahnen zu nachtschlafender Zeit, gerade so als sei irgendwo Ausverkauf. Doch manchen reicht nicht einmal mehr die Nacht. Der neueste Trend ist mittlerweile, überhaupt nur noch tagsüber zu feiern, von vormittags bis in den frühen Abend, der „Afterhour". „Überzeugte Tagestänzer", heißt es im Berliner Stadtmagazin Zitty, schliefen dann erst einmal, um am nächsten Tag wieder fit zu sein, „wenn die Party weitergeht". Die Kunst der modernen Zeremonienmeister, der DJs, sei es, die Rotte der Feiernden auch am hellichten Tage mit entspannender, ruhiger Musik in Laune zu bringen, den „Set dann langsam aufzubauen, um es schließlich krachen zu lassen".[61]

Kein Wunder also, daß Deutschland das feierwütigste Land der Welt ist. Zwölftausend öffentliche Feste soll es hierzulande geben, zweihundertachtundzwanzig Millionen Menschen strömen alljährlich zu diesen Feiern,[62] und im Zeichen der grassierenden Eventeritis tourismusversessener Stadtoberer, eines immer breiteren Wohlstandes, von immer mehr Freizeit, fideler Alter und kostengünstiger Reisemöglichkeiten werden es ständig mehr. Fanmeilen mit Millionen von Besuchern anläßlich großer Sportfeste stellen wohl die neueste Erfindung kollektiven Vergnügens dar. Ob diese Art des Feierns immer dem Idealbild einer glückseligen Zeit in fröhlicher Gesellschaft entspricht, sei einmal dahin gestellt. Vielen ist bereits der Gedanke an bratwurstgedünstetes Fähnchenschwingen und delirisches Hüftschwingen inmitten einer Masse Mensch ein Greuel, vielen, sehr vielen gefällt so etwas aber auch. Eines ist sicher: Bei der Masse der Feste gibt es für jeden Zweck und jeden Geschmack die richtige Vergnügung. Gut 20 Jahre nach der friedlichen Revolution und nach der so glücklichen Wiedervereinigung kann man getrost sagen: Einig Deutschland Feierland.

NACHWORT

Wer heute von Deutschland spricht, kommt an zwei demographischen Grundkonstanten nicht vorbei. Die eine ist die zunehmende Alterung der Gesellschaft, die andere die starke, in ihren Auswirkungen erst seit einigen Jahren immer sichtbarere Einwanderung. Beide haben vielfache Ursachen und Auswirkungen, wobei eines meist dabei vergessen wird, nämlich die Frage, welches Verhältnis wir Deutschen zu unserem Land haben, ob wir stolz sind, Deutsche zu sein, ob wir in Deutschland unsere Heimat sehen – und dabei nicht immer gleich ein schlechtes Gewissen haben (sollen).

Der Autor dieses Buches ist überzeugt davon, daß die Bewohner der beiden Rumpfrepubliken, die vor 1990 existierten, seit der Wiedervereinigung endlich wieder zu sich gekommen sind. Nie waren wir als Nation so entspannt wie heute. Deutschland steht wieder mehr zu sich selbst, ist stolz auf das Erreichte (ohne aufzutrumpfen), zerstört nicht mehr alles Alte und strebt vorwärts zu neuen, nur erahnten Ufern, deren grobe Konturen nicht einmal politisch wirklich umstritten sind, allenfalls der Weg dorthin. Der amerikanische Schriftsteller und zeitweilige Ehemann von Marilyn Monroe, Arthur Miller, hat in seiner Autobiographie „Timebends" einmal beschrieben, wie das alte Westdeutschland auf ihn gewirkt habe, wenn er in Frankfurt am Main aus dem Flugzeug stieg. Wie ein „künstlicher Rasen" sei es ihm vorgekommen. Irgendetwas war nicht echt, war abgelöst von seinen Wurzeln, Das war Deutschland-West. Es hatte etwas von einem mustergültigen Organismus in einer Petrischale. Mit der DDR war es nicht anders: Auch ein Organismus in einer Petrischale, aber zusätzlich noch unter einer Käseglocke, durch ein Regime der Angst, des Mangels und der Lüge ermattet und seelisch implodiert. Der Aufbruch von 1989 hat starke innere Kräfte mobilisiert, er hat Deutschland auch wieder deutscher gemacht, im ganz und gar positiven Sinne. Der Anstoß dazu kam aus dem Osten, aber schwappte über auf Millionen im Westen, auf die Beweglichen, auf die für patriotische Gefühle Empfänglichen, auf die Menschen, die aus alten Bahnen heraus und etwas Neues aufbauen wollten.

Indem Deutschland wieder nationalbewußter wird, ist es zugleich auf bestem Wege, ein wahrhaft multikulturelles Land zu werden, aber in einem ganz anderen Sinne, als es den Verfechtern von „Multi-Kulti" vorschwebt. 7,2 Millionen Menschen – fast 10 % der Gesamtbevölkerung – sind Ausländer, noch einmal soviele haben ein ausländisches Elternteil. Immer mehr binationale Ehen werden geschlossen, am meisten davon solche mit bildhübschen und wahnsinnig femininen Polinnen. Chinesische Restaurant-Clans sickern bis ins letzte Dorf vor, wo deutsche Kneipiers längst aufgegeben haben. Familienzusammenführung mit den Gastarbeiterfamilien der dritten Generation bringt nach wie vor einen Strom junger und alter Türken ins Land. Arbeiter auf Montage in Kasachstan oder Vietnam bringen Frauen von dort mit nach Hause. Die Erasmus-Generation der Studenten, die ein oder zwei Semester im Ausland studieren, ist viel europäischer, als es ihre Vorväter waren. Touristen nach Thailand und in die Philippinen entdecken dort die Liebe ihres Lebens. Fußballmannschaften ab Zweiter Bundesliga aufwärts stehen und fallen mit ihren Ballkunstsöldnern aus Osteuropa, Afrika und Lateinamerika. Die Rucksackreisenden unserer Tage trecken durch den schwarzen Kontinent und lernen so Afrika und Afrikaner lieben. Talentierte Deutsch-Kasachen und Deutsch-Rumänen füllen die Hörsäle der Maschinenbaufakultäten und bilden den Grundstock der deutschen Olympiamannschaften. Es ist ziemlich egal, welche Ausländergesetze erlassen werden, diese Tendenz wird anhalten. Die Einwanderung wird weitergehen und die wahrscheinlich einzige Chance bieten, den Rückgang der Bevölkerung Deutschlands bis 2050 auf nur noch 62 Millionen (in der negativsten Prognoserechnung) aufzuhalten.[63] Den Geburtenstreik der überlasteten deutschen Mittelschichten können die immer noch kinderreichen

Familien der alten Oberschicht und des neuen Prekariats nicht wettmachen. Erst wenn wir die zu uns kommenden Ausländer als Einwanderer verstehen, und nicht nur als „Zuwanderer“ oder „Migranten“ (inzwischen fast schon ein Schimpfwort), werden wir in der Lage sein, sie zu absorbieren. Denn dann müssen wir das Bewußtsein dafür entwickeln, daß die Menschen zu uns kommen, weil sie in Deutschland ein besseres Leben führen wollen als bei ihnen zu Hause, daß Deutschland das Gelobte Land für sie ist und daß man ihnen alle Chancen bieten sollte, sich zu integrieren und sozial aufzusteigen.

Warum das ein anderes Integrationsmodell ist, als das, was den Multi-Kulti Adepten lange vorgeschwebt hat, ist klar: Im Mittelpunkt steht die deutsche Kultur, sie ist es, inmitten derer die Ausländer gerne leben, die sie annehmen wollen und die sie natürlich auch ein wenig durch ihre eigenen kulturellen Wurzeln zu bereichern trachten. Erst wenn die Deutschen mit ihrer eigenen Kultur wieder im Reinen sind, wenn sie sie als erstrebenswert ansehen und sie nicht immer gleich mit den negativen Erfahrungen in der Geschichte in Verbindung bringen, werden sich Ausländer integrieren lassen wollen. Und im Vollbewußtsein des Wertes und der Stärke ihrer guten Traditionen und kulturellen Eigenheiten könnten Deutsche ohne weiteres auch Kulturimporte aus dem Ausland akzeptieren und sich anverwandeln – jedenfalls solche, die mit ihren Grundwerten übereinstimmen. Wieso sollte ein Türke, der auf seine eigene, türkisch-islamische Kultur stolz ist, eine Kultur annehmen wollen, auf die die Deutschen judäo-christlicher Prägung nicht stolz sind, ja die sie am liebsten gar nicht mehr wahrnähmen? Integration und Bereicherung funktionieren nur so, das zeigen die klassischen angelsächsischen Einwandererländer Australien, Kanada und USA eindeutig. Dort existiert jeweils eine unangefochtene Leitkultur, die so stark ist, daß sie neuen Einflüssen stets offen gegenüber sein kann, ohne dabei ihre Kernelemente preiszugeben. Die Ewiggestrigen unter uns wollen keine deutsche Leitkultur, so haben sie uns die Parallelgesellschaften der „Zu“-wanderer eingebrockt. Hätten die links-grünen Realitätsverweigerer nur ein bißchen mehr Dialektik gelernt, sie würden es verstehen. Der organisierte Konservatismus war in dieser Beziehung nicht viel besser; nur daß er die Tatsache der Einwanderung nicht als solche wahrnehmen und akzeptieren wollte. Als könnte man zwei Millionen Türken wieder ausweisen. Das kann man natürlich nicht. Und will es auch nicht.

Komischerweise funktionieren die zunehmende Internationalisierung der deutschen Gesellschaft und die Eindeutschung der Einwanderer viel besser, als es uns oft weisgemacht wird. Inzwischen ist es normal, daß fast die Hälfte der Schüler in den anspruchsvollen, altsprachlichen Gymnasien (Latein! Griechisch!) einer Großstadt wie Berlin nicht oder nur teilweise deutscher Herkunft sind. Junge Türken, junge Aserbaidschaner und junge Vietnamesen, deren Eltern vielfach nicht einmal richtig deutsch sprechen können, lernen Platon im Original zu lesen, lernen die Oden von Ovid, in einem altehrwürdigen Gymnasium in der Bildungstradition von Humboldt! Immer mehr Schulen, gerade in Stadtvierteln, wo es kaum noch Deutsche in den Klassen gibt, verordnen sich selbst, nur noch deutsch miteinander zu reden oder einen maximalen Ausländeranteil von 50 % anzustreben. Was kann es Besseres für die Integration der Einwanderer und ihrer Kinder und für die Zukunft eines weltoffenen Deutschland geben? Wir brauchen viel mehr aktive Integration, die eindeutig die deutsche Sprache und Kultur propagiert, ohne die positiven Seiten anderer Kulturen verdrängen zu wollen. Im Gegenteil: auch sie gehören integriert, und zwar in die deutsche Kultur. Nur so kann der viel zu hohe Anteil von (besonders jugendlichen) „Migranten“ an der Kriminalität vermindert, nur so kann die vielerorts zu beobachtende Verwahrlosung ganzer Straßenzüge und öffentlicher Räume aufgehalten und nur so kann das menschliche Potential all dieser neuen Deutschen für sie selbst und für die Gesamtgesellschaft genutzt werden.

Das heutige Deutschland ist nicht mehr das von 1960 und schon gar nicht das von 1940. Geschichte wiederholt sich nie. Moral verändert sich ständig. Das heißt nicht, daß die zukünftige

Entwicklung in eine beliebige Richtung gehen wird. Alle Gesellschaften bewegen sich wie große Tanker auf den Weltmeeren, mit der eingelagerten Energie und dem eingeschlagenen Kurs ziehen sie lange Wellenkämme hinter sich her und können nur in vorsichtigen Ruderbewegungen zu neuen Zielen steuern, die Energie muß immer mal wieder nachgeladen, die transportierten Güter müssen ausgetauscht werden. Doch das Stützskelett des Rumpfes, die Nervenbahnen der Navigationstechnik, die Gesetze von Strömungen und Wetter bleiben die gleichen.

Deutschland hat seine guten Seiten, und es hat seine schlechten Seiten. Zu den schlechten Seiten zähle ich zum Beispiel die ausgesprochene Spießigkeit des Geschmacks recht vieler Menschen (ein Freund sagte mal: „der Hälfte"). Damit verbinde ich keineswegs ein moralisches Urteil. Menschen mit spießigem Geschmack können wahnsinnig freundlich sein, viele gute Werke tun und aufrechte, engagierte Bürger sein. Viel schlimmer als solche, rein ästhetischen Qualitäten ist eine gewisse Tendenz zu Rechthaberei und Humorlosigkeit, jedenfalls im Vergleich zum Beispiel zu Japanern, die einen anderen niemals sein Gesicht verlieren lassen wollen, oder zu Briten, die jede Belehrung erst einmal mit einer lustigen Geschichte und einer Prise Selbstironie einleiten. Recht unangenehm können auch deutsche Eigenarten sein, wie die sehr direkte Art zu kommunizieren, eine gewisse Unfähigkeit zu höflicher Ungenauigkeit oder auch zu Lockerheit in der gegenseitigen Auseinandersetzung. Hier muß alles immer sehr tiefgründig, grundsätzlich und trennscharf ausgemacht werden. Auf der Skala des Schlechten nach oben kommen wir noch weiter, wenn wir den öffentlichen Raum betreten. So etwa fällt es den (West-)Deutschen nach wie vor schwer, sich vor Bustüren, Bank- und Postschaltern oder beim Bäcker in eine Reihe zu stellen (was etwas mit Höflichkeit, Rücksicht und Gemeinschaftssinn zu tun hat). Es darf auch nicht vergessen werden, daß von deutschem Boden zwei verheerende Weltkriege ausgegangen sind und das Tausendjährige Reich mit seiner Menschenvernichtungsmaschinerie unendlich viel Zerstörung und Haß in der Welt säte. Daraus erwächst mitunter heute noch in einigen öffentlichen Debatten gern und schnell die Möglichkeit mit der größten aller Keulen auszuholen: jemandem, dessen Meinung einem nicht paßt, schnell das Etikett „Nazi" um den Hals zu binden. Noch 60 Jahre nach dem verdienten Untergang des Dritten Reiches funktioniert diese Brandmarkung wunderbar: wem sie einmal aufgedrückt wurde, der wird sie so schnell nicht mehr los. Dabei haben sich die moralisch Reinen oft nicht einmal die Mühe gemacht, Geäußertes im Wortlaut zu lesen, geschweige denn mit den Kontrahenten selbst zu reden.

Diese politisch-medialen Empörungskartelle gibt es in jeder entwickelten Demokratie, aber in Deutschland haben sie mit der Zeit des Nationalsozialismus leider einen spezifischen Referenzpunkt, der ganz besonders wirkungsvoll vernichten kann. Es wäre an der Zeit, solche Dünnbrettbohrereien allmählich einfach nicht mehr ernst zu nehmen, sie verhallen zu lassen. Ähnlich ist es mit vielen Punkten der politischen Auseinandersetzung, wo zwar der Referenzpunkt Drittes Reich nicht gesucht wird, wo mitunter aber eine neue Art der Tabuisierung – aus den USA kommend – um sich gegriffen hat: dem Anspruch der „politischen Korrektheit". Auch hier kann man sehr schnell jemanden fertig machen, indem man ihn oder sie zum Beispiel des Rassismus, der Frauenfeindlichkeit oder der Seelen- und Herzlosigkeit bezichtigt. Das Ganze geht nach der Methode vor sich: In jedem Fall erstmal den Knüppel rausholen und auf den Gegner einprügeln – irgendein Vorwand lässt sich immer finden; Sachlichkeit ist dabei nicht gefragt, sondern eher hinderlich. Daß das offenbar funktioniert (jedenfalls in der veröffentlichen Meinung), hat auch etwas mit der noch immer verbreiteten Eigenart von uns Deutschen zu tun, eher das Negative als das Positive, das Glas immer halb leer statt halbvoll zu sehen, eher die schlimme Absicht zu unterstellen als die gute, und sich viel lieber in Bedenkenträgereien zu wälzen als Neues, Ungewohntes willkommen zu heißen.

Aber die gute Nachricht ist, daß sich in all diesen Punkten etwas ändert. Meine zehnjährige Tochter ermahnt mich immer mal wieder, „positiv zu denken" (Ups, ganz meine Rede…), Post,

Banken und Behörden haben gelernt, Schilder und Absperrungen so aufzustellen, daß man sich in einer einzigen Schlange, in der Reihenfolge des tatsächlichen Kommens entspannen kann, dröge Oberlehrerhaftigkeit wird allgemeinhin nicht mehr akzeptiert, und daß ein kleiner Scherz zur Güte viele Situationen entspannen kann - diese Binsenweisheit verinnerlichen immer mehr Menschen. Junge Leute kämen gar nicht mehr auf den Gedanken, als Deutsche wegen der nationalsozialistischen Vergangenheit nun ständig ein schlechtes Gewissen mit sich herumtragen zu müssen (und das nicht etwa aus einer Bildungslücke heraus). Das Vielgereistsein, die gerne aufgenommenen kulturellen Bereicherungen in Küche, Musik, Kunst und menschlichen Qualitäten aus vieler Herren Länder, sie schaffen langsam aber sicher ein neues Deutschland, weltoffener, farbiger und vielseitiger als je zuvor.

Es gibt zahlreiche Eigenschaften, um die uns andere Länder beneiden. Neulich erzählte uns eine italienische Freundin, die vor vielen Jahren einmal ein knappes Jahr in Deutschland gearbeitet hatte, daß sie gerade einen Bescheid der Deutschen Rentenversicherung bekommen hätte, über die aus diesem Jahr zustehenden Rentenbezüge wenn sie denn einmal 65 sein wird. Schon allein die Tatsache, daß eine deutsche Behörde so viele Jahre später einen korrekten Bescheid ins Ausland schickte, überraschte unsere Freundin. Restlos begeistert war sie dann, als sie, von Rom aus, die angegebene Telefonnummer für Auskünfte in Freiburg im Breisgau anrief, und man dort „schon nach dreimal Klingeln" abnahm und umgehend kompetent und freundlich Auskunft gab. „Ich wollte sofort nach Deutschland auswandern, wenn ich das mit unserer italienischen Verwaltung vergleiche", sagte sie, immer noch fassungslos. Nun kennt jeder von uns gegenteilige Beispiele, wo man am eigenen Leibe den Schlendrian, die Verstocktheit oder gar Böswilligkeit von Behörden in Deutschland erlebt hat. Dennoch zeigt die kleine Anekdote aus Rom, wie es eben auch sein kann, und in den meisten Fällen vielleicht sogar ist. Deutschland ist keineswegs eine Servicewüste, wie immer behauptet wird. Hier trifft man in Einzelhandelsläden und sogar in manchen Medienmärkten noch auf Verkäufer, die etwas von ihrem Fach verstehen und den Kunden anständig beraten. Polnische Handwerker mögen fleißiger sein, italienische kunstfertiger, doch deutsche Handwerker sind in der Regel solide, berechenbar, pünktlich und sauber. Die Welt der Arbeit ist im allgemeinen immer noch durch ein hohes Qualitätsbewußtsein gekennzeichnet. Es gibt hierzulande einen Drang zu Gründlichkeit, der für uns und unsere Nachbarvölker im Fall der beiden Diktaturen auf deutschem Boden – bei aller Unterschiedlichkeit – tragische Folgen mit sich gebracht hat, sich in wesentlichen Abschnitten unserer jüngeren Geschichte jedoch durchaus positiv ausgewirkt hat. Ehemalige Staatsbehörden wie Post, Bahn und Telekom haben zwar alle ihre Probleme, schneiden im Vergleich aber doch meist besser ab als ihre Konkurrenten in Nachbarländern. Die wichtigste gesellschaftspolitische Errungenschaft der letzten Jahre der Kanzlerschaft Helmut Kohls, der weitgehend liberalisierte Ladenschluß, hat uns alle entspannter und das Leben leichter gemacht. Und doch ist es irgendwie auch ganz schön, daß in Deutschland nicht alles immer nur dem reinen Diktat der „Serviceorientierung" folgt. Man kann doch geradezu froh sein, daß sich manche Menschen ihre schlechte Laune immer noch nicht nehmen lassen, ihre Muffeligkeit. Nicht alles muß auf Colgate-Lächeln getrimmt sein, nicht immer sollte man so tun müssen, als wenn es einem prächtig ginge. Das hat auch etwas mit einer gewissen Unbestechlichkeit zu tun. Und so ist es auch eine der angenehmen Seiten Deutschlands, daß die Korruption, insbesondere die bei öffentlichen Stellen, eher unterentwickelt ist. Selbstverständlich gibt es sie, erst recht in der Privatwirtschaft, aber sie hat nicht solche Auswüchse, daß ein allgemeines Gefühl existierte, man könne nicht auf regulären Wegen zu seinem Recht kommen. Gewiß, der Amtsschimmel wiehert auch in Deutschland unüberhörbar, aber immerhin gibt es einen Grad der Berechenbarkeit, der staatliche Leistungen nur in seltenen Fällen zu einem Vabanquespiel macht.

Durchaus positiv kann man auch die Tendenz der Deutschen zu Leistungsprinzip und Klassenlosigkeit sehen. Die soziale Mobilität ist enorm hoch, viele erfolgreiche Unternehmer, Freiberufler oder auch Politiker kommen aus bescheidenen Verhältnissen und haben sich nach oben gearbeitet. Familiäre Herkunft, Geld, das Besuchen bestimmter Schulen und Universitäten oder schichtenspezifisches Sprechen spielen eine viel geringere Rolle für den gesellschaftlichen Erfolg, als zum Beispiel in Frankreich oder Großbritannien. Eliten sind keine sozialen Eliten, sondern Funktionseliten (mal abgesehen von den nur sich selbst wichtigen, stets nur selbstreferentiellen medialen „Eliten"). In einem Land, in dem Ingenieure, Wissenschaftler und Fachleute allgemein einen so guten Ruf genießen, ist das auch kein Wunder. Unsere Eliten mögen nicht so exklusiv sein, wie die der alten Oxbridge-Engländer, der Ivy League-Amerikaner oder der Ena-Franzosen, aber schaut man sich Politik, Verwaltung und Wirtschaft an, so hat man doch das Gefühl, daß wir uns im großen und ganzen besser, erfolgreicher regieren und managen als diese Länder. Die Einkommensunterschiede zwischen den sehr Reichen und den sehr Armen sind bei weitem nicht so groß wie etwa in den USA oder in den meisten Schwellen- und Entwicklungsländern. Schulen und Universitäten kosten die Nutzer fast nichts, auch wenn der Staat durch seine miserable Bildungspolitik immer mehr Eltern und junge Menschen in private Bildungseinrichtungen treibt, die natürlich jeden einzelnen viel teurer kommen, da er ja seine verhältnismäßig hohen Steuern, die er eigentlich zahlt, um eine gute staatliche Schule zu haben, weiter zahlen muß (wenn er nicht gerade steuerflüchtig ist).

Trotz aller Nachteile, die der Föderalismus mit sich bringt - Bildungschaos, ständige Wahlen, viele teure Regierungen, uneinheitliche Gesetzgebung, hochkomplexer und demotivierender Finanzausgleich usw. – kann man dennoch sagen, daß die Geschichte Deutschland zu einem Land mit vielen überaus attraktiven Städten, Kulturregionen und Wirtschaftsstandorten gemacht hat. Hierzulande konzentriert sich nicht alles auf die Hauptstadt, wie es in Frankreich oder Polen der Fall ist. Diese Vielfalt und Dezentralität ist einer der Reichtümer Deutschlands, den man allenfalls noch in der Schweiz oder in Italien nachvollziehen kann. In Deutschland gibt es keine echte Provinz, aber auch keine echte Metropole; umgekehrt gesagt: überall ist ein bißchen Metropole, aber auch ein bißchen Provinz.

So machen denn die vielen deutschen Eigenarten – die weitgehend aufgeräumt und ansehnlich daherkommenden Landschaften und Städte, die kraftvolle und reichhaltige Sprache, die Begeisterung für Musik, Kunst, Theater und Bücher, die zu perfekter Präzision gebrachte Gestaltung der Dinge, die erstaunlich freiheitliche Moral zwischen textillosem Strandleben, schnellen Autobahnfahrten und exzessiven Clubparties, die Liebe zur Natur und zur sauberen Umwelt und die reichhaltigen Gaumenfreuden der Brote, Biere und Würste – so machen also diese und andere Eigenarten Deutschland zu einem oftmals wundersamen, im ganzen genommen überaus liebenswerten, herrlichen Land. An vielen Enden wunderschön, voller gebildeter, neugieriger und achtsamer Menschen. Vergleichsweise ernsthaft und tiefgründig. Altehrwürdig und gierig auf Neues. Fleißig und kultiviert. Erfindungsreich und voller Emotionen. Deutschland mag ein wundersames Land sein – ganz zweifellos ist es aber auch ein wunderbares!

DEUTSCHE SPRICHWÖRTER

oder: Wie wir jede Krise meistern

Wer Andern eine Grube gräbt, fällt selbst hinein.

Lügen haben kurze Beine.

Schuster, bleib bei Deinen Leisten.

Wer den Pfennig nicht ehrt, ist des Talers nicht wert.

Ohne Fleiß kein Preis.

Früh übt sich, was ein Meister werden will.

Wer rastet, der rostet.

Was Du nicht willst, was man Dir tu,
das füg auch keinem andern zu.

Jeder ist seines eigenen Glückes Schmied.

Anmerkungen

1 Stefan von Senger und Etterlin, „Das Foto als historische Quelle: Versuch einer methodologischen Annäherung". Working Papers No 22./1990. John F. Kennedy-Institut für Nordamerikastudien, Freie Universität Berlin. S. 13.
2 Siehe www.chank.com/font_detail.php?page=75 (zuletzt besucht am 30. Mai 2009)
3 Zitiert aus dessen neuem Gedichtband Rebus in: „Doch geizige Götter gibt es nicht", Richard Kämmerlings, Frankfurter Allgemeine Zeitung, 25. April 2009, S 5.
4 Der Band erschien sogar noch nach dem Zweiten Weltkrieg. 1955 hatte er die Auflage 475.000 erreicht.
5 „Stadtumbau Ost - Ergebnisse der Evaluierung", von Heike Liebmann, MIR Aktuell, Potsdam, 3/08, S. 5ff.
6 „Im Gespräch: Danniel Tammet, Wie sieht Ihr Kopf von innen aus, Mister Tammet?", Frankfurter Allgemeine Zeitung, 7. Februar 2009, S. Z6.
7 Martin Woldt, „Volvo XC60: Testosterongebremst", Berliner Zeitung, 27./28.9.2008, S. C1.
8 „Was von der Kunst durchs Raster fällt", Swantje Karich, Frankfurter Allgemeine Zeitung, 25.5.2009, S 1.
9 „Medea wohnt hier nicht mehr", von Gerhard Stadelmaier, Frankfurter Allgemeine Zeitung, 11. April 2009, S 1.
10 „Gehnse mit der Konjunktur!", Junge Welt, 31. Dezember 2008, S. 13.
11 „Man spricht Deutsch – spricht man Deutsch?" Plenarvortrag am 25. November 2006 in der Bundespressekonferenz, Von Joachim-Felix Leonhard, aus: Der Sprachendienst 2/2007, S. 42f.
12 Die Welt, 16. Januar 1997.
13 Quelle: USGs Babylon, Nr. 30, 1. April 2009; Newsletter der Firma USG AG, Sindelfingen, www.usg-stuttgart.de.
14 Die Zahlen nach Ulrich Ammon, Deutsch unter Druck von Englisch in Wis senschaft und Politik, in: Deutsch – Englisch – Europäisch. Impulse für eine neue Sprachpolitik, hrsg. v. Rudolf Hoberg, Mannheim/Leipzig/Wien/Zürich 2002 (Thema Deutsch 3), S. 139–151, hier: S. 140; zitiert in „Man spricht Deutsch – spricht man Deutsch? Plenarvortrag am 25. November 2006 in der Bundespressekonferenz, Von Joachim-Felix Leonhard, aus: Der Sprachendienst 2/2007, S. 45.
15 Torsten Harmsen, „Was Deutsch ist", Berliner Zeitung, 16. Januar 2009, S. 28.
16 „Die Wortwarte: Neue Wörter von heute und morgen - Eine Sammlung von Neologismen", www.wortwarte.de (zuletzt besucht am 30. März 2009).
17 Welt vom 29. Dezember 2008.
18 Quelle: www.vds-ev.de/anglizismenindex, (zuletzt besucht am 5. Juni 2009).
19 Quelle: www.vds-ev.de. (zuletzt besucht am 17. Dezember.2008.
20 „Luca und Leonie in Love: Beliebte Vornamen - und der Androgynie-Trend", von Alfons Kaiser, Frankfurter Allgemeine Zeitung, 28.Februar 2009, S. 9.
21 Cf. www.unwortdesjahres.org (zuletzt besucht am 5. Juni 2009).

22 „Das große Wracksausen“, von Wolfgang Peters, Frankfurter Allgemeine Zeitung, 4. April 2009, S. 13.

23 Siehe www.deutscher-sprachrat.de/index.php?id=301 (zuletzt besucht am 5. Juni 2009).

24 „Man spricht Deutsch - Englisch erobert die Welt? Von wegen! In Tokyo gelten deutsche Wörter als cool. Weil sie so schön rätselhaft sind“, von Björn Rosen, Der Tagesspiegel, 11. April 2010, S. S5.

25 Siehe die populärwissenschaftliche Sammlung von DDR-typischen Begriffen auf der Seite: www.zeitzone-ddr.de/de/abteilung_inneres,glossar/ (zuletzt besucht am 6. Juni 2009).

26 Carsten Dierig, „Deutschland hinter China auf Platz zwei der Produktfälscher, in: Welt Online, 21. April 2010.

27 „Hidden Champions“, Anzeigenveröffentlichung Frankfurter Allgemeine Zeitung, 7./8. Januar 2009.

28 Putzmeister Post Nr. 74, Sonderausgabe zum 50. Jubiläum, 2008, siehe www.putzmeister.de (zuletzt besucht am 11. Juni 2009).

29 Deutsche Stars: 50 Innovationen, die jeder kennen sollte. Hsrg. von der Initiative „Partner für Innovation“, Berlin, 2006. Siehe auch www.innovationen-fuer-deutschland.de.

30 „Miele kommt in Dubai ganz groß heraus“, Frankfurter Allgemeine Zeitung, 18. August 2009.

31 Nach einem Bericht von Hannah Arendt in: Hannah Arendt, Martin Heidegger, Ursula Ludz: Briefe 1925 bis 1975 und andere Zeugnisse. Frankfurt am Main 2002, S. 184. Zitiert im Artikel „Martin Heidegger“ in Wikipedia (zuletzt besucht am 21. Juni 2009).

32 „Ergebnisse des Waldzustandserhebung 2008“, Bundesministerium für Ernährung, Landwirtschaft und Verbraucherschutz, vom 23.Januar 2009, www.bmelv.de.

33 Deutscher Jagdschutz Verband, www.jagd-online.de (zuletzt besucht am 9. April 2010).

34 Deutscher Jagdschutz Verband, www.jagd-online.de.

35 Manuela von Rossem: „Der Herr der Bäume“, in: Country, Heft 4/2002, S. 54f.

36 Siehe dazu zum Beispiel die Seite „Die Bedeutung der Holznutzung für den CO2-Haushalt“ in: www.waldwissen.net/themen/umwelt_landschaft/co2_klimaschutz/fva_holznutzung_kohlenstoffspeicher_DE (zuletzt besucht am 21. Juni 2009).

37 Siehe www.burgeninventar.de.

38 Annette König, „Baumhäuser“, in: Elle Decoration, 2/2009 (April/Mai), S. 68f.

39 Siehe Artikel „Folgetonhorn“ auf http://de.wikipedia.org/wiki/Folgetonhorn (zuletzt besucht am 15. April 2009).

40 Wolfgang Sandner, „Land der Musik. Wie lange noch? Der deutsche Nachwuchs fehlt“, Frankfurter Allgemeine Zeitung, 27. Dezember 2008, S. 29.

41 Siehe Gerhard Rohde, „Neue Musik, neues Theater: Aufbruch und Erinnerung in Darmstadt“, Frankfurter Allgemeine Zeitung, 2. November 2009, S. 31.

42 Helge Jung, „Zwei Eigenwillige: Robert Schumann und Bernd Alois Zimmermann“, Programmheft 50, Saison 2008/2009, Berliner Philharmoniker, Seite 13.

43 Wolf Loeckle, „Der blaue Klang: Nur die Stille ist schöner als Musik von Chick Korea, György Kurtág oder Bach: Das Plattenlabel ECM feiert seinen 40. Geburtstag", Der Tagesspiegel, 10. Oktober 2009, S. 25.

44 Alle Zahlen aus den ausführlichen Statistiken des Deutschen Musikrates unter www.miz.org (zuletzt besucht am 9. April 2010).

45 Siehe: www.was-esse-ich.de.

46 Hugh Johnson, Der Große Weinatlas: Die Weine und Spirituosen der Welt, Bern und Stuttgart: Hallwag Verlag, 24. Aufl., 1992.

47 Der Große Weinatlas, S. 140.

48 Siehe: www.wein.de.

49 Siehe die Artikel „Wein", „Deutscher Wein", „Öchsle", in www.wikipedia.de.

50 Stefan Theil, „Beware Bordeaux: Germany's wines have come a long way", Newsweek, Nov. 4/2002.

51 Drei Michelin-Sterne erhielten: Die Schwarzwaldstube im Hotel Traube Tonbach in Baiersbronn (Harald Wohlfahrt), das Restaurant Bareiss, ebenfalls in Baiersbronn (Claus-Peter Lumpp), das Restaurant Dieter Müller in Bergisch-Gladbach (Nils Henkel), das Vendôme, auch in Bergisch Gladbach (Joachim Wissler), das Waldhotel Sonnora in Dreis (Helmut Thieltges), das Restaurant Amador in Langen (Juan Amador), das Schloß Berg in Perl/Ortsteil Nennig (Christian Bau), das Gästehaus Erfort in Saarbrücken (Klaus Erfort) und das Aqua im Hotel Ritz-Carlton in Wolfsburg (Sven Elverfeld).

52 Johannes Winkelhage, „Essen wie Gott in Deutschland", Frankfurter Allge meine Zeitung, 25. August 2009, S. 14.

53 Jürgen Dollase, „Deutsche Michelin-Köche – „Aufgestiegen in den Drei-Sterne-Himmel" Frankfurter Allgemeine Zeitung, 14. November 2007.

54 Zahlenangaben siehe: Georg Giersberg, „Man nehme…", Frankfurter Allgemeine Zeitung, 20. Dezember 2008, S. 22.

55 Jürgen Dollase, „Vom Jod der Seeigelzungen", Frankfurter Allgemeine Zeitung, 29. Januar 2009.

56 „Ein Alleskönner im internationalen Biergeschäft", Frankfurter Allgemeine Zeitung, 6. Januar 2009.

57 Diesen Gedanken verdanke ich Ingke Brodersen und Rüdiger Dammann, den Autoren des Buches „Mahlzeit - 60 Jahre Deutschland - Eine kulinarische Zeitreise", (Köln: Dumont 2009), die ihn anläßlich einer Lesung am 20. März 2009 in einem Privathaus in Berlin äußerten.

58 Diese allgemeine Stimmung rund um den 9. November 2009 hat Berthold Kohler in seinem Leitartikel „Der Tag der Deutschen" in der Frankfurter Allgemeinen Zeitung vom 10. November 2009 sehr gut wiedergegeben: „Der 9. November ist seit zwanzig Jahren nicht mehr nur ein Datum der nationalen Schande, sondern auch ein Datum des nationalen Glücks."

59 Zahlen siehe Artikel „Weihnachtsmarkt" in: Wikipedia (zuletzt besucht am 6. Juli 2009).

60 Artikel „Karneval", Brockhaus Enzyklopädie, 19. völlig neu bearb. Aufl., 11. Band. F.A. Brockhaus: Mannheim, 1990, S. 484. Die Herleitung des Karnevals aus römischen Festen wird von der Forschung heute bezweifelt, auch ältere kel-

tische und germanische Bräuche werden wohl nicht bruchlos überliefert worden sein. Man nimmt eher an, daß der Karneval christlichen Ursprungs ist, als Fest vor Beginn der Fastenzeit. Siehe Artikel „Karneval, Fastnacht und Fasching". Wikipedia (zuletzt besucht am 1. Mai 2009).

61 Katja Hanke, „Meine Tage sind schöner als eure Nächte: Kaffee und Kuchen war gestern, Freunde der Clubkultur gehen am Wochenende tagsüber auf ihre Lieblingspartys", Zitty, 4/2009.

62 „Deutschland feiert", von Jakob Strobel Y Serra, Frankfurter Allgemeine Zeitung, Reiseblatt, 11. August 2005, Seite R 1.

63 Entwicklung der Bevölkerung bis 2050 nach den 12 Varianten sowie den 3 zusätzlichen Modellrechnungen der 11. koordinierten Bevölkerungsvorausberechnung. Statistisches Bundesamt, Wiesbaden 2006. Siehe www.destatis.de, Artikel „Bevölkerungsvorausberechnung", (zuletzt besucht am 13. November 2009).

Lesen Sie mehr ...

Deutschland mit beschränkter Haftung
Die Kunst „deutsch" zu sein
Maricarmen De Saavedra (Hrsg.)
320 S. ca. 70 Abb.
€ 19,90 / sFr 36,50
ISBN 978-3-941021-02-0

20 bewegende, intime Lebensbekenntnisse von Menschen aus Politik, Kunst, Wirtschaft und Wissenschaft, die im Ausland geboren wurden, geben Auskunft über Deutschland.

Nietzsche light
Zwischen Genie und Wahn
Almos Csongár (Hrsg.)
224 S.
€ 19,90 / sFr 28,77
ISBN 978-3-941021-01-3

Den wichtigsten deutschen Philosophen endlich verstehen ...!

www.patchworldverlag.info